湛庐CHEERS

与最聪明的人共同进化

HERE COMES EVERYBODY

组织学习

完整
纪念版

ORGANIZA-
TIONAL
LEARNING II

Theory,
Method,
and Practice

[希] 克里斯·阿吉里斯
(Chris Argyris)
唐纳德·舍恩
(Donald A. Schon) 著
慈玉鹏 译

天津出版传媒集团
天津科学技术出版社

上架指导：组织学习 / 管理

天津市版权登记号：图字 02-2020-159 号

图书在版编目（CIP）数据

组织学习 : 完整纪念版 / (希) 克里斯・阿吉里斯 , (希) 唐纳德・舍恩著 ; 慈玉鹏译 . -- 天津 : 天津科学技术出版社 , 2021.11

书名原文 : Organizational Learning Ⅱ

ISBN 978-7-5576-9692-4

Ⅰ . ①组… Ⅱ . ①克… ②唐… ③慈… Ⅲ . ①组织管理学 Ⅳ . ① C936

中国版本图书馆 CIP 数据核字 (2021) 第 190770 号

组织学习（完整纪念版）

ZUZHI XUEXI (WANZHENG JINIANBAN)

责任编辑：王　冬

责任印制：兰　毅

出　　版：天津出版传媒集团 / 天津科学技术出版社

地　　址：天津市西康路 35 号

邮　　编：300051

电　　话：（022）23332377（编辑部）

网　　址：www.tjkjcbs.com.cn

发　　行：新华书店经销

印　　刷：石家庄继文印刷有限公司

开本 710 × 965　1/16　印张 21.25　字数 322 000

2021年11月第1版第1次印刷

定价：119.90元

重新认识组织学习

20 世纪 70 年代中前期，在各种思想观念中，组织学习仍属罕见，与“社会学习”“公共学习”“制度学习”等概念一样，它被简单归入有关社会变革的一般文献之中。除了米歇尔·克罗齐耶（Michel Crozier）、菲利普·赫布斯特（Philip Herbst）、赫伯特·西蒙（Herbert Simon）等著名学者的作品外，几乎所有组织研究领域的学术文献都没有涉及组织学习。直到 1978 年我们的《组织学习》首次出版时，汤姆·伯恩斯（Tom Burns）、杰弗里·维克斯（Geoffrey Vickers）等备受尊敬的学者仍认为组织学习这一概念令人困惑，甚至在某种程度上令人难以接受。

到了 20 世纪 90 年代中期，人们已普遍形成了一种认知，认为工商企业、政府机构、非政府组织、学校、医疗系统，乃至整个国家和超国家机构都需要适应不断变化的环境，从以往的成功和失败中吸取经验和教训，察觉并纠正以往的错误，预见并应对即将到来的威胁，开展实验，持续创新，塑造并实现理想的未来愿景。人人都有“学习的必要”，这一点已经几乎成为人们的共识，并且无论是在学术领域还是在实践领域，组织学习都已成为一种流行观念。

在和社会活动相关的各个领域之所以会发生上述观点和态度的巨大转变，其根源各不相同，但在很大程度上可以归因于人们强烈地认识到了下列情形：工商企业、经济区域、政府机构以及所有依赖它们的群体已经都被卷入竞争激烈且变化迅猛的全球经济浪潮中，若未能发现并迅速应对变革的信号，即便是最强大的企业甚至整个行业，都可能会衰退甚至消亡。回溯 20 世纪 80 年代，汽车和计算机行业巨头面临激烈的竞争，这些企业的管理者真切地认识到，竞争博弈的性质已经发生了根本变化。他们必须以一种比想象中更彻底的方式重组自身所在的组织，在这个已经“超越稳定状态”① 的商业世界中，组织变革的需求始终存在。

与此同时，在商学院和管理学院中，战略规划和竞争分析正逐渐被设立为一门单独的学科，金融、会计、制造、管理信息系统等传统学科的研究方法也正变得更加精细和严谨。在这些领域的发展过程中，相关原则和技术的贯彻落实成为一个难题。并且，随着这些领域的关注重点不断外延，扩展到贯彻落实，它们也开始接受组织学习，并将其视为一种有价值的概念。例如，战略领域中的前沿思想家们开始认识到，必须从组织变革角度重新思考战略规划。约瑟夫·鲍尔（Joseph Bower）在《管理资源分配过程》（*Managing the Resource Allocation Process*）中描述了中级管理层的利益和权力博弈如何对企业战略的塑造发挥关键影响，提出了相当于我们所说的“有限学习系统”的概

---

① 本书作者之一唐纳德·舍恩于 1971 年出版了一部名为《超越稳定状态》（*Beyond the Stable State*）的著作，此处直接引用了该书名。——译者注

念，并将其视为“维持现状的机制”。拉塞尔·阿克夫（Russell Ackoff）、伊戈尔·安索夫（Igor Ansoff）、爱德华·鲍曼（Edward Bowman）、安德鲁·佩蒂格鲁（Andrew Pettigrew）等学者的著作反映出一种日益扩大的共识，即战略的制定必须成为整个组织范围内主动的、反复的过程，因此开展组织学习势在必行。

到 20 世纪 80 年代，在其他组织领域中有一个越来越明显的趋势，那就是变革与动荡这两个在管理和组织理论中早已耳熟能详的特定概念已成为当时组织环境的突出特征。这就要求组织大幅提高适应能力。在公共管理、医疗保健、社会服务、环境管理、教育等领域，成本的削减导致相关服务的供给严重不足，人们对这些服务日益不满，于是有关方面开始尝试对其进行彻底重组。在个体活动、组织体系以及组织间领域等不同的层次，都有变革的影响以及变革的需求。

在社会活动的所有领域中，组织都需与所处的环境进行互动。组织的成功与否取决于组织是否有能力以新方式看待事物，从而获得新理解并形成新行为模式，实现这些的基础是持续投入，并且组织要啮合为一个整体来参与其中。

20 世纪 70—90 年代，围绕组织学习迅速增多的文献可以划分出两个分支。一个分支是规范性的、实践导向的，注重实用性，有时甚至带有救世情怀且往往缺乏批判性。这一分支把“学习型组织”当成一个流行词，用来指代那些领先的日本企业或其他组织正在开展的活动，其他企业要迎头赶上前者而所需开展的一切活动也都被归入此列。另一个分支可能也受到新一波全球竞争浪潮引发的流行观念的激发，把组织学习视为管理学院和商学院的学者们的研究课题。这类文献往往远离实践，对前一类文献宣称的观点持怀疑态度。这类文献并不是规范性的，对学习的定义是中性的。也就是说，他们认为：学习对于有效的行动或预期结果而言可能有益也可能有害，可能相关也可能不相关。

尽管构成组织学习这两个分支的实践群体往往不相往来，但他们在某些核心观点上可谓殊途同归，其中有些观点源自我们先前的著作。例如，两个分支都和我们一样，也强调识别、揭示、批判和重构组织行动理论，即“心智模式”的重要性。两个分支的学者也往往都采用了我们对“单环学习”(single-loop learning）和“双环学习”（double-loop learning）的划分，比如，他们会区分“低层次学习”（lower-level learning）和“高层次学习”（higher-level learning），或者“范式内学习”（paradigm-constraint learning）和“突破范式型学习”(paradigm-breaking learning)。即使是那些对高层次学习的可能性持高度怀疑态度的学者，自 20 世纪 80 年代末以来也表现出对此谨慎接受的趋势。① 为了成功实现和保持高层次学习，我们认为两个最关键的要素是相互强化的组织的“行为领域”（behavioral world）与个体的“使用理论”（theory-in-use)②，但两个分支的文献对此都表现出一定程度的忽视或者说回避。

我们的观点横跨上述两个分支，并且我们认为组织学习有 4 大核心问题：

- 什么是学习型的组织？
- 如果组织能够学习，那么现实中的组织可以通过哪种方式学习？
- 在组织能够进行或可能进行的学习类型中，哪种学习是可取的？
- 组织怎样才能培养其想获得的学习能力？

根据关注问题的不同，两个分支之间形成了一种非正式的脑力劳动分工。学习型组织倡导者多半不会询问“什么是学习型组织”。他们似乎并不认为，

① 例如，芭芭拉·莱维特（Barbara Leavitt）和詹姆斯·马奇（James March）1988 年发表的关于《组织学习》的评论文章指出：“……有充分证据表明，融入惯例中的历史教训是组织智慧的重要基础。尽管存在某些难题，但组织确实可以学习。”

② 使用理论指人们行为背后的理论假设，但常常无法被意识到。它与“信奉理论”（espoused theory），也就是人们表面宣称自己遵行的理论呈对立关系。——编者注

打造学习型组织首先要从根本上重新思考组织是什么，也不关心何种组织学习是可取的。他们阐述了学习型组织迫切需要的扁平化管理、局部自治、跨职能的信任与合作，但很少深入研究这些术语的含义或者它们指涉的变革过程的性质。多数学习型组织倡导者不会去探究这些问题，因为他们是从寻找答案开始的。

组织学习的学术研究者则有意远离实践，他们的研究是非规范性的、价值中立（value-neutral）[①]的，且关注第一个分支忽视的问题：组织学习的含义是什么？组织学习究竟如何才是可行的？何种组织学习是可取的？组织学习适合哪些人？在什么情况下，组织学习才会真正发生？组织学习的学术研究者通常对这些问题持怀疑态度，他们的怀疑围绕着以下 3 个主要挑战，这些挑战与前述 4 个问题中的 3 个相互对应：

- 一些研究者认为，组织学习的概念本身就是自相矛盾的、似是而非的，甚至是没有意义的。
- 一些研究者承认组织学习是一个有意义的概念，但他们怀疑现实中的组织是否真的会或者有能力开展组织学习。
- 还有些研究者承认组织学习是一个有意义的概念，并认为组织有时确实会开展学习，但不认为组织学习的结果一定是好的。

不同于以上两个分支这种两极分化式的立场，我们一方面赞同实践导向的、注重实用性的立场，另一方面也对 20 世纪 90 年代某些学习型组织倡导者的默认假设和主张保持怀疑态度，并试图将这两者结合起来。我们的方法包括下列要素：

① 价值中立以事实与价值的二分为前提，强调在科学研究中划清描述事实与提出规范性建议的界限，即在科学结论中不做评价判断，彻底清除形而上学和哲学世界观的影响。——译者注

1. 我们认识到，组织学习泛指组织通过任何方式获得的任何理解、诀窍、技术和实践。从这个意义上讲，组织学习具有普遍性，本身无所谓好坏。实际上，许多所谓的组织学习与我们认为最为可取的组织学习背道而驰。
2. 我们对组织学习的研究方法具有规范性和实践导向性。我们主要关注有效的组织学习，认为组织学习这个术语的含义只能概括性界定，而在各种特定情境中则需进行具体描述。我们想要了解在现实组织中，实践者如何能够开展和促进这种学习。我们也对学习型组织倡导者的许多主张持怀疑态度，并且我们承认，持怀疑态度的研究者已经找到的许多妨碍有效的学习的要素确实存在。由于我们注重规范性，所以不仅要描述妨碍有效的组织学习的行为模式，而且要学会如何改变它们。
3. 由于我们试图把组织学习领域的两个分支结合起来，所以采用的研究方法结合了通常被分离的要素和观点。我们的研究从特定案例中可直接观察到的行为出发，旨在提出可归纳的、在经验上可证伪的命题。我们致力于提出一套关于组织学习的一般理论，以便帮助实践者促进我们所谓的有效的组织学习。因此，我们的研究方法涉及所有组织共有的行为模式，同时也涵盖一套关于“稀有事件”（rare event）① 的理论。事实上，我们的研究方法必须采取行动研究的形式，这种行动研究通过尝试与实践者合作，促使与有效的组织学习相关的稀有事件发生，从而形成关于组织现象的可归纳的解释。
4. 个体实践者的思考与行动会对组织层面获得有效学习的能力产生重大影响，因此我们把个体实践者置于组织学习的核心位置。除非以此为起点，否则我们不可能创造出对实践者有用的知识。
5. 我们认识到个体学习和组织学习之间存在复杂的相互关系。我们看到“因果箭头”（causal arrow）指向两个方向：彼此互动的个体的学习对组织学习至关重要，组织学习反过来又会影响个体的学习。“什么是能够学习的组

① 也称“小概率事件”，这是一个统计学概念，指发生概率很小，因此在单次实验中被认为不会发生的事件。——编者注

织？”要回答这个问题，我们首先要参考特定的政治条件，在这个政治条件下，个体才能发挥组织行动推动者的作用。在这个政治框架内，我们认为作为知识、观点、价值所依存的环境，即组织文化是非常重要的，而且我们把地图、记忆、程序等极为重要的组织产物也纳入了“文化”的范畴。

6. 因此，我们专注于组织探询（inquiry）。我们采用了杜威所说的“探询”的含义，这是对人类在世界上运用智慧的高度概括性描述，即思考与行动的交织使我们从怀疑走向解惑。当组织中的个体进行探询，彼此相互影响，并努力开展有效的组织学习时，就会发生组织探询。

在探询过程中，我们尤其重视意外体验，即结果不符合预期的经历，并视之为人们学会以新方式观察、思考、行动的必经阶段。

7. 我们所谓的组织探询非常宽泛，包括各种各样的探询。无论是对自 20 世纪 90 年代以来学者有效区分的各种学习类型，还是有时可以与狭义的“学习”一词区别开来的组织智慧形式，各种组织探询都扮演着核心角色。
8. 我们认识到，“以新方式观察事物”与“基于洞见采取行动”并不能混为一谈，对这两者加以区分非常重要。有效组织学习的威胁因素能够破坏合理的推论以及有效的行动。这些因素不仅得到了研究者的重视，而且引起了实践者的关注，我们把这些实践者视为能够对探询加以反思的探询者，他们所做的正是杜威所说的“对探询的探询”。由于我们把实践者视为反思性探询者，所以也关注他们有关因果关系和因果推论的内隐观，这与这些术语在社会科学中的常规用法不同。
9. 我们对有效组织学习的研究方法兼顾单环学习与双环学习：前者发生在现有价值体系及其行动框架内部，后者则涉及价值观和框架的变化，需要跨越相互冲突的框架，进行反思性探询。
10. 在人际行为和组织行为这两个层级，我们强调了单环学习和双环学习的区别以及两者复杂的相互影响。

双环学习中有一种是重构价值观和基本假设，这些价值观和假设植根于组织的使用理论中，这些使用理论包括组织的战略、价值观、对环境的认识以及对自身能力的认识。这种学习可能包含各种转变，如变得更加开放、灵活、自治、探询导向，这些显然都是学习型组织倡导者的主张。

我们认为，上述转变涉及的组织双环学习依赖于组织的学习系统，即“覆盖”在组织的结构、信息网络以及激励系统让的行为领域。学习系统可能促进也可能妨碍组织的双环学习。这种系统转变依赖另一种双环学习，即组织探询过程中的双环学习，它涉及从妨碍探询的使用理论向促进探询的使用理论转变。在我们倡导的合作性行动研究中，研究者与实践者要共同探询“能力陷阱”（competence traps）[①] 与“迷信学习”（superstititous learning）等一级错误，以及组织探询过程中导致一级错误频繁出现的二级错误。

11. 我们在分析时区分了上述两种双环学习，以便探讨两者的因果关系。我们认为，在组织学习的两个研究分支中都存在一种倾向，即避免关注或强调这两者之间的相互影响。在我们看来，现实中的组织开展有效的组织学习，从而实现自身学习目标以及接纳学习导向的组织研究者提出的原则和技术的能力，主要受到妨碍探询的使用理论的限制，因为这些理论塑造了组织在面对具有威胁性或令人尴尬的情况时的常规探询模式。

然而我们发现，关于组织探询过程中回避双环学习的可能性，或许可以提出若干耐人寻味的问题。例如，现在有了先进的信息技术，让收集和发布企业各部门在成本或利润方面的数据成为可能。这种信息系统能否以避免重建有限学习系统的方式来促进有效的组织学习？是否存在一种符合著名发展经济学家阿尔伯特·赫希曼（Albert Hirschman）所描述的激励制度，能够唤起对双环组织学习而言至关重要的行为？组织生态是否可能趋向于某种选择性适应模

---

① 指技术发展导致某种能力已经过时，但组织仍专注于该项擅长的能力。——译者注

式，而无须专门参考个体探询或人际探询的方式？

上述问题以及若干其他问题贯穿本书的全部 4 个部分。第一部分阐述了我们的概念框架，既包括组织学习，又包括研究与实践之间的关系，并用了一个案例来说明这些概念。该案例介绍了一家工业企业的长期演变以及组织探询在其间发挥的作用。在第二部分，我们介绍并举例说明了下列关于有限学习的核心概念："防卫推理"（defensive reasoning）与 I 型（Model I）使用理论、"组织防卫惯例"与"有限组织学习系统"（O-I）。在第三部分，我们针对以下 3 种情况，即从防卫推理转变为有效推理、从 I 型使用理论转变为 II 型（Model II）使用理论，以及从有限组织学习系统转变为更加有效的组织学习系统，给出了两个案例，一个是简短的课堂案例，另一个是组织实例。在第四部分，我们回顾了近来组织学习领域的发展历程，指出了该领域的争议与挑战，并从我们的研究视角来分析这些问题，我们主张采用合作性行动研究的方法，强调把个体探询、人际探询及其使用理论这 3 个要素在更高层次上与有效学习和无效学习的模式结合起来。

测一测

你知道如何与组织共同成长吗

扫码鉴别正版图书
获取您的专属福利

扫码获取全部测试题答案，
了解个人如何与组织共同成长

- 组织学习的“理论创造者”是（ ）

  A. 克里斯 · 阿吉里斯

  B. 赫伯特 · 西蒙

- 当组织中的个体成员或一部分个体成员进行学习时，就是组织在学习。这种表述正确吗？（ ）

  A. 正确

  B. 不正确

- 以下哪种方式可以有效消解冲突？（ ）

  A. 通过探询引发思考和进一步行动

  B. 据理力争，直到“战胜”对方

  C. 获得权力更大的领导的支持

  D. 向对方妥协

目录

ORGANIZATIONAL LEARNING II

第一部分

组织学习的理论基础

第 1 章

什么是能够学习的组织

ORGANIZATIONAL
LEARNING II

学习既可以表示某种结果，即学到的东西，也可以表示产生该结果的过程。在结果的意义上，我们可以思考“学到了什么”，也就是以知识或技能的形式积累的信息；在过程的意义上，我们可以思考“如何学习”，也就是某种学习行为的进展顺利与否。例如，当谈及“吸取经验教训”时，我们实际上是含蓄地把“经验教训”作为学习的结果，把“吸取经验教训”作为学习的过程。研究者与实践者赋予了学习尤其是组织学习多种不同的含义，并在一定程度上模糊了结果与过程的区别。然而，这种区别对于我们将要探讨的所有问题具有重要影响，比如哪种形式的组织学习是可取的、这种组织学习存在的证据是什么等。

一般而言，组织以某种方式获得某种信息，比如知识、认识、技能、技术、惯例等，就可以说是在学习。在广义上，任何组织的信息储备有所增长时，不论增长的具体方式如何，也不论其结果好坏，都可以说组织在学习。组织学习的一般框架包括：若干信息内容，即学习的结果；获取、处理、存储信息的学习过程；以及实行学习过程的学习者。学习可能归于组织外部或内部的行动者，也可能是信息本身，就如一个人说“新思想涌入组织”那样。我们也可能谈及所谓“反学习”（unlearning）的特殊学习，即组织通过抛弃某些现有的知识来学习，如放弃旧战略而采用新战略。

工具性学习

在上述一般框架中有一种重要的组织学习，那就是组织持续提高绩效。这是立足于一种框架的“工具性学习”（instrumental learning），该框架指的是某种行动在实现预期目标方面的成效，以及用于评估该成效的标准和措施。这种行动必须可辨认，如交付订单、发送账单、制造飞机等，否则我们就不能理性探讨提高绩效中所蕴含的行动的反复出现这一概念。所以，该框架必须包含一个努力提高绩效的行动者和一个经慎重思考和行动的中间过程，如“试错”，经过这个中间过程，绩效才能提高。绩效是否真正提高的证据存在于不同时期的可比较数据之中。工具性学习是经济学家青睐的组织学习类型，这种学习源自工业工程领域的“学习曲线”恰好暗示了这一点。

然而，从规范性视角来看，工具性组织学习应该仅作为一个起点。工具性学习效果的好坏取决于其用来界定何为“提高”的价值框架。本章后文介绍了单环学习和双环学习的区别，从而区分了现有价值框架内的工具性学习与如何界定“提高”的价值框架。并且，这种区别还区分了两种价值，一种是学习结果的价值，另一种是学习过程的固有价值。

组织能够学习吗

20 世纪 70 年代初，当我们初次提出组织学习的概念时，许多杰出的社会科学家认为这个词似乎有点儿神秘，甚至与黑格尔学派把集体拟人化[①]的做法有一些相似。显然，在他们的观念中，只有个体才能思考、推理、持有某种观点，也只有个体才能学习。在他们看来，说组织在学习，即使不是违背常理的，也是自相矛盾的。

---

① 德国哲学家黑格尔认为“国家与理性同一”，赋予国家人的特征。——译者注

然而，在日常交流和学术沟通中，人们越来越普遍地认为，思考、推理、记忆、学习等也可以是团队、部门或整个组织的活动。例如，人们常说“营销部门认识到销售额将会下降”或“行政部门学会了在宣布重组之前咨询全体顾问的意见”。在日常交流中，此类说法或许可被视为对某些隐含的复杂过程的简化。然而，在把组织视为认知者或学习者时，学者似乎刻意避免将个体现象与组织现象联系起来。

在把思考、认知、学习当作组织层面的事情时，如何才能显得自然而然且避免产生问题呢？人们似乎可以采取下列两个策略：

1. 站在旁观者立场，把组织部门或子部门视为统一的整体；
2. 把这个整体视为一个非个体的行动者。

要把组织视为非个体的行动者，就需要采用一种计算机语言，比如有人说“某种组织惯例长期存在并凌驾于其他惯例之上”，或者说“一般管理部门选择了研发部门提出的某个建议”。使用这类语言的人越来越多，这表明计算机的影响力正在日益提高。随着计算机在组织中的普及，人们开始倾向于使用计算机语言来描述以往归类于思想、意志、深思、感觉或习惯的现象。20 世纪 90 年代中期，组织成员往往会不假思索地说“我正处于销售模式”“我没有被纳入这个任务程序”“这是我们的默认选项”。既然计算机能够实施某种行为、思考、记忆或认知，并且计算机系统能被视为聪明的或愚蠢的，那么组织或其各部门为什么不能呢？这个计算机隐喻的力量，也许会让人们越来越倾向于把组织及其各部分视为非个体的行动者。

如果要把组织视为整体的非个体的行动者，站在旁观者立场对组织进行远距离观察就是一种恰当的做法，或许也是必需的。例如，研究企业理论的经济学家和研究企业战略的理论学者往往会从外部观察商业组织，这样做可以看到一个整体，但整个组织也成了一个黑匣子。他们提到的企业往往指的是，为了在特定市场环境中获得竞争优势而与其他企业竞争，并采取或改变某种战略的行动者。所有这类由远距离观察而来的组织行为理论都着眼于社会集体层面，可能会为经济理论甚至政策分析做出贡献，但并不会或并不试图描述和解释组织内部引发认知、思考、记忆、学习等行为的模式，也不涉及如何实现“有效的学习”（这个词还有待定义）。

因此，组织学习的理论学者若想要有效地指导实践者，就必须以某种方式把组织学习与实践者的思考和行动联系起来。此外，即使理论学者没有考虑过要为实践者提供帮助，而只是试图为整体组织现象提供一种完整自洽且有说服力的理论解释，他们也应该探索这种联系。

如果转换成外部旁观者的视角，即不把组织及其各部分视为非个体的行动者，而是从内部观察引发组织行为的个体过程和人际过程，我们就会再次陷入组织学习的悖论。或许，“组织学习”这个术语与“组织力”或“组织熵”一样都是比喻。我们说组织能够认知、记忆、思考、学习，这种说法有意义吗？我们又如何验证这一点呢？我们要想切实理解组织学习，就需要详细说明这些过程及其条件。

然而，无论可能存在多少困难，由于组织学习的悖论突破了人们的常规认知边界，因此可能会推动组织理论发展。为了深入探索组织学习，我们必须重新思考我们所指的“组织”究竟是什么，也必须思考什么是学习型组织。

个体学习不等于组织学习

我们可以先假定，鉴于组织是个体的集合，因此当个体成员或一部分个体成员进行学习时，就是组织在学习。但我们略作思考就会认识到，个体学习与组织学习之间并不能划等号。

在许多情况下，个体成员所掌握的知识并不能转化为组织的特定思考或行动，此时组织知道的信息少于其成员。例如，社会服务机构常常会用“单亲”、“受虐待儿童”和“不健全家庭”来划分其服务对象，但机构工作者却知道这并不能抓住服务对象的关键特征。在某些情况下，组织似乎不能学会全部成员所掌握的知识。当错误变得“太严重而不堪承认”时，组织可能会强行推进全部成员都认为鲁莽的行动。相反，在某些情况下，组织所掌握的知识似乎又远多于其个体成员。例如，即便军队或电话公司的个体成员远不算出色，其组织结构中已确立的机制、流程与记忆也能够在一段时间内让组织取得卓越绩效。

上述思考表明，我们应该从包含个体思考和行动的“组织环境”的角度来探索组织学习。一直以来，组织都被视为人际互动的行为环境、行使权力的场所、约束个体行为的制度化激励机制，或个体参与符号互动（symbolic interaction）① 的社会文化环境。我们或许可以从上述一个或多个角度出发，来阐述要从个体的思考和行动中孕育组织学习，需要具备哪些组织环境条件。可是，这种方法仍未解决如何把个体现象与组织现象联系起来的问题。

要解决这个问题，或许我们可以考虑把组织学习视为最高管理者的特权，他“为”整个组织学习。然而，在复杂的大型组织中，最高管理者时常抱怨无法把学到的经验传授给下属。最高管理者的更替也可能会很频繁，但其他的组织部分却往往稳定不变。当组织学习发生时，可能与最高管理者没什么关系，这种情况并不少见。

或许，我们也可以把个体成员组成的群体看作“为”所属组织学习的行动者。例如，中层员工群体可能会通过相互交流找到解决生产难题或提高产品质量的方法。然而，个体成员组成的群体所孕育出的学习结果不一定能融入整个

① 符号互动源于社会学芝加哥学派，大意是指人与人之间通过传递具有象征性的符号来相互影响。——译者注

组织。即使这个群体的学习结果已广为传播，也仍可能不会被纳入影响组织政策、程序、实践的讨论或审议过程中。

因此，我们仍旧面临这个关键问题：个体的思考或行动在什么条件下可以转化为组织的思考或行动？

学习本身（思考、认知或记忆）就是一种行动，并且检验组织学习发生与否的关键，是可观察的新行动是否真正地取得了成效，因此从逻辑上看，组织行动先于组织学习。那么，除非我们明白采取行动对组织而言意味着什么，否则就难以理解学习对组织的意义。

每当个体成员采取行动时，都意味着组织在“行动”吗？若是如此，那么组织与个体的集合似乎就没有多大区别了。然而很明显，某些个体的集合可以构成组织，另一些却不行。此外，即使某些个体的集合显然构成了组织，这些个体也可以做许多不属于组织行动的事情，如吃饭、睡觉、散步、与朋友闲聊等。

组织必定是个体的集合，但又不只是个体的集合。组织行动不能化约为个体行动，也不能化约为组织内所有个体的行动，但没有个体行动就没有组织行动。那么，“个体的集合构成了采取行动的组织”这句话在什么情况下有意义呢？

以自发抗议大学助学金政策的一群学生为例，在什么情况下，他们会从乌合之众转化为一个组织呢？乌合之众是一个集体，是一起奔走呼吁、到处乱转之人的集体，但它不能以自身的名义做出决策或采取行动，并且边界模糊不清。从乌合之众转化为一个组织需要满足下述 3 个条件：

- 制定集体一致同意的、代表集体的决策程序；

● 授予个体代表集体行动的权力；

● 确定集体与外部世界之间的边界。

在满足这 3 个条件的情况下，集体的成员开始转化为明确的“我们”，可以做出集体决策并落实行动。

当乌合之众的成员转变为集体决策的执行者和集体行动的承载者时，他们就组成了古希腊语中的城邦（polis）。由于集体须作为政治实体（political entities）才能采取组织行动，因此组织必须首先具有政治性，然后才能表现出其他性质。接下来就是个体做出决策和采取行动，而且他们代表的是集体，是集体的行动者。为了让个体顺利地以集体的名义做出决策并采取行动，就必须有确定集体边界的规则。只要集体的成员创设了此类规则，我们称之为“组织规章”，集体就转化成了城邦，那就意味着个体成员被组织起来了。

缔造组织所需的规章不一定是有意制定的，也不一定要非常明确，重点在于它能约束成员的行为。如果那些在校长办公室外聚集的学生懂得如何组织起来，那么他们就会自发制定有关决策、授权、成员资格的规章。大家可能对此心照不宣，除非有让他们产生疑问的事情发生，比如发生意外和危机或有新成员加入，否则就没必要明文规定规章内容。只要约束个体成员行为的规章具有连续性，那么即使不断有新成员加入、老成员退出，组织仍会继续存在。组织的存在未必会因为这些规章中存在的模糊不清、模棱两可或前后不一致而受到损害，有时反而可能会得到巩固。

通过制定规章来进行决策、授权和确定成员资格，集体就转变为具有行动能力的组织。但如果我们希望把这种组织行动理论应用于常见的社会组织，就必须进一步辨析。

那些学生可能组建了一个仅存在于抗议时期的临时组织，当校长同意召开一次全校范围的助学金会议后，该组织就会自动解散。詹弗朗切斯科·兰扎拉（Gian-Francesco Lanzara）用“短暂组织”（ephemeral）来称呼这类临时性非正式组织。短暂组织可能是人们为了应对一场危机而自发组建的，比如兰扎拉提到的应对意大利南部阿布鲁齐地区地震的组织，它们一夜之间突然涌现，救灾结束后又迅速解散。然而，在一段时期内，这些组织能够作为协作系统发挥作用。

正如切斯特·巴纳德（Chester Barnard）所指出的，组织隶属于系统，它可以让个体在该系统中相互协作，执行重复出现的任务，如煮咖啡并分发给震区灾民。每个协作系统都会根据某些原则，采用一种策略来划分其定期执行的任务，并把划分好的任务委托给个体成员，从而发挥组织的作用。组织的“任务系统”就是相互关联的角色模式，它既是一种劳动分工，又是一种提高工作绩效的设计。这种设计与其他工艺品设计一样，都具有一定的复杂性；涉及多种变量、价值观与约束条件；具有变异和变化的倾向；可能会在实施之前就正式提出，即“预先计划”，也可能会在实施的同时进行，或者干脆重新设计。

“常设组织”（agency）也是个体的集合，但不同于短暂组织，它能够持续做出决策、授权采取行动并监督成员资格。常设组织还是定期执行重复性任务的集体工具。家庭是一种典型的常设组织，民间社会中个体组成的持久性协作系统也是常设组织。例如，阿米什人会组成协作建筑队，定期接受建造房屋、筒仓或牲口棚等任务。这类团队通常没有正式的计划或明确的领导者，仅仅在现场的建筑材料前通过谈话和手势等构建具体的任务系统。这种非正式的常设组织尤其令人感兴趣，因为它表明在文化上存在所有成员都熟悉的特定组织模式，这种模式能够不断复制，进而以各种面貌出现。

常设组织还包括更常见的组织实体，如企业、教会、学校、军队、工厂、工会、社会服务机构、政府机构等。这些都是正式组织，其规章在某种程度上是明确的，并以社会的法律制度为基础。这类组织被正式确认为法人，其任务系统比较复杂，在不同程度上具有马克斯·韦伯所谓的官僚机构的特征：个体与其组织角色之间有着明确区分、对角色和规章有详细的描述、任务系统程序化、权力结构等级分明并呈金字塔式等。这类复杂的任务系统既可能是紧密耦合的，也可能是松散结合的；既可能是刚性的，也可能是弹性的。然而，所有这些都符合我们对组织行动条件的基本界定，即它们是受城邦的组织规章约束的协作系统。

如何才能实现组织学习

组织探询

如果一个集体满足前述条件，个体成员能够代表集体采取行动，进而为集体学习、代表集体开展探询过程，促成学习结果，就可以说该集体在学习了。

此处我们使用的“探询”并非该词语在科学调查或司法调查中所用的通俗意义，而是源自杜威的更基本的意义：为了解除疑惑而进行的思考与行动交织的过程。在杜威的探询理论中，疑惑被理解为遇到“疑难情境”，它源自行动的预期结果与实际结果的不一致。这种不一致就是我们个人常常遇到的意外，会阻碍自发活动的顺利进行，从而引发思考和进一步行动，促使活动顺畅进行。

只有当个体根据组织的主要角色和规章充当行动者时，所进行的探询才是组织行动。另外，个体探询有时可能会独立于组织探询。以一个为中小学制作电视节目的常设组织为例，该组织的某些成员可能想知道教师在课堂上如何实际使用相关节目。然而，只要学校继续支付年费，这些成员的上级就没有兴趣去了解节目的实际使用方式，因此这些成员的探索可能与特定的组织活动流程无关。反之，组织学到的东西可能是某些个体成员无法触及的，比如组织成员无法得知节目制作政策发生变化的原因。

当个体探询和组织探询交互进行时，前者会促进和影响后者，后者则提供反馈以影响个体的进一步探询。例如，如果上述组织的成员想让他们的上级对探索教师如何实际使用节目产生兴趣，那么该组织就可以采用新方法来制作节目内容，这可能会反过来引导组织成员邀请教师来合作参与节目的设计。

组织知识

组织探询的结果可能会带来思考和行动方式的改变，进而导致组织实践的设计发生变化。例如，一家电信公司有时会遭遇大范围网络故障，对故障原因的调查可能会促使他们为了开发和维护网络软件而重新设计相关程序，或检测威胁网络可靠性的新方法。

在什么情况下，这些知识会成为组织知识？我们认识到该问题有两个迥然不同但相辅相成的答案。

第一，组织是知识储存平台，这里的知识包括通过组织探询获得的知识。这些知识可能储存在个体成员的头脑中，但如果只是这样，那么当相关个体脱离组织后，组织很可能就会缺失相应的知识。例如，某名精通制定预算的员工离职后，该组织可能会受到严重破坏。不过，知识也可能储存在组织的文档中，这些文档记录了组织的行动、决策、规章和政策。知识还可能保存在组织的正式和非正式的地图中，组织成员和外部人员能够通过这些地图了解组织。组织知识还可能存在于种种实物之中，个体成员开展业务时可以把它们作为参照和提示。罗杰・巴克（Roger Barker）关于行为环境的研究揭示出，日常知识多存在于人们熟悉的场所中，如位于街角的杂货店里有冷饮柜台、售药柜台、糖果柜台，每个处于相应文化环境中的人都知道如何在不同柜台做出适当行为。西尔维娅·斯克里布纳（Sylvia Scribner）及其同事的研究表明了工人是如何借用工作场所中的实物来辅助思考的。根据斯克里布纳的描述，没上过学但经验丰富的送奶工会利用从标准牛奶容器上看到的视觉图像，比上过学的同事更快地完成复杂订单所需的计算。个体探询的结果可能会以上述任一方式嵌入作为知识储存平台的组织中。

第二，组织直接代表了知识，在这个意义上，组织会把执行复杂任务的策略具体化，而这些任务本来可能会以其他方式执行。这不仅适用于整个任务系统，而且适用于系统的各个构成部分。组织知识蕴含在各种惯例和实践中，即使实际负责执行的个体无法用语言表达，它们也仍可以被检验和解析。例如，制糖企业的运营体现了特定问题的答案，比如如何种植、收割和提炼甘蔗中的糖分，以及如何分销和营销糖制品。在这个意义上，任何一个组织都代表了一系列问题的答案或解决方案。

这种关于组织任务的知识能以不同的形式呈现，比如指挥行动的观念体系、孕育行动的原型，或类似于计算机程序的程序性行动方案。我们选择运用所谓的“行动理论”来代表这类知识。这个理论的优点在于其包含了行动策略、支配策略选择的价值观，以及策略立足的假设。

为了定义行动理论，我们假设有一个特定情境 S，该情境有一个特定结果 C，以及为了实现结果 C，所采取的行动策略 A。行动理论的一般模式是：如果想要在情境 S 中产生结果 C，那么就要采取策略 A。这个一般模式包含了更深层的两个要素：赋予结果 C 的价值——让结果 C 作为一种可预见的目标而为人们所追寻；潜在的假设或者说既有的范例——使人们相信行动策略 A 在情境 S 中可以产生结果 C。

无论是适用于组织还是个体，行动理论都具有两种不同形式：信奉理论和使用理论。信奉理论是指为解释或证明特定活动模式而提出的行动理论，使用理论则是指隐含在实际行动模式中的行动理论。使用理论不是显而易见的，而是必须通过对特定行动模式的观察来构建的。基于观察某种行动模式所获得的证据，人们可以构建各种不同的使用理论，但这些理论实际上都是有待通过观察数据来检验的假设。具体到组织，只要个体成员的行为受到集体决策、授权与身份等正式或非正式相关规章的约束，人们就可以通过观察个体成员的交互行为模式来构建使用理论。

仍以制糖企业为例，我们可以说，蕴含在制糖企业日常活动中的价值观、行动策略与基本假设，构成了涉及甘蔗种植、分销、营销与其他职能的使用理论。这些部分综合在一起构成了该组织的工具性使用理论。这种工具性使用理论包含以下 3 点：企业绩效的评估标准，如利润率或投资回报率；实现价值观的策略，如工厂如何选址或选择生产技术的策略；以及把策略与价值观结合在一起的假设，如要想维持高投资回报率，就要不断引进新技术。一个组织的工具性行动理论体现在各个方面，比如沟通与控制、向特定职能部门分配资源、对个体绩效进行奖惩、构建职务晋升通道并调整个体晋升速度、招聘新成员并根据组织规定予以指导等。

与集体决策和行动的规则一样，组织的使用理论也可以是隐含的，而未进行明确阐述，而且默认的使用理论可能并不符合该组织的信奉理论。同样，组织的正式文档，如组织架构图、政策声明或岗位描述等包含的信奉理论往往不符合该组织的实际活动模式。

由于组织的使用理论有时难以描述或不可讨论，所以往往保持在隐含状态。之所以难以描述，是因为采用该理论的个体成员知道一些东西却无法明确说出来，他们是无法而非不愿描述日常工作中所隐含的诀窍。之所以不可讨论，是因为任何试图揭开使用理论与信奉理论不一致的行为，都会被视为具有威胁性或令人尴尬的。

无论保持在隐含状态的原因是什么，随着时间的推移，使用理论都可以在很大程度上用来解释组织的身份。让我们以美国陆军这个大型且长期存在的组织为例。在大约 50 年的时间里，军队的人员已经彻底更替，尽管如此，我们仍旧称之为美国陆军。如果军队的人员已经完全不同，那么我们是在哪种意义上继续使用相同的称呼呢？我们可以审视制服、武器等人工制品，50 年过去了，这些东西可能已经彻底改变。我们也可以审视军队履行的社会职能，即使我们发现这些职能在过去 50 年中依然基本有效，但 20 世纪 90 年代军队履行这些职能的方式也完全不同于 50 年前。然而，如果我们了解一下过去 50 年中美国陆军各种军事行动中所蕴含的使用理论的演变，就会发现某些战略、价值观和基本假设，如指挥、控制、晋升、训练等并没什么大的变化，我们进而不得不把这些视为美国陆军身份连续性的核心要素。军队的使用理论貌似是一个抽象概念，但实际上是军队最真实的事物。

要想描述组织的使用理论，可以从组织的内部出发，也可以从外部进行。外部人员必须观察组织的任务系统是如何通过约束成员行为的规则来运作的。内部人员掌握着若干知识，他们可以运用这些知识来适当地运作和控制组织的任务系统。这些知识可能表现为程序性知识，如“拇指规则”（rule of thumb）[①]、成员对自身所处的各种情境的理解，以及对在特定情境中应该采取的行动或“当前该做之事”的自发观点等。这些表现形式构成了组织内部视角下的使用理论。

基于前面对组织行动、组织探询、组织知识的论述，我们现在可以更加准确地阐述组织学习的含义了。

组织的每名成员都可以形成自身对组织整体使用理论的印象，但这种印象

① 拇指规则又称经验法则，曾用来指代粗略的物理测量，现在指任何广泛适用的、不精确的规则。——译者注

往往并不完整。个体成员会通过重新描述自身与其他组织成员的关系来不断努力完善自己的认识。随着形势的变化，个体会修正自己的认识，其他成员也会这么做。在组织内集体互动的背景下，个体成员对所有活动的印象往往会或多或少连续地交织在一起。

组织犹如一个有机体，每个细胞都拥有特定的、局部的、不断变化的整体印象，而且组织的实践正是源自这些印象，因为组织的使用理论依赖于个体成员在实践中展现该使用理论的方式。因此，我们对组织学习的探索不能着眼于被称为“组织”的静态实体，而应该如卡尔・韦克（Karl Weick）指出的那样，关注动态的组织过程。个体成员对组织的印象不断演变，这塑造了他们的调查对象。

如果组织的连续性完全依赖于个体成员各自的不同印象，那么它将变得难以理解。如果组织的规模庞大、结构复杂，那么个体成员就不能完全依靠面对面的接触，来帮助彼此比较并调整对组织使用理论的印象。即使在面对面的接触时，不同个体对组织的印象也往往相互矛盾。因此，个体成员需要外部参照物来指导自己调整对组织的印象。此类参照过程是通过组织地图、组织记忆和组织程序实现的。组织地图的例子包括工作流程图、组织架构图、工作场所的图片或照片等。一座现实的建筑物可以被用作地图，来描绘个体成员的分组及其沟通模式。组织记忆包括文件、记录、数据库、财务账户以及体现组织知识的物理实体，如工具、产品、原材料等。组织程序是关于组织惯例的过程化描述，包括工作计划、政策、协议、工作方针、脚本和模板。这些人为产物描述了现有的行动模式，并指导着未来的行动。

当个体成员遭遇一种有问题的情境，并代表组织对该情境进行探询时，组织学习就会发生。他们会发现，预期结果与实际结果之间存在不一致，并且会通过思考和行动来回应这种不一致。这会引导他们修正对组织的印象或对组织现象的理解，调整相关行动，使预期结果与实际结果趋于一致，从而改变组织的使用理论。源自组织探询的学习要想成为组织学习，就必须嵌入个体成员对组织的印象中，或者嵌入组织环境所蕴含的地图、记忆、程序等认识论的人为产物中。

组织探询导致的学习结果可能呈现多种形式，但只有包含组织的使用理论发生改变的证据，这些形式才能够成为学习。这样的改变往往由组织探询得到的经验教训引发。具体的经验教训如下：

- 对以往成功或失败经历的诠释；
- 对行动、结果及其对未来行动的影响之间的因果关系的推断；
- 对不断变化的组织环境及其对未来绩效的可能要求的描述；
- 对可选择的组织战略、架构、技术、信息系统或激励系统的潜力和局限性的分析；
- 在充满复杂性和不确定性的条件下，对组织内部相互冲突的观点和利益的描述；
- 对理想未来及其实现方案的设想；
- 对组织使用理论的批判性反思以及重构建议；
- 对其他组织的经验的描述和分析。

这些都是组织探询过程中产生的中间结果，如果它们的产生伴随着组织行为的改变，即组织使用理论的改变，并且它们嵌入了存储组织知识的地图、记忆或程序等印象中，它们就是组织学习的结果。

到这里，考虑若干“准组织学习”，也就是几乎是但并非完全是组织学习的例子，可能有助于厘清我们的观点。在前面已经提到的例子中，有的组织成员获得了若干知识，但并未转化为行动；有的个体探询带来了新的理解和行动，但仍被排斥在组织的行动流程之外，并未导致组织使用理论的变化。例如，个体或小团体会成为组织政策、技术或实践等方面改革的秘密支持者。在这方面，有一个典型例子是，20 世纪 50 年代，未经授权的威廉·麦克莱恩（William B. McLean）在位于美国加利福尼亚州印第奥市的海军研究站工棚内秘密开发出了响尾蛇导弹的最初原型。如同麦克莱恩最终遇到的情况那样，如果这个秘密项目被发现并公开合法化，最后被组织正式采纳，那么这种开发就会成为组织的开发，其学习结果也会成为组织学习的结果。

在某些情况下，组织探询会引起组织使用理论的暂时变化，但与这种变化相关的新理解仅存在于某些个别“携带者”的头脑中，他们离职后，组织就会缺失这些新理解。这种情况往往出现于研发企业、设计工作室或者软件公司等小型专业组织中，人们往往会携带某些见解和技能加入或离开这类组织，就像候鸟会在不同栖息地间迁徙一样。有时，组织的固有成员会认识到缺失这些新理解的风险，并尝试发现和记录这些组织候鸟的特殊见解和技能。

最后，值得注意的是，并非所有组织使用理论的变化都能够成为学习。例如，组织环境的变化，如产品需求增长的放缓，可能会引起破坏组织规则的响应模式。一方面，组织成员可能会失去热情，执行任务时马马虎虎或者彼此不能紧密协作。此类变化都是退化的具体表现。另一方面，我们将在后文指出，部分组织探询可能会导致使用理论的某些领域发生退化，哪怕它在其他领域促成了学习。

所有上述准组织学习的情况都表明，我们提出的组织学习的边界是模糊的。在若干边界实例中，我们难以明确交互性探询是否属于真正的组织探询或切实改变了组织的使用理论，也难以明确探询结果是否已经真正嵌入组织的地图、记忆、程序中。一方面，这种模糊状况可能是不规范或突发的组织现象中固有的；另一方面，它可能也反映了人们缺乏足够的信息来做出明确的决定。只要有许多例子清楚地符合我们的定义，并且界定组织学习属性所需的信息清晰明确，我们的定义就不会因为这种模糊性而无效。

3 种有效的组织学习

在许多方面，工具性学习可能是有害的，而不是有益的。其中一些是组织学习特有的，另一些则适用于所有行动者的学习。

这里的重点是，行动的目的可能是应受批判的。我们认为效果增强或效率提高所带来的价值取决于如何回答下列问题：效果增强或效率提高的目的是什么？我们如何评价该目的？当实施这种受质疑行动的组织成员是狂热或盲从的参与者时，该问题显得尤为重要。

某些特定的学习情境的价值也取决于我们如何判断其有效性。学习似乎意味着获得有效的、可行的知识或诀窍。但是，当我们把组织学习视为导致使用理论变化的探询时，就产生了一种可能性，即任何既定变化都可能基于一种被证明是错误的或不可行的经验教训。詹姆斯·马奇使用“迷信学习”来指代这种经验教训，它基于一个信念：由于事件按照时间先后顺序发展，所以它们之间也存在因果关系。例如，公司管理者可能坚信，新政策出台后利润的增长一定源自该政策，但实际上这可能只是由于市场环境的改善。马奇的研究表明，管理者之所以沉溺于迷信学习，是因为它强化了管理控制的神话，虽然这种观念与管理工作的规范一致，但往往不符合实际情况。

有效或可行的组织学习初次发生时可能会在总体上造成负面影响。举一个非常典型的例子，马奇也提出过“能力陷阱”这一术语，指的是公认的成功经验会导致组织固守熟悉的思考和行动模式，即使时过境迁也不思改变。在此时带来成功的行为，到彼时未必能带来成功。然而，一个被以往的成功蒙蔽、被源自成功的经验误导的组织，可能会在其熟悉的行为模式早已不再奏效后仍固守这种模式。在企业战略领域，通用汽车公司、IBM 公司和美国数字设备公司（Digital Equipment Corporation）是 20 世纪 90 年代涌现的几个例子，它们都曾坚持遵循某种曾经取得成功但后来失败了的战略。这些企业显然无视了一个事实，即它们所处的竞争环境已经发生了改变。要理解上述例子，我们就应关注组织围绕熟悉的战略、技术或结构所建立的利益网络，以及促使组织坚持源自以往经历的经验教训的“动态保守”过程。

稍后，我们将分析人们如何集体学会保持某些思考和行动模式，正是这些模式抑制了有效的组织学习。例如，他们可能学会采取下述方式来回应错误：寻找替罪羊、进行单方面控制和避免控制的博弈、采用系统的欺骗模式、伪装真实意图，以及维持关键问题不可讨论的禁忌等。这种源自过往经历的思考和行动模式往往会抑制可以提高绩效或重构绩效价值的有效学习。然而，组织成员可能会留恋以往的模式，甚至惊呼：“别捣乱了，我们可是花了多年时间才学会如何在这个世界中生存！”

假如我们仅使用学习的正面意义，那么就不得不用“机能失调”、“虚假”、“有限”等形容词来修饰所有上述负面例子中涉及的学习。这些修辞往往应用于事后的学习结果，具有误导性，因此在任何既定的行动情境中，我们往往难以确定所谓有效学习是否真的有效或可行。关键在于，当试图理解或促进组织学习时，我们应该始终记住，任何组织学习都有可能被证明是无效的、徒劳的，甚至是完全有害的。

基于这些原因，我们有必要区分 3 种有效的组织学习：

- 组织探询，这是一种有助于提高组织任务绩效的工具性学习；
- 组织通过探询来探索并重组自身价值观与标准，进而根据这些价值观与标准来界定何为提高绩效；
- 组织通过探询来提高自身进行上述两种学习的能力。

从单环学习到双环学习

我们所说的单环学习指的是一种工具性学习，它可以改变行动策略及其立足的假设，但不会改变行动理论的价值观。例如，质量检测员识别出残次品后把信息传达给生产工程师，后者据此修正产品规格和生产方法，从而弥补缺陷。营销经理注意到月度销售额低于预期，于是可能会展开调查，找出原因并据此制定新的营销策略，从而使销售状况回到正轨。一线管理者可能会通过调查引起员工不满的原因，并找出自己能够施加影响的因素，如工资水平、附加福利、岗位设计等，来应对上升的离职率，从而提高员工队伍的稳定性。

在这种学习过程中，一个由组织探询居中调节的单反馈循环把检测到的错误与组织的行动策略及其立足的假设联系了起来，其中，错误就是行动的实际结果与预期结果的不一致。调整后的策略及假设反过来促使组织绩效保持在现有价值观与规范所设定的范围内。这些价值观与规范本身在上述例子中就与产品质量、销售状况、员工队伍的稳定相关，它们是保持不变的。

我们所说的双环学习，不仅可以改变使用理论的行动策略及其立足的假设，而且能够改变使用理论的价值观。所谓双环，是指把观察到的行动结果与行动策略和策略服务的价值观联系起来的双反馈循环。行动策略及其立足的假设可能会随着价值观的变化而变化，也可能是由价值观变化所导致的结果。①当个体探询导致他们的使用理论的价值观发生变化时，个体可以实现双环学

① 我们提出的单环学习与双环学习的区别源自威廉·罗斯·艾什比（W. Ross Ashby）的《大脑设计》。艾什比从下列角度区分二者：一是，稳定系统的适应行为，“稳定区域是相空间中所有基本变量都在正常范围内的区域”；二是，有效参数值的变化，这个参数改变了系统试图维持稳定的范围。艾什比举的例子是由恒温器控制的制热或制冷系统的行为：类似于单环学习的系统会改变某些变量的值，如气阀的开启或关闭，从而把温度保持在设置范围内；类似于双环学习的系统会通过改变设置来引导系统把温度保持在新设置的范围内。

习；当个体代表组织进行的探询导致组织的使用理论的价值观发生变化时，组织也可以实现双环学习。

持续与环境互动的组织会经常进行探询，探询形式就是检测和纠正错误。如果要在某个稳定的价值观和绩效规范框架内，通过改变组织的行动策略及立足的假设来纠正错误，那么只有单环学习就够了。单环学习是一种工具性学习，它主要涉及效果问题，即如何最佳地实现既定目标和目的，使组织绩效保持在现有价值观和规范的框架内。然而在某些情况下，纠正错误时所需进行的探询会进一步导致组织的价值观和规范本身被修改，这就是我们所说的组织的双环学习。

在某些双环学习的例子中，价值观和规范的修改可能被认为不可取：其可取性仅视特定情境而定，需根据变化本身和实现变化的探询过程来评判。只有通过双环学习，个体或组织才能设法解决支配其使用理论的价值观和规范的可取性问题。

某家化工企业设立了一个负责研发新技术的部门（我们在第 3 章会更加详细地讨论这个例子）。他们一开始是为了缓解销售和收入方面的增长压力，他们相信可以通过内部管理的技术创新来实现该目标。然而，新部门研发出的技术并不适合公司熟悉的运营模式。为了应用其中的某些新技术，公司可能不得不从熟悉的中间材料生产转向不熟悉的消费品制造与分销。这反过来又会要求管理层采用新的营销、管理和广告宣传方式，进而逐步接受更短的产品生命周期和更迅速的行动模式变化周期，这实际上是在要求他们改变企业的形象。这些新要求与公司要求公司事务管理具备可预测性的规范存在冲突。

因此，那家化工企业的管理者发现自身面临相互冲突的要求：如果想解决增长压力问题，就必须放弃对可预测性的要求；而如果选择保持原来的运营模式，而且只要增长压力需要通过内部孕育的技术来缓解，就只能忽视增长压力。针对现有规范下的效果而开启的变革，最终却与规范本身产生了冲突。

如果企业管理者要消弭这种冲突，就必须开启一个明显不同于单环学习的探询过程。首先，管理者必须意识到存在冲突。他们已经设立了一个新部门，并造成了意料之外的后果，这是一个错误，也是一种意外。管理者必须反思这项意外，直到明白仅仅把已经知道如何处理的事务做得更好是不足以解决该难题的。他们必须认识到，让新部门在现有规范下提高效率是无法纠正错误的。新部门的效率越高，其结果就越会使管理者陷入不确定和冲突中。管理者必须认识到，正是他们坚持或默认的可预测性管理规范与他们想通过技术创新实现公司增长的愿望之间存在冲突。

其次，管理者必须进行探询以解决相互冲突的要求问题。探询的结果将以重组组织规范的形式呈现，并很可能改变相关的行动策略和立足的假设。这些改变还必须进一步嵌入编码组织使用理论的印象和地图中。在这个探询过程中存在一个双反馈循环，它不仅把检测错误与实现卓越绩效的行动策略和立足的假设联系起来，而且将其与界定卓越绩效的价值观和规范联系起来。

在这种组织双环学习的例子中，使用理论中相互冲突的要求往往表现为人际矛盾和群体间矛盾。或者可以说，组织充当了把相互冲突的要求转化为人际矛盾和群体间矛盾的中介。

例如，上述化工企业的部分管理者可能支持通过研发实现增长这一策略，而另一些管理者可能支持熟悉的、可预测的企业运营模式，反对基于研发的新运营理念。双环学习会紧随探询过程而产生，也正是经由这个过程，这些管理者才得以面对并化解彼此之间的冲突。他们可能会以多种方式进行回应，但并非所有方式都符合组织双环学习的标准。

一方面，组织成员可能会把冲突视为一场斗争，组织会做出哪种选择，取决于哪一方面更具优势。例如，支持研发的群体可能包括首席执行官，由于他掌握更大的权力，所以能够战胜守旧派；或者双方可能势均力敌，最终通过妥协来消弭冲突，然而这种妥协只不过反映出任何一方都无法战胜另一方这一结果。在这两种情况下，冲突暂时得以消弭，但要把这个过程描述为"学习"可能并不恰当。如果冲突以少数服从多数或僵局告终，那么任何一方都不太可能对冲突的性质、原因、后果及其对组织使用理论的意义产生新的认识。

另一方面，双方可能会通过下列任一探询来处理彼此之间的冲突：

a. 他们可以制定能够规避相互冲突的要求的新策略；也可以成功界定一种仅针对既有商业模式的研发方式，从而让现有规范下的业务增长成为可能。进而，他们也许能顺利找到一种单环方案来解决最初的双环问题。

b. 他们可以进行权衡分析，从而共同得出结论：两种规范下的成果可能不相伯仲。基于此，他们可能会认为研发的回报前景非常渺茫，因此应该放弃，并且应随之降低业务增长预期。或者，他们可能会决定限制研发目标，这样研发对既有商业运营模式的冲击就会被控制在特定部门内部。此处，在相互冲突的要求之间存在一种折中方案，该折中方案通过探询与行动选项有关的可能性和价值观来达成。

c. 相互冲突的要求可能被认为没有可比性。在这种情况下，冲突可能依然能够通过探询得以消弭，这种探询立足于组织成员最初的承诺。组织成员必须思考自己为什么持有某种立场，以及该立场意味着什么。他们还要思考什么因素导致他们采纳针对销售和收入增长的特定衡量标准、这些因素从何而来，以及不惜一切代价满足这些标准可能会造成什么后果。与此类似，他们还可能会思考，运营方面的哪种可预测性是最重要的、它对谁而言比较重要，以及它在什么条件下会显得重要。

b 类和 c 类探询可能会导致企业价值观和规范的重组，或者可能促成新的激励、预算和控制模式，这些新模式更能兼顾增长和可预测性的要求。

在这种双环学习中，个体成员可以解决人际冲突和群体间冲突，这些冲突体现了组织绩效方面相互冲突的要求。个体成员通过组织探询解决了冲突，组织探询让他们对相互冲突的要求及其原因、条件与后果形成新理解，为相互冲突的规范设定新的优先次序和权重，或者重构规范本身及其相关行动策略和立足的假设。在该过程中，经重构的组织绩效要求逐渐变得统一，也更容易得以高效实现。由此产生的理解、优先次序和新规范则被铭刻于组织印象、地图与程序中，并转变为组织记忆。

有一些因素会让单环学习与双环学习之间的区别复杂化。在考虑这些因素的时候，我们识别出组织学习意义的梯度变化，注意到两种学习之间的边界是模糊的，并找出了各种组织开展双环学习可能采取的探询模式。

首先，组织规模和结构的复杂性会导致单环学习和双环学习之间的区别复杂化。

组织使用理论是结构性的，它由多个相互联系的部分组成，既包含次要的和局部的要素，也包含核心要素。例如，在上述化工企业中，一方面，支配增长要求和可预测性要求的规范是整个组织使用理论的核心要素。如果这些规范要改变，那么使用理论的大量其他部分也需要随之改变，后者正是相关冲突对整个企业产生重大影响的原因。另一方面，如果只是改变关于产品质量的特定规范，那就可以不影响组织使用理论的多数其他部分。我们可以据此推断，双环学习对整个组织的影响可大可小，具体取决于这种学习同核心价值观和规范的相关程度。

此外，大型组织往往具有多个层级，可以被描述为“集合体的阶梯”：从个体、小团体、多个小团体组成的部门、不同部门组成的业务分部、整个组织到该组织与其他组织进行互动的领域。这些组织层级既是抽象的概念，也都有具体的实体，每个层级都具有特定的利益、意图、价值观与使用理论。从各实体的角度来看，组织其余部分就是其所处的环境。既然我们可以说某个组织能够行动、互动与学习，那么组织内部的团体、部门、业务分部等同样可以。

组织内部各部分的行动往往对组织探询至关重要，并且会影响单环学习和双环学习。组织学习一旦发生，就会包含于组织的每个部分之中，其程度取决于这个部分与其他部分的耦合程度。例如，生产线技术的变革会改变支配车间员工行为的价值观，但不会对更大范围的组织使用理论产生影响。相比之下，如果一家银行在某家分行引入即时票据处理程序，这个决策就可能会令银行控制系统对所有分行进行检测、评估与奖励的规范发生变化。在这种情况下，某个层级开启的单环学习会引发所有层级的双环学习。总的来说，组织学习的类型可能会随着学习发生的集合体层级及其内部的组织部分之间的耦合程度的变化而变化。

其次，学习结果和学习过程之间的关系会导致单环学习和双环学习之间的区别复杂化。

到目前为止，我们已经根据组织探询的结果界定了单环学习与双环学习，区分了仅影响行动策略和立足的假设的组织使用理论与影响价值观的组织使用理论。我们也关注支配组织探询过程的价值观与规范，因为它们对于组织提高绩效的能力，以及组织重构用来界定“提高”的价值观的能力至关重要。

当我们试图确定具体的组织学习是单环学习还是双环学习时，不仅应注意探询的起点，而且应关注探询的进展。例如，一家企业的管理者决定，为了占有市场份额，企业需要更灵活主动地应对威胁并抓住机会。从这个目标出发，管理者可能提议构建一个更扁平化、更分权化的组织，从而赋予各部门更大的行动自由，鼓励它们发挥更高的积极性。当管理者开始贯彻新的组织计划时，他们很可能会发现，计划的成功与否取决于能否营造一种组织氛围，该氛围能够包容公开的异议和争论，以及具有不确性的决策，可以承担风险。这些价值观可能已包含在关于行动的组织信奉理论中，但并不在其使用理论中。管理者提议的初衷是提高组织效能，结果却对核心价值观的转变带来了至关重要的影响，正是这种核心价值观支配着组织的使用理论，而使用理论又指导着组织探询。

在此，我们以引入全面质量管理项目的某组织为例。项目参与者在寻找产品或流程中出现瑕疵的根本原因时，发现存在两类问题：一是生产率低下；二是员工缺乏主动性，常常任由前一个问题不断扩散而无动于衷。全面质量管理可能会催生必要的简单学习，这种学习有助于解决第一类问题，但不可能避免第二类问题的复发，也不会促使管理者反思自己袖手旁观的原因。

组织探询中的双环学习具有一个甚至多个额外步骤。具体而言，双环学习需要把问题抛回给提问者，使他们既探索效率低下的客观事实，又探索事实背后的原因和动机。例如，某位首席执行官发现，公司需要有 275 人的签字同意才能批准一项创新，对此他可能会问自己，“你知道这种情况存在多久了吗”，“是什么因素导致你没能去质疑这些做法”。这种双环学习需要个体质疑自身的假设和行为。

针对组织使用理论的双环学习结果与组织探询过程中的双环学习之间当然存在区别，这种区别与一级错误和二级错误之间的区别相关。组织使用理论中的一级错误可以表现为过高的成本或过多的签字。如果组织探询过程中出现二级错误，如未能质疑现有做法，就会导致一级错误的发生或令其长久存在。组织探询中的双环学习旨在质疑、收集信息与反思，以发现二级错误。若双环学习得以实现，那么就会导致致力于探询的价值观发生变化，从而催生纠正二级错误的有效的、可行的学习。我们将在第二部分阐述，这种变化与组织的学习系统和个体的使用理论密切相关，这两者都可以和双环学习互相强化。

组织再学习

组织的学习系统由两部分组成：引导组织探询的组织结构和覆盖在这些结构之上的行为领域，这一行为领域可能会促进组织探询，也可能会妨碍它。组织学习系统的结构与行为特点共同创造了在组织探询过程中个体互动的条件，也或多或少会决定关键问题能否解决、困境能否得到公开讨论、敏感假设能否得到公开检验。

我们所谓的组织结构是指：

- 沟通渠道，如讨论和争论的论坛、正式和非正式的互动模式；
- 信息系统，包括各种媒体和技术，如计算机；
- 组织的空间环境，它会影响沟通模式；
- 指导个体探询和互动探询的程序与惯例；
- 影响探询意愿的激励机制。

只要这种结构能够促进组织探询，我们就称之为“驱动因素”。

组织的行为领域通常是指，影响组织内个体间的互动模式，进而影响组织探询的特征、含义和情绪。例如，它影响着互动模式在多大程度上是友好的还是敌对的，是亲密的还是疏远的，是坦诚的还是虚伪的，是弹性的还是僵化的，是竞争的还是合作的，是寻求风险的还是规避风险的，是承认错误的还是回避错误的，是有效的还是防卫的。组织的行为领域有一个关键特征，那就是组织探询在多大程度上表现出以下行为特征，即组织在利益和权力博弈中只关注输赢。这些博弈通常与组织探询相互交织。正如米歇尔·克罗齐耶所证明的那样，在极端情况下，那些可能引发有效的组织学习的意外，或许都会按照它们对利益和权力博弈中参与者地位的意义来解释。

组织的学习系统与个体带入其行为领域的使用理论相互依存。个体的使用理论有助于创建和维持组织的学习系统，反之，组织的学习系统也有助于加强或重构个体的使用理论。例如，若个体采取保持“神秘和掌控”的行事原则，为掌控与他人的交往而隐藏自身的意图和策略，往往就会造成不信任，这随后可能就会被广泛认为是组织行为领域的一贯特征。而一个具有相互不信任特征的行为领域往往会强化个体的上述处事方式，促使个体在行事时遵循以只关注输赢的行为和单方面自我保护为特征的使用理论。

因此，一种至关重要的组织双环学习是二级学习，通过这种学习，组织成员可以发现并修正对组织探询的普遍模式起决定性作用的学习系统。

这就是格雷戈里·贝特森（Gregory Bateson）所称的“再学习”在组织中的体现，意思是二级学习或“学习如何学习”，在这里就是组织再学习。我们将利用从 O-Ⅰ学习系统到 O-Ⅱ学习系统的转变来描述这一点。组织再学习极度依赖个体再学习，我们将利用从Ⅰ型使用理论到Ⅱ型使用理论的转变来描述该过程。这些相关转变正是本书的核心关注点。

第 2 章

颠覆研究者与实践者的关系

ORGANIZATIONAL
LEARNING II

在基于探询的组织学习观中，研究者与实践者是什么关系？如果我们把实践者视为探询者，要求他们在日常工作中发现和纠正组织绩效中的错误，那么应该如何看待他们与组织学习方面的学术研究人员之间的关系呢？由此，什么样的角色、态度和方法对学术研究者来说比较合适呢？

在本章中我们将指出，如果把组织实践与学术研究均视为探询的形式，就能够重构人们对这两者关系的传统观点，这有助于创造宝贵的知识、促进有效的研究。我们将不再从“实践者采用研究者创造的知识”这一角度来看待这种关系，而是视之为探询者之间的相互协作，他们扮演的角色不同，使用的技能与方法各异但却互补。这种重构的核心是杜威的探询理论，以及在该理论下来认识研究者与实践者对因果关系和推理所采用的不同方式。

杜威的探询理论

杜威的探询理论部分源自美国实用主义奠基人查尔斯·皮尔士（Charles Peirce），但两人的不同之处在于，皮尔士把怀疑视为个人意识的一种特性，而杜威则相信人们之所以会产生怀疑的心绪，是因为处于令人怀疑的情境中。杜威认为，探询始于一种不确定的、有问题的情境，这种情境内在的冲突、模糊或混乱妨碍了行动。而探询者试图使该情境具有一定的确定性，因而重建行动流程。

杜威式探询是思想推理与实际行动的结合。杜威式探询者不是旁观者，而是身处具体的行动情境中，积极寻求理解并改变情境的行动者。对探询者而言，在某种程度上，当探询使他们获得某种学习成果时，新的思想与行动就会得到孕育。

怀疑及解惑都体现出探询者与情境之间的关系具有互动属性，探询者在面对所处情境的同时，也参与构建了这一情境。例如，一名画家在作画过程中的任一特定时刻都会找到进一步创作的要求与可能性。在酝酿感受、呼唤新思想和行动的人际关系中，问题与潜力至少有一部分是参与者带来的。

探询者与情境之间的互动是持续的，并且本质上不会终结。当探询者试图解决行动情境中出现的问题时，必然会造成新的问题。正如杜威指出的，探询"不仅会通过重现原有的适应性整合来消除怀疑"，而且会"创造将带来新问题的新的环境条件"。在这种辩证逻辑中，用杜威的话来讲，就是"没有最终的解决办法"。探询是否成功地消解了有问题的情境，以及探询者是否认为解决方案引发的新问题有价值，基于这两个标准，探询将得到检验。

意外的作用，发现和纠正错误

我们把错误界定为结果与预期的不一致，人们正是因为发现了这种错误，才认识到特定情境存在问题，并进行探询以纠正错误。当行动结果不符合预期时，探询者会感到意外，正如伊斯雷尔·舍夫勒（Israel Scheffler）指出的，这种经历对于形成新思考方式和新行动方式的过程至关重要。努力尝试消解一种存在问题的情境往往会造成新的意外。

假设电话网络突然中断，电话公司的业务人员会想方设法全面恢复网络运行。如果不能立刻找出解决办法，他们就会尝试采用避免形势恶化的实验性方法。他们会查找网络中断的原因，找出方法以避免未来再次出现中断。如何理解造成中断的原因？如何界定可靠性问题？对这些问题的思考会指引他们设计出短期修复策略和长期预防措施。

当他们试图实施解决问题的策略时，往往会发现自己先前对问题的认识存在不足。如果他们查出隐藏在数百万行程序编码中的某个差错就是网络中断的原因，可能首先就会把注意力聚焦于软件检测上。进一步的探询可能会使他们发现更深层次的问题。他们可能会发现，如果为改善原有网络的性能而引入的新系统，就会增加网络软件的复杂性，导致更容易出差错。这种违反网络设计目标的更基本的问题可能需要更深层的解决方案。由意外引起的探询造成了新意外，这进而需要再一次去发现和纠正错误。

然而，非常重要的一点是要注意“错误”一词的含义，我们把它界定为“结果与预期的不一致”，通常用它来指称一个误解、一种无效的行动策略及假设。例如，错误地相信更好的软件检测工具会确保网络的可靠性。从发现错误到确定造成该错误的原因，这个过程需要进一步探询，如同上述例子中电话公司业务人员分析造成网络故障的原因那样。错误本身并非误解，而是表明了误解的存在。

同样重要的是要注意到，尽管在通常情况下错误往往暗示着消极结果，但它实际上可能具有积极意义。有时候，某项行动产生的意外结果也有可能被认为是可取的。在科学领域，研究者可能会偶然注意到某种令人意外的现象，对错误的检测促进了新技术的发展。例如，正是某个培养皿中意外生出的霉菌让亚历山大·弗莱明（Alexander Fleming）发现了青霉素。又如在人际关系领域，管理者可能会惊喜地发现，某名员工实际上愿意直接面对一个具有威胁性的问题。

无论探询者认为某种意外结果是积极的还是消极的，他们都会试图纠正错误，重新调整结果和预期，从而把不一致转化为一致。在有些情况下，他们试图纠正自己看来不可取的结果，以符合最初的预期。在另一些情况下，他们会调整自己的预期和意图，从而对结果感到满意。因此，当我们从发现和纠正错误的角度描述探询时，并非指个体更容易从失败而不是成功中学习，而是强调意外作为刺激因素，有助于新的思考和行动方式的产生。

组织探询，孕育新思考和新行动

杜威把探询视为一个社会过程，这不仅指人们往往在特定的社会环境中思考和行动，而且指个体或集体的探询过程都是在一个社会系统中以成员的身份展开的，该社会系统确立了探询过程是理所当然的这一假设。如同皮尔士那样，杜威把个体探询者视为受契约责任约束的“探询社群”的成员。他写道，探询者会履行“契约，支持相似探询的结果”。因此，我们也可以把组织学习视为组织成员开展的探询过程，这些成员在组织的探询社群中既可能单独工作，也可能相互合作。

在一个受到组织的角色和规则约束的探询社群内部，无论它是正式的还是非正式的，其个体代表组织进行探询时，都意味着这是组织探询。因此，个体的探询和学习方式有时与他所属的组织有关，有时又无关。

当组织探询引发学习时，对组织而言，学习结果在一定程度上表现为新思想和新行动。在工具性学习中，组织探询孕育了新思考和新行动方式，这有助于提高组织绩效。从这个意义上讲，组织学习的归因依行动上出现可见变化而定。行动无疑也可能会通过学习之外的方式改变，比如退化、遗忘或随机改变，这种情况表明，行动的改变并非学习的充分条件，而是必要条件。为解决某个情境中存在的问题而采取的行动就是杜威所谓的探询的“能洞察的目的”（end-in-view），也就是探询要达成的目的。对照组织前后的行动，我们可以判断组织探询是否有效。若不观察组织行动的变化，我们就难以确认是否发生了组织学习。的确，对某个现象苦苦思索的个体可能会获得重要洞见，但这些洞见在此之后可能仍会长期处于休眠状态。例如，消费品企业员工可能会察觉到市场形势的变化，这预示着支配市场竞争的基本规则发生了变化，但他们也许要几个月后才能产生相应的洞见，也许永远找不到制定新产品战略的方法。因为这种洞见没有引发新的组织行动，所以不会引发学习，它们至多能代表组织学习的潜力。

研究者与实践者的关系

若我们站在从组织环境中进行探询的实践者的角度，来定义组织学习，就能指出实践者与学术研究者的共同点：双方都是探询者，都注重发现和纠正错误，都想厘清混乱的、矛盾的和有问题的情境。这与强调双方差异的传统观点形成了鲜明对比。源自研究型大学的传统观点认为，研究会孕育某些专门知识，即埃弗里特·休斯（Everett Hughes）所谓的“深奥知识”（esoteric knowledge）。研究者与实践者之间的关系遵循“凡勃仑协议”（veblenian bargain），即实践者提出问题，研究者提供专业知识，帮助实践者以独特的专业方式运用知识解决问题。[①] 这种观点往往表现为两种形式：基于研究的理论和基于专家的直觉。

以上两种表现形式都存在局限性。当研究者倾向于基于研究的理论知识时，他们与实践者互动的结果可能是受到实践者的依赖或排斥。如果实践者认可研究者的深奥知识，进而成为“小科学家”（更常见的是成为“小社会科学家”），把自己一知半解的零碎理论当作惯常的陈词滥调，与实际的工作方式没有明显

① 舍恩在《反映的实践者》（*The Reflect Practitioner*）中引用了 20 世纪初美国制度经济学家托尔斯坦·凡勃仑（Thorstein Veblen）的观点：“实践者把问题交给研究者，研究者给出解决问题的新理论和新技术。”——译者注

联系，那么可能产生的互动结果就是依赖。在 20 世纪 90 年代中期的组织中，“组织文化”之类的术语得到广泛运用，上述这种状况被苏珊娜·德蒙绍（Suzanne DeMonchaux）描述为“丧失了纯真的眼睛”。研究者提出的理论如果不能很好地适应现实情境、不能与实践者自身遵循的理论相联系，或者研究者的实际行为与他们所宣扬的理论不一致等，那么可能产生的互动结果就是排斥。

如果研究者的专业观点来自直觉，那么研究者与实践者的互动结果同样可能是受到实践者的依赖或排斥，但具体原因不同于上文。研究者的直觉往往令实践者难以理解，因此实践者在选择是对这种专业直觉“照单全收”地加以依赖，还是加以排斥时，必须多少带有一些盲目性。我们难以想象实践者能够从基于直觉的专业观点中学习。虽然运动员和艺术家有时只通过观察和模仿就能互相学习，但即使我们承认组织实践者有时可能以该方式向研究者学习，只要这种专业观点仍然基于直觉，那么实践者与研究者就都不可能对此类观点进行理性剖析，因此也不可能理智地选择在何种程度上接受，以及在哪些方面接受它们。

无论研究者的专业观点具体表现为深奥知识还是直觉，研究者与实践者的传统互动模式都忽视了实践者的探询、实践者遵循的理论以及实践者推理和检验观点的方式。实践者原本了解的知识被忽视了，就像传统的“优秀”教学模式忽视小学生自发的理解一样。那么，如何才能认定实践者探询能力的提高是其与研究者互动的结果呢？

如何提高实践者的探询能力

我们认为应该彻底改变研究者与实践者的传统关系。我们认为实践者不是专业知识的被动接受者，而是杜威式探询者。因此，我们需要思考：“实践者已经知道什么？他们如何进行探询与学习？”

我们认识到，实践者与组织学习研究者最感兴趣的问题明显相似，双方都有兴趣从工具性视角理解组织经历，都希望了解什么因素能促进有效的组织行动。由于都想了解组织如何运作、如何变革，因此他们都想要搞清楚组织行动与结果之间的因果联系。他们都想知道哪种思考和行动模式能够解释组织以往的成功或失败，以及个体对这两种结果起到了什么作用。如果组织经历中出现了令他们难忘的意外或谜团，他们就会设法理解这些意外、谜团和其中的模式化规律。

实践者可能会关注组织探询日常事务的开展过程。他们往往能对组织的实践进行反思，而研究者通常把这视为实践者的特权。有时候，实践者也会关注下列事项：组织如何界定成败、如何确立目标和优先事项、如何选定可取的行动目的。实践者与研究者可能都关注威胁组织学习有效性的因素，即妨碍他们从以往经历中得到恰当教训的推理和行为。他们往往会发现，如果只关注只有局部重要性的即刻问题，就会忽视自身行动在更大范围内的影响。他们会越来越怀疑，现有结构和激励体系可能会削弱自己在不断变化的环境中履行职责的能力。因此，有些实践者或研究者想要学习如何创建新的结构和激励体系，也想学习如何获得新技能，从而提高所在组织的学习能力。

实践者与研究者探询这些问题的方式在某些方面是相似的，但在另一些方面截然不同。

杰弗里·维克斯描述了两种探询者，他们对探询持有不同立场。维克斯使用术语“旁观－操控者”（spectator-manipulator）来指代与研究对象保持一定距离的观察者。他们身处研究对象所在的领域之外，偶尔会在精心控制的条件下扰动相应的环境以观察研究对象的反应。相比之下，“行动－体验者”（agents-experient）是指那些身处问题情境中的人。作为行动者，他们的“行动和评价可能会在一定程度上受到他们对情境的了解的指引和左右”。

组织的实践者必然是行动－体验者。他们不可能成为旁观者，那只能是一种幻想，或许唯有在他们退隐之后才可能实现。他们身处自己试图理解的情境中，并通过采取新方式进行观察和行动，从而促使情境的改变。通过感知、言语、思想和行动，实践者构建了自己探询的对象。他们也是设计者，但这个设计者并不是从设计的专业意义上说的，而是从广义上出发：他们是在复杂和不确定条件下处理事务的设计者。他们设计的对象包括产品、服务、政策、营销策略、信息系统、组织角色、组织架构、岗位、薪酬方案，以及职业阶梯等。他们甚至可能会成为整个组织的设计者。即便不是如此，他们至少也会设计自身的日常行动策略。

实践者与研究者都对构建组织领域的解释模型感兴趣。与研究者一样，实践者也试图解释自认为重要的数据，并且往往非常重视与之矛盾的证据。当然，实践者的模型必须服务于设计目的。不管模型作为探索或解释工具多么有吸引力，对其评判的标准都是它是否有效，也就是能否帮助实践者开展他们希望从事的工作。这一点决定性地影响着有哪些标准适用于实践者的推理、实践者在何种意义上进行实验，以及他们的实验在何种意义上可以被视为“严谨规范”。与研究者一样，实践者对构建和检验关于所处环境的假设也具有浓厚兴趣。但由于实践者是行动－体验者类型的设计者，其相关行动具有探索和影响所处情境的双重功能，所以他们的探询遵循不同的“结束规则”。至少按照一种科学观点，只要探询社群的成员提出看似合理且相互冲突的假设，那么形成假设进而检验假设的科学循环就会始终持续下去。然而，对实践者而言，当他们的探询实现了预期结果，并且他们喜欢或能接受设计中所固有但事先并未料到的副作用时，循环就可以适时地结束了。

尽管在其他方面，实践者与研究者的探询具有相同的基本过程与充分性标准，但在上述方面，二者的规范并不相同。在涉及因果关系的含义和因果推理的性质之时，这种不同是最明显和最重要的。

研究者与实践者的因果推理模式

组织的研究者和实践者都必然关注因果关系和因果推理。当研究者试图理解组织成长和衰退模式的变化时，或者当他们研究如何实现技术创新、如何发挥激励机制的作用、如何管控风险、如何传播和完善各种观点时，他们依靠的是因果关系。实践者试图理解相关事物的目的是改造或适应它们。实践者试图找到以往导致成败的环境和行动的特征，以便设计更有效的体系和策略。他们不断地努力发现和纠正错误，我们将在后文中看到这一点。实践者对造成错误的原因以及为纠正错误而设计的行动的因果效力极其感兴趣。但研究者与实践者运用的因果模型显然不同，并且进行因果推理的方式也不同，这对双方合作探询组织学习的可能性以及这种合作探询的性质具有重要影响。

科学家惯常采用的因果模型往往聚焦于“变量”概念。所谓变量，是从观察到的复杂现象中抽象化的某些特质，这些现象无论在什么环境下发生，本质都是相同的。正是这种假设的恒定意义，才使社会科学家得以讨论某个变量局部值的变化。否则，我们就不能合理地讨论某个变量值的变化；每当为一个变量设定了一个不同的值，我们就需要将其视为一个不同的变量。赫伯特·西蒙阐述了类似的观点：

> 代表因果关系的变量 X 和 Y 的每个值都可以定义“一类事件”，因此，每个变量都由一组相同类别的事件构成。基于这个概念，西蒙把因果关系视为一个函数，Y 是结果，X 是一个或多个原因，函数公式可以表示为：Y = F(X)。当“有且只有一个 Y 值与每个 X 值都相关联时”，西蒙认为，该函数就是“独立的”。

根据这种因果模型，因果关系的研究者旨在以“覆盖律”（covering law）的形式构造成一般因果命题。例如，“攻击行为的出现往往以遭遇挫折为前提，相反，挫折的存在往往会导致某种形式的攻击行为”，或者“焦虑状态可以被定义为‘主观上的、有意感知到的紧张、忧虑与不安’，是由角色超载的认知所引起的”。对此，研究者需要寻找证据来表明，若给定 X 的值并了解 X 已经发生，那 Y 的值（焦虑状态）就完全取决于 X 的值（角色超载），而不受 X 和 Y 所处环境中其他特征的影响。

根据常规社会科学的因果模型，概率性覆盖律可以从两种经验方法提供的数据中推断出来，这两种方法分别是“人为实验”（contrived experiment）和“自然实验”（natural experiment）。在这两种情况下，研究者都试图依照约翰 · 斯图亚特 · 米尔（John Stuart Mill）的分析方法来确定结果变量的值是否仅仅取决于原因变量的值，米尔的分析方法包括：契合法、差异法和共变法。契合法指 Y 有规律地随 X 的变化而变化；差异法指没有 X，就没有 Y；共变法指 Y 的变化恒定跟随 X 的变化。在人为实验中，研究者会构建某种环境，在该环境下研究者可控制 X 值的变化以观察 Y 值的变化。在自然实验或“准实验方法”（quasi-experimental method）中，为测量 X 与 Y 的自然变化，研究者会观察大量环境条件，并且为了避免被任何特殊条件所误导，他们也会观察大量局部环境条件。这两种情况下，研究者都试图保持一段客观的“研究距离”，以避免数据不准确或者自己受到对研究对象的偏见的影响。研究者会避免提到研究对象的意图，因为他们认为这些意图是主观的、特殊的、定性的，不符合普遍的、定量的、独立于环境的要求，而这些恰恰对进行常规社会科学的严谨因果推理模型至关重要。

相反，在日常实践中，实践者往往会从“设计因果”的角度来思考。设计因果就是把行动者的意图与其为实现意图而设计的行动联系起来的因果关系。为了从设计因果的角度解释行动的原因，我们会描述我们认为行动者试图通过某种行动来实现的意图。换言之，我们描述的是导致某种行动的推理，而不是事后证明某种行动之合理性的推理。弗雷德里克 · A. 奥拉夫森（Frederick A. Olafson）把这种因果关系称为“推理出的原因”（cause by reason），哈耶克则称其为“充分理由”（sufficient reason）。实践者还会提出另一种简单的因果关系——“有效因果”，它指的是行动与预期结果或意外结果之间的因果关系。此外，当个体在组织环境中习惯性地与他人互动时，他们设计的行为以及这些行为作为有效因果造成的一级和二级结果，往往能够创造出体现“模式因果”（pattern causeclity）的复杂组织系统。

让我们以慈善基金会中资金分配人员的行为为例。他们知道获得的资金“如果不用就会作废”。因此，他们会为了能花掉这些资金（设计因果），而选择资助不合适的项目。总体而言，这种资助行为造成了大量效果存疑的项目（有效因果）。鉴于这种后果，基金会负责人构建了越来越严格的外部评价系统（设计因果），但资金分配人员认为这造成了不公平的束缚（有效因果），因此会设法规避该系统（设计因果），从而导致外部评价被认为越来越不可靠（有效因果）。这些模式一旦被创造出来，往往会通过那些影响系统中个体思考和行动方式的反馈循环来自我延续（模式因果）。

另一个例子是一家工厂，它的最高管理层制定了绩效工资制度。为了避免诚实的评价给自己带来投诉与不满，工厂的各级主管学会了委婉批评员工（设计因果）。如此一来，一级结果（有效因果）是，员工的绩效评分会被夸大；二级结果（有效因果）是，工资开支会增加。这是每位主管的有意行动意外造成的累积效应，这可能会让高层管理者意识到出现了问题，进而促使他们再次尝试减少工资开支（设计因果），并再次遇到上述情况。绩效工资制度原本旨在提高生产率，结果其累积效应却造成了平庸绩效，且滋长了各级主管的阳奉阴违（模式因果）。

基于这种组织因果模型，实践－探询者会试图推断组织事件的构成原因，并构建与检验因果模式中的互动模型。实践者运用因果追溯法来观察某种现象如何导致另一种现象。因果追溯法可行与否依赖于探询者是否掌握整个系统中模式因果的背景模型。该过程犹如一名熟练管道工的推理：基于对管道系统和液体如何流经管道的丰富知识，管道工试图通过在时间和位置上追踪管道系统中的泄漏源来找出泄漏原因。跟管道工一样，组织探询者也可以通过现场实验来检验自己对因果关系的直觉。例如，管道工会关闭某个阀门并观察泄漏是否停止。让我们仍以前文提到的慈善基金会为例，组织探询者可能会改变某项政策，如撤销“不用就作废”的规定，然后观察资金分配人员行为的后续变化。组织或管道系统的探询者也可以考虑各种替代模型，并找到只有特定竞争模型所特有的数据来区分它们，从而检验自身对整体因果模式的认识。归根结底，实践者能够检验自身的因果推理，方法就是去确定能否使用因果推理获得他们想要或喜欢的设计结果。

常规社会科学的因果推理模型旨在实现可概括性，它采用一般的原因变量和结果变量，并要求观察多个实例，变量在这些不同的实例中具有不同的值。而实践者的因果模型依据具体情境而定，处理的是具体现象，如委婉地批评下属，这些现象不需要且通常也不会采取一般变量的形式。常规的社会科学家做的是人为实验或自然实验，这些实验都会涉及许多不同的背景。而实践者根据特定系统的背景模型追溯原因，并通过现场实验来检验该系统中的因果推理。

鉴于覆盖律自身的一般性特征，通过常规社会科学构建的一般覆盖律在实践中的效用往往相对较小。常规社会科学研究所得出的函数关系往往是精确的、定量的、或然的、抽象的和复杂的，这让实践者很难相信这些结果可以指导他们在特定局部环境中的行动。而且，研究所处的背景与实践情境之间也存在“有效应用的差距”。为了确定在研究中成立的各变量之间的一般因果关系是否在特定时间、特定实践情境中也能成立，实践者必须还原得出研究结果时的环境条件。这意味着实践者必须构建关键术语的操作定义（operational definition）[①]，并表明那些不了解待检验命题的观察者可以运用这些定义在适当的变化范围内对相关现象进行可靠的观察。此外，为了将内部和外部有效性受

① 操作定义指通过明确指出测量某种现象的操作方法或步骤来为该现象下定义，从而看出相关人员应如何观察、测量或操作研究变量的程序。——译者注

到的干扰最小化，实践者需要运用适当的控制手段，包括不让实验对象知道实验策略，以免影响实验结果。在实时的、混乱的、压力重重的实践条件下，这种行动将难以落实，并且即使得到落实也难以保持客观中立。正如阿吉里斯指出的，这种行动意味着一种管理方式，该方式让人联想到层级组织的管理氛围，即下级人员处于从属的依赖性地位，这很可能会引发下级人员的强烈不满或公开的敌意。

人们发现问题并构建相应的行动策略是一回事，而在实时的压力重重的日常条件下，尤其是在令人尴尬或具有威胁性的情况下将这些构建的行动策略真正付诸实践，就是另一回事了。这两种情境中发生的事项之间的巨大差异让我们产生了深刻印象。在日常条件下，个体往往会做出与自己构建的行动策略相反的行动，并且意识不到这种背离。例如，总经理可能会劝说手下的中层管理者不要担心对员工做出负面评价，但为了避免得罪中层管理者，总经理实际上可能会掩饰自己对他们做出的负面归因。在这种情境下，总经理对自己的实际做法与策略之间的矛盾，与其说是意识不到，不如说是由于习惯性遵循了早年学到的使用理论。

在平常的组织实践中，以上现象是常态而非例外。常规的社会科学家很少考虑这些问题，或者很少关注实践者实际使用他们的研究成果时需要掌握的技能。因此，能让实践者制定行动策略的研究成果不太可能来源于常规的科学家。

实践者的因果探询不会得出一般覆盖律。他们在特定情境中关于设计因果、有效因果或模式因果的推论只能通过我们所谓的“反思式转移”过程来概括。之所以称为“转移”，是因为该模型可以通过一种“如同”（seeing-as）的方式，从一种组织情境转移到另一种组织情境；之所以称为“反思式”，是因为探询者应该以批判的态度对待熟悉情境与新情境之间的相似之处与不同之处。在反思式转移中，因果叙事发挥的作用类似于司法裁决中的判例和建筑设计中的先例。原型的效用主要在于它可以用来在新情境中提出解释和开展实验。当原型被转用于新情境时，其有效性必须经由新一轮探询来确定，并很可能会根据探询的相关结果得以修改。而经由新一轮探询修正的原型可能会成为再一次反思式转移的基础。

研究者与实践者应该如何合作

我们已经认识到组织学习过程是由作为探询者的实践者推进的，实践者和研究者感兴趣的主题存在大量重合，且两种探询者的因果推理模式在某些方面具有相似性，在另一些方面又截然不同。那么，我们该如何看待组织学习研究的作用、方法与态度呢？

对于那些希望创造对实践者有用的知识的研究者，我们的分析具有明确启示。实践者总是在努力促进有效的组织学习，理解自身学习过程和学习系统的性质，研究者应该与他们密切合作。研究者应该尽力了解哪些事情是实践者已经知道该怎么做的，并学会肯定实践者已在进行的探询，包括他们知道如何具体提问的问题，以及他们可能认为理所当然但不能用语言描述，而只能通过行为展现出的知识。研究者应该与实践者合作，共同找到通常蕴含在日常组织实践中的内在合理性，以及实践者自身往往意识不到的模式因果的有效形式。但这种研究职责应该结合对实践者的帮助，以便实践者扩展和加强他们已经知道如何进行的探询。这意味着帮助实践者了解：是什么让他们陷入两难境地？带来成功的行为模式为何也可能造成失败？如何从失败中学习？如何拓宽视野，令自己不再局限于当时当地的情境，从而发挥更多设计潜力？如何意识到被自身的或默认的背景模型掩饰的反直觉结果？如何探索和反思在有限组织学习系统中嵌入有效的组织学习将会面临的障碍？如何意识到自身对维持那些系统所起的作用？

之所以要研究上述问题，原因有以下几点：

- 第一，对组织学习感兴趣的研究者应该关注实践者的探询是如何促进组织学习的。
- 第二，希望自己创造的知识成果对实践 - 探询者有用的组织学习研究者应该想要同实践者相互理解。研究者需要倾听实践者的声音，遵循他们的思考和行动方式，考虑他们的优势和劣势，从而增加被倾听、认可和接受的机会。如果实践者已成为探询者，那么外部研究者若想让实践者参与研究，就必须考虑后者已经在进行的探询。
- 第三，正如多年前库尔特 · 勒温（Kurt Lewin）所指出的，人们如果能参与研究的设计，以及数据的收集和分析，就会更容易接受研究结果并据此采取行动。

实际上，勒温的行动研究理念就是我们开展研究的原型。勒温的研究生涯立足于两个主要的基础：作为一名心理学家的素养与作为一名犹太人为逃离迫害而远走他乡的经历。他从事的研究展现了对两方面的追求：一是民主，比如对民主与专制群体氛围的研究；二是创造力、生产率与探询方向。正如阿尔弗雷德 · 马罗（Alfred Marrow）的评价，勒温是一名实践理论家，他认为能够用于实践的理论才是好理论。勒温致力于实现理想的社会效果，如说服儿童喝橙汁、吃菠菜，鼓励购买战争债券，消除种族歧视或宗教歧视。勒温开创的方法是鼓励研究对象积极主动参与相关的社会实验。勒温采用的工作假说是，人们倾向于接受自己曾积极参与过的结果。在这种注重特定的社会问题和情境的实验过程中，勒温借助必要的想象力和技能找到了极为重要的思想。例如，他提出的“把关人”（gatekeeper）概念早已融入社会科学家和普通民众的语言体系中，这个概念实际上直接源自勒温在喝橙汁、购买战争债券等情境中对影响力和说服力的实验研究。

除了勒温，其他人杰出的价值观和方法也影响了英国塔维斯托克研究所（Tavistock Institute）早期的研究和实验，如对英国的长壁采煤作业和冰川金属公司（Glacier Metals）的研究。参与式的、半自治的工作团队理论和实践就是从这些组织行动研究的早期例子中发展出来的。从勒温和塔维斯托克研究所开展行动研究那段时期往前推几十年，杜威已经在倡导探询、参与、协作的相似价值观。然而，杜威的观点立足于哲学而非经验，他致力于通过社会实验在公民权和教育领域落实自己的哲学理念。

如果研究者抱有类似的精神去参与组织学习的合作行动研究项目，那他就会和与他合作的实践者一样，成为行动 - 体验者。研究者因为置身于自己研究的情境中，所以必须也研究自己。他对正在研究的组织的投入感可能没有实践者强烈。他对探询的兴趣点可能与实践者存在重合，但并非完全一致。他可能不完全了解实践者因自身具备的局部知识而观察到的具体情境，并对实践者宣称的组织知识和学习保持合理的怀疑态度。然而，研究者可能比实践者更能领会那些被后者认为是理所当然的、会影响其工作能力的实践知识。

这样的行动研究者会与组织中的实践者合作开展设计探询，研讨潜在的因果关系和因果推理模型。与此同时，行动研究者将设法了解并帮助实践者认清这些模型的局限性。研究者把理论、模型、范例与启发引入实践情境，并作为审视相关情境的透镜，以检验它们在理解情境方面的用途，但它们并不能替代凯文·林奇（Kevin Lynch）所谓的“最佳理论”，即实践情境内建的理论。

另外，即使坚持怀疑论的常规社会科学家只想研究组织学习现象，不关心自己构建的知识对实践者是否有帮助，对他们来说，颠覆研究者与实践者之间的传统关系也具有重要意义。这里至少有两个原因，我们将在第 10 章详细讨论，此处仅简要予以说明：

- 组织学习领域的学术研究者会希望检验自己从模拟研究或置身事外的经验

研究中得出的观点。他们的兴趣在于填补相对宏观的构想与现象实际发生时的详细过程之间的空白，比如第 10 章中将要讨论的关于组织内部变化与选择的理论就是相对宏观的构想。这要求研究者通过与身为探询者的实践者合作，来了解组织内部如何运作。当外部研究者成为参与合作行动研究的实践 - 探询者时，这种合作更有可能实现并发挥作用。

- 出于科学兴趣，组织学习领域的研究者可能想知道，他们发现的有限学习模式是不是定律，在某种程度上是不是组织日常结构所固有的，或者从某种意义上讲是不是他们所观察的实践者特有的思想观念的产物。如果实践者明确意识到这些模式的存在，那么能否予以改变？如果研究者不协助实践者设计并制定规避组织有限学习模式的举措，那么如何检验这种可能性？要对诸如能力陷阱、迷信学习、垃圾桶现象[①]等学术模型进行稳健性检验，就需要在组织中创造条件，以便在实际情境中证实或证伪这些模型。这再次要求研究者与实践 - 探询者密切合作。

如何应对合作中的干扰

实践者身处自己试图理解的情境之中，他们是行动 - 体验者，因此可以运用自身的因果模型进行因果推理，并进行此类推理的反思式转移。一方面，正是由于身处其中，实践者才得以掌握各种现象的有效背景模型，从而进行因果追溯，并开展现场实验。另一方面，实践者身处行动情境中也对形成有效的知识造成了以下种种干扰：

- 忙于业务可能会令实践者无暇进行有效的探询——而这原本对他们大有帮助。要求实践者不要多想，重在“把事情做好”，这往往也会束缚他们。

① 此处是指组织表现出的目标模糊、手段不确定、流动参与等特征，详见詹姆斯·马奇等人提出的“垃圾桶理论”。——译者注

- 实践者熟悉自己的行为模式，这可能会导致当局者迷，让他们无法看清自己实际的所作所为，无法描述自己高度依赖的行动知识。
- 作为情境中利益攸关的行动者，他们的偏见会让他们无视本来有可能促使自己改变主意的信息。
- 实践者只专注于完成局部的短期紧急任务，这可能会妨碍他们从更长远、更广泛、更有用的潜在角度考虑问题。
- 实践者熟悉所处的环境，这可能会导致他们忽视环境因素。更具体地讲，至少在一定程度上，他们可能意识不到那些妨碍有效的组织学习的因果模式，也意识不到与环境的互动如何造成了他们认为的外部强加而来的障碍。

对实践者而言，妥善解决上述问题意味着什么，又如何通过与学术领域的行动研究者合作来妥善解决这些问题呢？

在社会心理学领域有一个由来已久的争论，那就是日常直觉对意图、思想与感觉的推理的可信性，这些意图、思想与感觉会促进行动。罗伯特·B. 扎伊翁茨（Robert B. Zajonc）提出了该问题并得出结论，尽管人们自己的经验可以是思想和假设的一个源头……但有关社会感知领域的所有系统研究都表明，我们应该对所谓直觉保持高度警惕。扎伊翁茨引用了大量研究成果来支持该结论，这些研究揭示出：估测因果事件的概率时存在严重的自利性偏差。

即使我们对日常直觉作为推理和意图的可信性持更乐观的看法，也必然会发现经常有错误发生。那些比较严谨、相对有能力的组织探询者当然会尝试检验直觉，尤其是在因果关系的构建过程中发挥重要作用的直觉。例如，在绩效工资的例子中，主管“为了避免惹恼员工”而委婉地批评员工；在电话网络突然中断的案例中，技术人员“为了应对管理层要求快速安装的压力”而绕过了测验软件可靠性的环节。如何检验此类推理呢？无疑，主要检验方式之一是现场实验，即通过询问来获取信息，但这种形式的实验容易因各种原因而产生错误。

让我们举个例子。某人问另一个人“你为什么要这么做”，并根据对方的回答推理出其意图。首先，信息提供者可能无法准确重建导致他做出某种行动的事前推理。他可能记不清楚了，也可能有意无意地依据自己此刻的思想、利益或偏好来重建当时的推理。通过引导信息提供者详细地重构他所参与的事件，或者尽可能对照不同信息提供者的回答，或许可以避免这种扭曲。

然而，这样的弥补措施很容易导致二级错误，它会影响所有关于直接探询行动原因的尝试。以某种方式探询行动者做出某种行动的理由，这本身就是一种干预，若发生在组织环境中，就是对组织运作的干预。上述两个因素通常强烈影响着探询者和信息提供者对它们之间的互动、信息、行动的解释。这种影响会复杂化，且常常打乱探询者寻找有效信息的过程。

之所以会出现这种状况的一个原因是，个体一旦认识到自己是信息提供者，就会试图找到所处情境的意义，并且基于自己构建的意义采取行动。信息提供者可能会根据探询者的期望来做出回答，也可能会把所处情境解释为先前行动的功劳。他与探询者的互动可能会被刻意地设计成一种形象管理。当在探询过程中感到一定程度的威胁或怀疑时，信息提供者可能会故意隐瞒自认为可能会引起负面观感的信息。

上述所有互动也受到乔治·德弗罗（George Devereux）从量子力学中借用的“互补性”这一概念的影响。探询者的问题及反应，无论是语言的还是非语言的，都是对人际情境的干扰，会影响信息提供者对意义的理解及其提供有效信息的意愿。探询行为也会影响作为探询对象的情境。因此，如果某名网络故障调查员表现出一种具有威胁性的、动辄指责他人的态度，就可能导致向他提供信息的人产生比原先更强的防卫心理。

适用于信息提供者的结论也适用于探询者。探询者为与信息提供者互动而构建的意义、对后者进行的意义归因、隐约感到的信息提供者理解探询者的方式，多多少少都会影响探询者对已接收信息的解读。如果探询者感觉信息提供者可能隐瞒了负面信息，那么就会据此来解释后者的回应。

这种相互影响绝非组织中的因果探询所特有的，在常规社会科学实验环境中，这种影响同样会妨碍研究者获得有效信息。罗姆·哈雷（Rom Harré）与保罗·F. 西科德（Paul F. Secord）指出："社会心理学实验也是社会事件。"正如前文指出的，为了严谨地开展人为实验，社会心理学家会设法控制实验过程，而这恰恰可能导致研究结果出现系统性扭曲。

此外，在组织探询中，所有上述相互影响都可能会因组织环境的某些特性而加剧。组织探询几乎必然是一个政治过程，在这个过程中，个体一定会考虑探询会如何影响自己或相关参照群体在充满竞争与争论的组织中的地位，而个体在这个政治过程中是否会果断接受这些考虑的影响就是另一件事了。如果试图揭示导致体系失败的原因，就不可避免地要对下属群体的忠诚度进行公开检验，这同时也提供了一个分配责任或功劳的机会。此类探询很可能会引发老套的博弈，如推卸与逃避责任、实施控制与避免被控制、赢得功劳与防止他人抢功。在这些博弈中，欺骗、先发制人的指责、阻碍议程、混淆视听、伪装掩饰等策略以及对这些策略的伪装，往往会妨碍探询组织事件的原因与当事人的推理。在本书后面的章节中，我们将从有限学习系统的角度描述这种现象。

既然个体的、人际的、组织的现象会妨碍探询者获得关于设计因果的有效信息，那么人们应该如何进行组织探询以提高获得有效信息的可能性呢？这是一个普遍的难题，它为一门潜在的社会科学指出了至关重要的发展方向，而这门社会科学可能会高度重视组织探询问题：

- 第一，我们如何才能更准确、更实用地描述妨碍组织中因果探询的个体、人际与组织模式？

- 第二，从探询过程本身来看，何种关于行动、策略、价值观以及潜在假设的理论最有助于探询者获得、解释并检验信息，从而形成关于设计因果的有效推理？

这些问题奠定了我们称之为“行动理论观”或“行动科学”的基础，这是对勒温式行动研究的进一步发展。行动科学关注如何为合作探询创造条件，使组织成员能够成为共同研究者而不仅仅是研究对象。如前所述，行动科学立足于下列假设：当人们能够对创造、阐释、检验与使用信息的过程施加控制时，往往更有可能提供关于自身意图及行动理由的有效信息。行动理论观假设存在一个由互动的各方创造的行为领域，并要识别出这个行为领域中可能会妨碍或鼓励有效探询的特征。该方法会探讨人际探询的行为领域中有助于交流有效信息的使用理论具有哪些特征，强调公开私下归因的重要性，这些归因必须被认为是可证伪的，并且要接受公开检验。该方法基于下述假设发挥作用，即使用理论往往会产生一种扩散效应或镜像效应。我们认为，当个体采用可能产生有效信息的使用理论，而这种使用理论又在他们的信息提供者和共同研究者身上有镜像体现时，个体就会成为更高效的探询者。

上述各要点对于组织实践者和学术研究者在未来开展的所有合作都至关重要，本书后面各章节将展开详细论述。在本章中，我们着重关注了方法、态度与关系等问题，一旦我们从组织探询角度看待这些问题，承认实践者是探询者，并颠覆研究者与实践者的关系，那么它们就会成为研究组织学习的中心问题。在下一章，我们将探讨一家工业企业的长期演变，以及演变过程中的某个关键时刻，一名顾问为培育有效的组织学习所做的尝试。

第 3 章

如何促进有效的组织学习

ORGANIZATIONAL
LEARNING II

组织学习实践

ORGANIZATIONAL LEARNING II

水星公司

本章将以一家化工企业水星公司（Mercury Corporation）10 年的发展历程为例进行探讨。

水星公司是一家化工企业，创立于 20 世纪 20 年代，只生产一种化学产品。该公司是业内最早设立研发部门的企业之一，近百年来在多个不同领域推出了新业务。20 世纪 60 年代中期，公司的年销售额已经超过 30 亿美元，但一心想着保持增长率的最高管理层开始担忧公司出现增长乏力的迹象。尤其令他们忧心的是，研发部门推出新产品的速度在降低，而新产品恰恰是新业务的基础。最高管理层认为公司面临的是“创业家差距”（entrpreneurial gap）问题。他们认为，研发部门有能力开发新技术，但不能实现商业化。研发部门主要依靠公司现有的其他部门，但这些部门往往不愿冒险推出新产品或新工艺。

根据对上述问题的诊断，管理层出台了一套貌似可行的解决方案：创建一个新业务部门，这个部门不仅有权研发，也有权“孵化”新技术。具体而言，该部门将能够制造并销售新产品，只有新产品的价值得到证明后才会被转交给现有的其他部门。管理层希望，现有部门在摆脱首次进行生产需要承担的风险后，不再抵制研发部门推出的新技术。

20 世纪 70 年代初，水星公司发现自身面临着另一场不同类型的危机。公司的发展速度已经提高，但随之而来的是利润的增速减缓。管理层认定问题产生的原因在于业务规模扩张得太快。他们认为，公司达成了增长目标，但这导致其规模和范围都超出了总部的管理能力。一家年销售额超过 50 亿美元的企业不能再以传统方式经营。因此，公司管理层决定实行分权化管理，建立拥有独立经营权和总经理的半自治部门，而这些总经理最终以“男爵”的名号为人所熟知。

20 世纪 70 年代中期，新业务部门已经积累了 10 年经验，在研发领域的开支已达 2 000 万美元左右，却没能打造出任何重大的新业务。尽管如此，新业务部门依然存在。实际上，最高管理层并没有直接批评过该部门，但新业务部门的成员开始感到不安，于是他们聘请了一名外部顾问。[①] 正如舍恩当时写的，新业务部门经理希望顾问提供帮助，即“在考虑到当今世界社会和政治领域，尤其是经济领域的急剧变革的情况下”探索“成熟组织中新型的风险管理”模式，经理还专门询问：“在这个急剧变革的时代，成熟企业开拓新业务是否仍然是一种可行的增长方式？”

探询新业务开发过程

外部顾问要做的第一步是拟定相关问题的地图。通常情况下，会有不止一幅地图。对于任何一个比较重要的问题，组织成员的观点可能都不同，但他们往往会相互隐瞒或不完整地表达这些观点。在水星公司的初期讨论中，不同成

① 本书作者之一舍恩承担了该项咨询任务。20 世纪 60 年代初，舍恩曾经在水星公司从事咨询工作，并在 20 世纪 70 年代中期返回该公司的新业务部门开展工作。

员对于企业开发的难题表达了下列不同观点：

- 我们没能有条不紊地从事这项工作，这不仅表现在开发方面，而且表现在整个技术领域……技术开发的成本日益攀升……50% 的利润出自 30% 的专营产品……相比于技术，我们对资本的管理要成功得多。
- 新业务部门受限于自身的经营职权。
- 新业务部门往往倾向于以阻力最小的方式把新技术引入其他部门的业务范围内。
- 我们已经奋斗了 10 年，却没有取得任何重要成果。那些取得成果的项目并非新业务部门的项目。我们接触了太多项目，而不是专注于在一个领域中设法达成目标。
- 只投一球的命中率不高，所以要多投。我们必须考虑多种可能性。十几年来，我们研究了 200 多个商业机会。

成员们在非正式场合私下表达了上述不同观点，但他们从未把分歧摆到明面上，也从来没有试图检验相互矛盾的观点。顾问提议，由新业务部门主管技术的副总经理、研发主管和普通员工等相关人员一起来构建过去 10 年关于技术开发的案例历史，特别是他们认为成功和失败的开发案例，从而深入了解上述分歧。

这并不容易。首先，失败经历往往会被掩饰，人们并不想揭开这些伤疤。其次，了解部分开发过程的个体分散在各个职位上，他们从未试图比较或调和彼此对开发过程的不同见解。结果，许多有关开发的传言，包括“好创意出自最高管理层”“好创意会自寻出路”等，在整个组织范围内广泛传播，但并未受到检验。实际上，它们已经成为自我实现的预言。事后成功被归功为好创意，失败被归咎为糟糕的创意。此外，由于失败经历始终被掩饰，所以其创意从未与带来成功的创意进行过比较。成功本身被认为是好创意的检验标准，并且由于最高管理层的支持对于取得成功至关重要，因此人们很容易相信好创意出自最高管理层。

尽管存在上述困难，但在顾问的敦促与支持下，大家共同构建了新业务部门的开发案例历史。之后，顾问建议他们思考下列问题：

- 我们实际是如何推进开发过程，尤其是那些取得重大成功或遭遇重大失败的开发过程的？
- 我们能从这些历史中得到哪些经验教训？这些经验教训如何证实或证伪 20 世纪 70 年代中期公司内各群体所持有的关于有效技术开发的理论？
- 从那些为了开发技术而设计更有效的组织结构和实践的故事中，我们可以推论出什么？

采用这种讲故事方式的目的并不是通过对比成功和失败的特点来找到有效开发的窍门，而是引出开发的主题，揭示非正式实践背后的模式，这些模式可能比公司管理层用来解释开发过程的理论更加微妙和复杂。

重构历史基于下列假设：通常，在水星公司这类组织中，行多于言。在对业务开发实践有了更精确、清晰的认识后，组织成员应该能够检验他们关于有效绩效的现有理论，批评那些基于不充分理论所提出的开发设计，并在更切合企业实际的理论的基础上构建更完善的开发设计。此外，顾问预测，当参与者回顾自己的开发故事时，可能会从多种不同的角度来解释。分析这些解释之间的不同可能有助于加深他们对公司系统的理解，且他们对这些区别的反应可以为水星公司界定并解决组织问题的方式提供有用的证据。

下面是参与者所讲述的几个故事。第一个故事由参与者 A 讲述，具体如下。

组织学习实践

ORGANIZATIONAL LEARNING II

产品 X

20 世纪 60 年代初，我们收购了一家制造树脂产品的企业 R，并以此为基础设立了一个部门。当时，我们缺乏必要的树脂产品开发原材料，因此只能选择其他材料。然而，一个掌握材料生产工艺的部门，似乎可以为企业在制造方面创造优势。

这个新部门占有非常高的市场份额，但同时也面临激烈竞争。我们意识到，拓展新的市场应用比我们现有的市场更重要。为此我们成立了一个工作团队，并由一位兼具技术与商业知识的负责人率领。这个团队努力提出了一系列可能的应用，并尤其推荐产品 X。

随后，我们开始了为期两年的可行性研究。这要求制造部门与材料部门密切合作，但双方的关系并不十分融洽。

材料部门一开始并未意识到，推出产品 X 后，他们可能会失去一部分客户和相应的市场。不过，从长远来看，材料部门仍会有其他材料可供出售。

最后，公司决定，将开发任务交给新部门负责，制造部门和材料部门抽调人手负责协助。公司为这项工作提供资金。尽管有人对此存在疑虑，但合作还是相当顺利的。

这个项目需要 100 多万美元的资金，其他业务部门认为，如果把钱给他们，他们可以更有效地利用这笔资金，而新业务看起来肯定会失败，实际上该项目的确曾有两次差点儿失败。

但是，它最终还是活了下来。不仅没有一个部门的损益出现问题，而且在可行性研究启动一年后，有一个潜在大客户对该项目产生了浓厚兴趣，并承诺："如果你们能够生产出来，我一定会购买。"

制造部门和材料部门的管理层为该项目配备了最优秀的人才，因此而消耗的资源令他们心疼。产品 X 目前正在试销阶段。整个过程历时 8 年，它是我们经历过的规模最大、成本最高的项目，这超出了制造部门的预期甚至是承受范围。

尽管新业务部门认为自己应该获得产品 X，但并未真正获得。20 世纪 60 年代后期，当时新业务部门已经成立，它与各运营部门的关系比现在更糟糕，但董事长是这个部门坚定的、可靠的支持者。

参与者 A（CA）告诉顾问（GW），他们并未告诉材料部门主管，这个新开发项目可能会令材料部门丢失部分市场。顾问询问原因时，他们的具体对话内容如下（其中 CB 代表参与者 B）。

CA：根据公司的管理政策，如果我们告诉材料部门主管这个问题，他肯定不会同意参与项目的。

GW：你检验过这个假设吗？

CA：当然没有，这怎么能检验呢？

GW：当他意识到信息被隐瞒后，发生了什么？

CA：他大发雷霆，但很快就接受了现实。

CB：当时我们当中有人就想，不知道什么时候有人会拿这一套来对付我们。

GW：这是否让你们变得警惕和多疑？

CA：当然。但如果想要生存，就不得不这么干。

当此类信息公开时，不仅可以让参与者更深入地认识水星公司的学习系统，而且它们会成为参与者问题地图的一部分，可供以后分析检索。但是，这样的讨论也容易让参与者感到不舒服。因此，顾问还面临一个额外挑战：在讨论过程中，如何在故事讲完之前，避免不同观点的过早冲突。考虑到所谈问题的复杂性和陌生性，并且触及先前认为不可讨论的内容，参与者可能会感到越来越不安。他们可能会要求停止讲述，但很少会以担忧为理由，而是以工作忙为借口。顾问可以接受他们的反应，但也有责任提醒他们半途而废可能造成的后果。如果顾问遭遇了巨大阻力，那么至少可以检验阻力赖以立足的推理，比如询问："是什么原因让你认为我们现在已经掌握了足够的信息？"

下面我们再来看看，新业务部门的一名员工讲述的第二个故事。

组织学习实践 ORGANIZATIONAL LEARNING II

产品 Y

我们成立了一个工作团队来探索新材料，并制作了一个图表，用来显示特定维度下材料特性的变化。

我们问自己："是否可以定制某种材料来填充图表的中间部分？"

我们从未涉足图表的中间部分所代表的业务，但我们知道现有的几项业务与这部分相关。我们拥有的是一种有许多潜在市场的材料，即产品 Y，而不是一个有待用某种材料占领的市场。

负责这个工作团队的是总部研究部门的主管，他想了解的是，这个产品有什么值得公司努力的。这个工作团队是临时性的、兼职的。与产品 X 相比，团队对产品 Y 的投入明显没那么高，因为产品 Y 的成败并不影响谁的工作。

当初如果我们在这件事上放开手去做，就会涉足一个大规模的材料业务，并且我们有能力做好此类业务，然而公司最后决定进入一个小规模的专业化市场。

开展更大规模的材料业务由公司另一个部门负责。除非我们将产品 Y 作为一种产品零件，否则新业务部门不能继续生产它。另一个部门是从中间材料的角度来考虑的，他们说："这个产品没有那么不同，并且维持一项独立技术的成本非常高。"与此同时，他们也有一套针对专业化市场的计划。

因此，我们把产品 Y 给了他们。

第三个故事是总部研究部门主管叙述的。

组织学习实践　ORGANIZATIONAL LEARNING II

产品 Z

我们以前的一名研究人员曾被告知，如果他承担了一项艰巨的任务，那他就可以自由支配这项任务之外的所有时间。他提出了一个关于产品 Z 的技术方面的建议。这是一项他很感兴趣的、由他参与开发的技术。

他想知道："我们已经拥有什么？我们还能引进什么技术？"

他提出的这项卓越技术，即产品 Z，涉及一个业务主题：黏附性。水星公司的许多业务部门都关注该主题。就这样，我们拥有了一种专门定制的黏合材料，且成本更低。于是，我们在整个公司范围内开始寻找那些成本超过一定数额的黏合实例。我们挑选了一些更容易证明新材料应用价值的内部实例。

参与者对这些简短故事提出了很多见解。他们指出，成功的技术开发通常涉及 3 个不同的过程：

1. 探索某些卓越技术的固有潜力；
2. 确定并描述现有业务存在的问题；
3. 在水星公司的组织环境中进行问题扫描或情报搜集，把问题与水星公司的能力联系起来。

只有在由上述 3 个过程所识别出的问题与公司能力相匹配时，才可能有开发前景。例如，卓越的技术可能正好可以与内部业务问题或外部环境中的问题相匹配。不过，这种匹配往往是碰巧发生的。

参与者注意到，所有上述过程都要求组织在自身能力和需求方面具有高度的自知之明。只有与关于业务主题和业务需求的描述联系起来时，有关组织能力的描述才是有用的。参与者觉得自己能够认清“水星公司的问题”，这似乎是因为他们的记忆能力：他们能记住一些关于内部能力和业务主题的描述。这些描述有时可以和外部环境中的难题与机会的描述相匹配。然而，通常情况下，参与者无法表明自己是以什么标准来认清“我们的问题”的。

“水星公司的问题”这个说法成为参与者探讨自身特定业务感觉的起点，他们体验到这种感觉并产生强烈的共鸣，但之前并未把它纳入企业的发展理论中。若干其他比喻和说法也开始浮出水面，如“一个哭闹的婴儿”指的是某个项目之所以为人所知，主要是由于出现了种种问题，而不是由于固有的发展潜力；“飞行员”指的是进入陌生业务领域的一种方式。这些印象同参与者对水星公司的能力和市场潜力的感觉产生了共鸣。做出这种描述的能力，似乎对调动精力并为开发做出管理承诺这个过程至关重要。这就好像是发展需要依赖一种语言要素——与家庭相关的、存在于经验丰富的前人们的头脑中。此类语言片段及其相关印象是组织中默认的发展理论的一部分，也是绘制地图的过程所要揭示的。

顾问注意到了参与者描述熟悉的现象与过程时所用的话语，但并未企图根据自己的理论把这些话语转化为一目了然的严谨阐述。相反，顾问尽可能贴近参与者对现象的实际描述，从而和参与者共同构建一种以参与者对相关信息的描述为基础的开发观点，并避免自己的干预扰乱参与者对问题和过程的描述。

随着故事的继续，参与者讲述的各种故事显然可以被划分为若干基本类型。当故事开始出现高度重合时，顾问开始与参与者共同构建一个模型，揭示基本故事类型背后的主题。这种尝试旨在确定复杂的开发问题，并将其分解为多个部分。

最初，开发问题的核心似乎是调集整个公司的人才。公司总部的任何部门或运营单位都可能拥有此类人才，并且他们的性质和岗位因项目而异。此外，某些人才，如“一个精明的商业老手”“熟悉某行业的人”，可能仅在开发过程的特定阶段才是必要的，其他阶段则无须参与。设立开发工作团队是水星公司长期具备的能力，也是把分散的人才临时聚集起来的能力的重要部分。实际上，与工作团队相关的技术似乎已发展为一门艺术。但工作团队的设立，无法让最高管理者认识到组建工作团队对早期开发阶段的必要性。

每个开发项目都涉及共享资源和释放活力，但这往往来自最不愿意这样做的组织部分。在分析成败故事的区别时，这种困境会变得更显而易见。

成功故事具有一种普遍模式。一开始，基于开发出的新技术，组织洞察到新业务机会。这种新技术通常产生于现有部门，而且往往是某个研发项目的意外成果，而这个项目原本旨在实现一个与现有成果完全不同的目标。要探索这个新技术展现出的新业务机会，就需要重新组合现有业务的若干要素。例如，公司员工可能会说："只要我们能够把这些业务组合在一起，就能获得一系列技术来促使相关业务迅速发展。"他们也可能会说："这是一项有助于提高紧固度的技术。当前我们没有专门的紧固业务部门，但其他部门的某些业务与紧固零件相关。如果把它们集中到一个新设立的部门，那我们就会拥有推动新技术发展的营销工具。"

前途光明的新业务，如产品 X，是通过重新整合与改造现有业务的各要素而形成的。从这个角度来看，开发犹如一个拼图游戏。人们开始以新方式看待现有业务的各要素，进而重新整合、改造并配置资源以促使这些要素发展为新业务。这种对现有要素的依赖可被理解为水星公司发挥自身优势的方式，也可以被理解为一种获得开发资源的方式。那些水星公司的管理者最有可能抓住机会投身其中的商业冒险，其中势必包含某些熟悉要素。只有基于现有拼图要素的开发，才会使水星公司最高管理层感到得心应手，才能让他们相信开发有望发展为更大的业务。如此一来，这些开发就足以赢得最高管理层的支持，促使他们说服某位持抵制态度的"男爵"，至少暂时把自己看成是更大的企业拼图中的一部分。

这就是水星公司获得成功的模式。从 20 世纪 80 年代到 90 年代，此类成功已经出现过 3 次，并且成为该公司的主要发展动力。然而，此类成功也存在弊端。

水星公司的规模大幅扩张导致了管理分权化。新的公司规模也对有发展前景的新业务应实现的销量有了更高的要求。各个半自治部门都要在严格的激励体系下运营以获取利润，它们即使没有充分利用自己的经营职权，也会牢牢把持着它。它们不愿为了公司的新业务而放弃自身的部分业务，这似乎无可厚非。

对于一个潜在的新业务来说，那些业务要素像一块块拼图，但从"男爵"

们的角度看来，这些要素都是他们领地的一部分，是属于他们的经营职权和增长授权。作为公司内部领地的管理者，他们常要面对相互冲突的要求：一方面，他们有责任维护并加强各自领地的完整性；另一方面，时不时又有人指望他们能把自己的领地当作更大拼图中的一块而放弃掉，让它们与其他业务合并或者被改造。

因此，成功开发故事中的合并与改造也可以被视为对已经划分好范围的经营职权的侵犯。正如一名参与者所说的那样，“哪怕是在最理想的婚姻中，至少也有一名不情愿的伴侣”，当涉及的业务利润丰厚且有望获得更高利润时尤其如此。如果这些业务的若干部分结合其他部分后最有可能产生前景好的新业务，那么最有前途的开发也将最有可能遭遇现有各部门负责人的强烈反对。

只要有可能，新业务的支持者就会绕过这些阻力并隐瞒相关信息。当此类策略不奏效时，支持者就会设法争取最高管理层的支持。有时候，最高管理层会承诺支持新业务，为开发新业务提供资金，并说服某位“男爵”予以合作。但此类成功每次都会让“男爵”们更加不信任总部管理部门，更加小心翼翼地避免陷入一场注定失败的博弈。

所有这些因素都成为失败模式的构成部分。在这些失败故事中也存在技术机会，但它们往往不是“哭闹的婴儿”，就是“飞行员”。当此类新业务的前景上报给最高管理层时，他们往往会做出两种回应：有时候，最高管理层认为相比于既有业务，新业务的规模太小，而且新业务发起者难以证明一个崭新的、未从事过的业务能够达到足够的规模；有时候，最高管理层会认为组织对新业务不熟悉，即“不是我们擅长的业务”，即使新业务发起者承诺新业务能带来足够高的销量，实现该目标的过程似乎也存在太大的不确定性，一旦这种不熟悉带来的风险完全暴露出来，那么项目就会难以通过。

若最高管理层对某项目感到不放心，就会拒绝给予支持。如果没有最高管理层的支持，那么即使该项目能获得若干资源，也不足以确保取得成果。此时该项目会被放弃，其失败可能会被归咎为创意缺陷或某人的无能。结果就是，最优秀的技术人员不愿意碰这种开发项目，而那些不得不参与项目的人则会患上某个参与者所谓的“失败者综合征”。

几乎所有失败故事都发生在这个新业务部门。新业务部门的经营立足于一套清晰的开发理论：

- 第一步，研究会孕育各种新技术，也就是“投到空中的球”。
- 第二步，各种新技术会与商业机会联系起来。
- 第三步，根据公司的标准，从各项新技术中选出最有前途的并给予进一步投资。

然而，这种信奉理论与组织现实存在冲突。在现实中，新业务部门沦为一座孤岛，四周包围着各部门中怀有敌意的“男爵”，每位“男爵”都视之为潜在威胁，认为它会破坏自己领地的完整性，也会消耗他们的资源。为了避免与“男爵”发生冲突，也为了自我保护，新业务部门把他们对新业务的探索限制在不会涉及现有部门经营职权的范围内，因此不得不将时间花在探索公司现有业务之外的机会上。为了推进一个项目，新业务部门最终需要最高管理层的支持，而最高管理层总是认为该部门创造的机会不是太小就是涉及的领域太陌生。这就是所谓的失败模式。

通过比较成功模式和失败模式，顾问和新业务部门的员工共同构建了下述图景：

为解决一家大型企业的管理难题，水星公司管理层创设了半自治的部门，要求各部门的“男爵”对短期利润负责，并鼓励他们为获得各项资源相互竞争。公司呈现出一种寡头统治的局面。但开发过程要求这些“男爵”成为更大拼图的其中一块，这显然同既有奖惩和激励体系背道而驰。因此毫不奇怪，成功的开发项目只有那些能够引起最高管理层注意的项目，因为只有最高管理层发话，才能够迫使各部门的“男爵”贡献相应的资源。

提高研发成效的迫切需要促成了新业务部门的创设，但作为一个独立于现有部门的开发机构，新业务部门的创设立足于一种开发理论——填补创业者差距。然而，该理论既忽视了开发的关键困境，又忽视了公司偶尔突破该困境时的实际过程。鉴于这种开发困境，正式的开发结构注定要失败。

此外，整个开发过程仍然不可讨论。如果要讨论这个问题，就会导致下列事项公开化：最高管理层与现有各部门之间的控制与欺骗的博弈，以及“男爵”们与新业务部门之间的竞争与排斥的博弈。而且，讨论时还有必要公开面对两个相互冲突的要求：公司开发与分权管理。公司开发意味着每个部门的“男爵”都必须自视为整体拼图的一部分，愿意为了公司的新业务放弃自己掌握的资源和市场。而分权管理则意味着每位“男爵”都必须充分利用并保护自己的业务领域，只对实现月度和年度预期收益的要求做出回应。

因此，没人直截了当地批评新业务部门，也没人急于解决这个棘手问题。

有效开展组织学习的关键

水星公司的案例既包含有效的组织学习，也包含组织非学习（nonlearning），体现了对探询至关重要的概念，有些概念我们已经介绍过，有些还未界定。我们打算在本书的其余部分继续探讨这些概念。

水星公司故事的核心是公司的工具性行动理论存在矛盾之处，而这种矛盾的产生恰恰是因为该公司成功实现了增长。在 20 世纪 70 年代初，水星公司的成功导致了一种有问题的情境，管理层从组织结构的角度思考了该情境，即面对急剧增加的业务管理任务，总部管理部门不堪重负。面对这种结构性问题，管理层采取了一种结构性解决方案，即进行分权，建立半自治的利润中心。该方案实施后，水星公司逐渐形成了一套用于分权的使用理论，该使用理论的核心规范是，即使各部门的“男爵”可以自主管理各自的业务，总部仍有权控制整个公司的绩效。总部的控制策略是以收益作为指标收益来衡量部门绩效，并运用公司的各种激励和奖惩体系来督促各部门的“男爵”实现自己的指标。各部门的“男爵”为应对总部控制而采纳的使用理论包括：在任何可能的情况下都要维持自己的单方面控制，捍卫经营职权和领地以击退外来的侵犯者，从而保护自己。在后文中，我们将更深入地研究分权结构中类似的管理规范和策略带来的组织后果。

然而在 20 世纪 60 年代中期，水星公司管理层产生了另一种担忧，即公司增长速度下降。在这种情况下，问题界定和问题解决的模式可以有多种形式。最高管理层把增长速度问题界定为创业者差距，并为此设计了一套结构性解决方案，即设立新业务部门。这种结构性创造蕴含着一套关于业务开发的信奉理论：新业务机会将在此孕育，其中最有前景的机会将由新业务部门孵化，然后才移交给现有部门妥善管理。但新业务部门也为自身的业务形成了一套使用理论：为避免与掌握实权的“男爵”们发生冲突，新业务部门寻找的新业务机会仅限于公司现有业务范围之外。随着新业务部门的设立与运作，水星公司还发展出另一套开发新业务的方法。这种方法立足于截然不同的使用理论，通过改造和重新组合现有业务的各要素来创造新业务机会，并且这些要素都在最高管理层感到可靠和放心的范围之内。但这种使用理论会要求“男爵”们不时为了新业务的开发而放弃自己的部分业务。

因此，在“男爵”们与总部管理部门之间的互动中，分权管理与公司开发这两个相互冲突的要求发生了激烈的碰撞。自相矛盾的企业使用理论也表现在“男爵”们与总部管理部门之间的冲突中，“男爵”们被迫服从互不相容的要求。这些冲突本可以是引发组织探询和双环学习的契机；冲突各方本可以反思冲突及其根源，进而探索如何重组导致冲突的企业规范、策略和假设。然而，这些都没有发生。相反，组织通过各组成部分的单环学习来处理冲突及其背后的矛盾问题：现有各部门学会了更有效地捍卫自己的领地，并且变得更不信任总部；新业务部门学会了在公司现有业务的范围之外寻找业务机会；最高管理层则学会了批评新业务部门的个别失败，但避免批评新业务部门本身。

在单环学习过程中，组织如同由其内部各群体组成的生态系统，每个群体都对更大的内部环境中的其他群体做出回应，同时也作为其他群体回应的环境的一部分。在单环学习层面，每个群体都根据所处的环境来界定并解决出现的问题。我们称这种单环学习模式的网状效应为“生态调节”，它旨在保持组织使用理论的稳定性。分权管理与公司开发这两个要求仍然彼此不相容，公司开发的信奉理论与使用理论也仍然不统一。

然而，组织的使用理论并非一成不变。公司开发领域的每一次成功都让各部门管理者更不信任总部管理部门，更警惕和抵制后者的下一次侵犯。组织使用理论中的不统一已经开始表现为组织困境的特征。由于面临相互冲突的要求，并且无法通过探询来解决这种冲突，组织已经开始发现自身陷入了左右为难的境地，而公司开发在未来获得成功的可能性也显得微乎其微。

是什么原因造成了这种组织困境？一个答案是组织成员没有反思开发问题背后的问题。他们既没有发现开发与分权的要求互不相容，也没有发现关于开发的信奉理论与使用理论不统一。他们没有形成关于该问题的地图。事实上，他们认为整个开发过程不能公开讨论。

然而，这个答案仅仅是转移了问题。是什么因素妨碍了组织成员讨论问题并绘制问题地图呢？是什么因素妨碍了组织成员在没有顾问的帮助下完成他们的事情？

对有限学习系统的有限干预

下面让我们更细致地考查一下顾问的干预过程。

顾问如果发现新业务部门的员工持有相互冲突的观点，就会让员工共同面对并讨论彼此之间的分歧。

在水星公司内部，行为领域的规范使员工只会私下而非公开表达对敏感问题的看法。公开讨论敏感问题被认为是不妥的，员工可能会因此遭受指责、与他人相互对抗。这两种风险都应该避免。结果是，新业务部门的员工就不能认识到彼此对共同问题所持有的观点有多么不同。

顾问试图通过追溯公司开发的案例历史，也就是构建组织开发的历史来检验并探索不同的看法，这些开发案例既包括成功案例，也包括失败案例。

对于开发故事的看法和记忆分散在那些不愿公开自己观点的个体成员的头脑中。例如，没人了解产品 X 取得成功的完整故事，因为没人从多方面或从头到尾经历过所有事情。只有将许多零散的看法拼凑起来，才能完整地构建这个故事，但行为领域的规范会妨碍这个构建过程。

顾问督促组织的各个成员共同努力，以解释相关故事的意义所在。

只要这些故事仍然是分散的、未加解释的，关于开发过程的地图就仍然会模糊不清，并且这种模糊不清在成员们看来是正常的、合理的。因为，大家都希望避免揭露可能会导致相互指责的公司的失败，同时避免在组织的公共场合提出大家一致认为不可讨论的问题。

由此，顾问开始鼓励并支持其他人围绕相互冲突的观点公开对质，检验和探索对组织历史的不同解释，协调对组织事件的不同看法，分享对开发信息的解释，并共同建立关于公司开发问题的模型。

参与者对最后得到的关于企业开发问题的模型感到惊讶。该模型的各个部分，即关于开发事业的故事并不少见，但它们以前从未被整合到一起来考查。尽管整合后的图景令人不安，但参与者发现它是令人信服的。该模型似乎能够解释他们在企业中的经历，让他们频频遭受的挫折变得可以理解。主管技术的副总裁曾参加某些讨论会议，他也认为关于开发问题的模型是令人信服的。

在构建模型的过程中，参与者在揭示组织实际开发过程中大家都了解但不能公开表达的事情上，迈出了重要一步。多年来，新业务部门一直在遵循关于开发的信奉理论，但始终没有收获，这个错误的原因被归于策略方面的失误或管理方面的阻力。现在，既然阻力已经成为关于公司开发问题的模型的一部分，这便揭示了新业务部门的运营模式与公司为成功开发所遵循的使用理论根本无法相容。

顾问的干预能够减少某些引发错误的条件，比如分散的看法、模糊的地图、含混的观点，以便揭露和探询其他引发错误的条件，比如公司行动理论中的不一致和不相容。

顾问试图通过减少某些引发错误的条件来促进组织探询中的双环学习过程。这些引发错误的条件会妨碍人们对组织使用理论中的不一致和不相容形成共同的认识，并且因组织行为领域的某些普遍特征而得到强化，这些特征就是个体使用理论中共有的策略，具体包括：

- 不要重提以往的失败。
- 不要公开讨论自己对敏感问题的看法，并严格禁止公开讨论。

- 不要揭露和检验关于组织问题的观点分歧。
- 不要统揽全局，要让问题地图保持分散、模糊不清与模棱两可的状态。

上述策略进而反映了更深层、更根本的规范、策略与假设，例如：

- 员工之间直接对质和公开讨论某些敏感问题，可能会导致员工自身遭受指责，因此他们会避免这样做，以便单方面自我保护。
- 通过避免检验可能引起消极感受的假设，并避免让他人遭受指责来单方面保护他人。
- 通过对问题形成自己的观点并予以实施来控制相关情境和任务。同时，隐藏自己的观点，避免可能导致该观点被驳倒的公开探询。

顾问试图消解组织行为领域的上述特征，正是这些特征约束并规定了组织学习的性质和范围；决定了什么问题可以公开讨论，什么问题只能心照不宣；决定了哪些关于组织经历的看法将保持分散状态，哪些将得到协调；限定了组织地图的构造、分享与检验范围；也决定了引发错误的条件是否会减少，又以哪种方式减少，以便找出组织使用理论中的不一致和不相容之处。

然而，妨碍组织对公司开发问题进行探询的行为领域特征也遍及开发过程。因此，总部管理者采取单方面控制和信息保密策略来实现自我保护，并以这种方式与各部门管理者打交道；各部门管理者由于领地意识和对最高管理层的警惕，也采用相似的策略来自我保护并抵制总部的控制。双方都试图通过回避公开检验自己关于对方的假设，来避免对抗和可能引发的消极感受。

因此，行为领域的上述特征成为开发过程的一部分，并在一定程度上造成了上述问题，也限制了对该过程的探询。我们可以说，行为领域会自我保护以避免暴露自身。

组织的工具性使用理论嵌于行为领域之中，行为领域会塑造并限制使用理论，同时也会塑造并限制组织学习使用理论的能力。这就是我们所谓的组织学习系统。在水星公司的学习系统中，关于公司开发的组织学习仅限于前文所说的生态调节，也就是每个部门进行单环学习，以求在规则不变的范围内应对环境中其他部门带来的问题。在一段时间内，顾问能够以某种方式进行干预，从而减少引发错误的条件，揭露组织学习系统创造和维持的核心开发困境。

参与者试图为相关问题找到解决方案时会遭遇另一个困难。他们极其希望找到既有系统能接受的解决方案，但这些方案恰恰最不可能解决根本困境。

在这个过程中，顾问能够公开检验参与者提出的解决方案，帮助参与者确定可能造成的意外后果。参与者的合理性规范导致他们对造成意外后果的可能性非常敏感，并表明除非他们直面根本困境，否则问题就不可能得到彻底解决。

在这种探询的过程中，参与者提出了重新设计公司开发过程的 5 项原则：

- 找到更好的方法来调动和管理整个公司现有的商业和技术能力配置，而不是构建平行的结构和资源。
- 公司的开发职能部门必须创建和管理分散的能力网络，监督用于开发的预算编制和资源管理，并把这些职能与持续进行的技术规划进行整合。
- 探询过程应该始于最高管理层对业务和技术目标的早期承诺，而不是抛出大量有待最高管理层审查的“投到空中的球”。
- 应该制定一套能反映上述考量的新的公司开发经营职权。
- 各部门管理者要理解自己面临的相互冲突的要求，他们应和最高管理层一同设计激励和奖惩体系，在这个体系下，各部门管理者既能“玩好当前的游戏”，又能不时当好“更大拼图游戏中的一块听话的拼图”。

参与者认识到，除非最高管理层和各部门管理者同公司开发业务的负责人员展开对话，并且对话要基于他们已开始绘制的问题地图和揭露出的开发困境，否则上述原则无法贯彻落实。这种对话的前景似乎并不确定。许多开发人员担心“人们可能会拒绝公开该过程”，主管技术的副总裁认为有必要开展这类对话，“但必须慎重对待”。

水星公司的故事既表明了组织学习系统可能会妨碍组织在探询过程中开展双环学习的方式，也展示了一种至少暂时可以绕过该学习系统的有限干预，从而增加开展双环学习的可能性。

组织辩证

水星公司的故事还表明了更宏观的组织变革的辩证性质，学习的成败则是这种组织变革的一部分。

关于公司开发的组织困境是一个双重过程的结果，其中每部分都表现为界定和解决某个亟须解决的问题。企业的高速增长带来了许多困难，它们被认为是管理层负担过重造成的问题，而且可以通过分权得到解决。在研发生产力不断降低的情况下，保持高速增长的意愿催生了新业务部门。解决这两个相互交织的问题导致组织使用理论中出现了新的不一致，分权的要求与开发的要求互不相容，前文我们将这种不一致和不相容性描述为组织困境，体现为总部管理层与各部门管理层之间的冲突。

我们使用术语“组织辩证”（organizational dialectic）来指代下述过程：有问题的组织情境会导致组织探询，也就是问题的提出与解决。这反过来又会塑造有问题的新情境，组织使用理论中新的不一致和不相容开始在这种情境中发挥作用。这尤其表现在组织内部的冲突中，组织应对这种冲突的方式会使有问题的情境发生进一步转变。

我们认为，上述辩证过程是孕育组织学习的环境，它源于组织得以存在的两个条件：第一，组织必须不断地与内部和外部环境互动，而在外部力量和组织行动的影响下，环境也在不断变化。第二，组织目标、使命与规范往往多种多样，并且可能相互冲突。因此，组织的解决方案引发进一步的问题并非偶然，鉴于组织探询所处的辩证环境，它们应在意料之中。

这就引出了组织变革与组织学习的评估标准问题，即我们探询的核心问题，这部分内容将在本书第三部分进行详细阐述。然而，此处我们需要指出两点：

- 获得一劳永逸的解决方案并非评估组织学习的恰当标准，以造成新问题的方式来改变情境正是组织问题解决方案的本质所在。
- 对组织学习来说，以所信奉的使命和规范实现与否来衡量组织效果，并不是一个全面的评估标准，这只适用于仅通过单环学习就可以纠正错误的情境，而当组织使用理论的不一致要求组织开展双环学习时，这一标准就不适用了。

我们用术语“好的辩证”来描述这样的组织探询过程，该过程采取单环学习和双环学习的形式，并且这两种学习形式都符合高质量探询的标准。要想实现好的辩证，就要求组织再学习，要求组织成员反思和探询组织学习系统，以及该系统对组织探询的影响。

ORGANIZATIONAL LEARNING II

第二部分

组织学习的阻碍因素

第 4 章

个体的防卫推理

ORGANIZATIONAL
LEARNING II

在本章中，我们将解释与有效推理相反的防卫推理的含义，并详细阐述个体推理的研究方法。我们的研究方法采取一种相互依赖的双轨策略，旨在与实践者合作开展行动研究。

首先，我们试图尽可能准确地描述特定情境的现实，并以命题的形式来组织语言，这些命题普遍适用于此类情境。在任何特定情境中，我们都试图检验这些命题，从而予以证伪。由于我们的检验是在现实组织环境中开展的，因此我们不会降低证伪的标准。我们也解释了这些研究命题，方便实践者使用。这不仅是对这些命题的额外检验，而且可以为我们努力理解的领域贡献有实际效用的知识。

其次，我们试图帮助实践者成长为各自实践领域中更具反思能力的探询者，以便他们能够监督实践，并通过发现和纠正错误来提高达成预期结果的可能性。我们希望以这种方式帮助实践者理解他们所在的领域，使他们为组织学习尤其是双环学习创造条件。

我们把双轨策略视为一种模型，它不仅适用于有效研究，而且有助于反思性实践，在双环学习方面尤其如此。

双轨研究的困境，防卫造成新扭曲

我们的研究有一个首要前提，那就是人们会设计并落实自己的行动。我们称这些设计为行动理论，并区分了个体在信奉理论和使用理论这两个层面的行动理论（正如第 1 章所指出的）。这两种行动理论都是人们在早年就习得的，并受到了社会文化与组织文化特征的强化。尽管人们自身的能力感、独立感与自尊感同时立足于这两种行动理论，但在解释和改变行为方面，尤其是在与双环学习相关的方面，我们认为使用理论更有效。

我们研究过的几乎所有个体都持有某种使用理论，该理论会系统性妨碍双环学习，在问题令人尴尬或具有威胁性时尤其如此。此外，如果运用得巧妙，使用理论会使行动者意识不到其中蕴含的妨碍作用。由于这些使用理论受到了组织文化和社会文化的认可与支持，因此个体不会去思考或探索这种困境。事实上，正如我们将要指出的，实践者甚至可能会把这种探索困境的尝试解读为制造混乱或者不合时宜。

因此作为研究者，我们很可能面临一种两难困境：个体可能会无意识地向我们提供扭曲的信息，并且他们可能也会对是否要参与对话来探索这种扭曲的可能性表现出犹豫不决。如果我们坚持探索这些问题，实践者可能就会变得具有防卫性，这种防卫性反过来又会造成各种已被认识到的和未被认识到的新的扭曲。

这是一种系统性的研究困境，再完善的抽样程序也不大可能克服这种困境。常规的社会科学方法同样无能为力，因为这些方法的基础是保密和单方面控制的研究策略，而且最初造成困境的使用理论也嵌入在这些方法的运用过程中并且。

如何有效地应对防卫行为

要想解决上述研究困境，第一步是构建出困境背后的使用理论，也就是那些影响实践者的推理和行动的使用理论。这要求我们收集相对可直接观察到的信息，这需要通过对实际行为的观察来获得，主要方法是谈话录音。我们偶尔也会使用问卷调查、投射测验（projective test）① 或者结构化访谈等方法，但在使用这些方法时我们认识到，它们揭示的有可能是信奉理论而非使用理论。

观察和谈话录音的内容应紧扣个体全身心投入的行动和目标，比如所观察的会议讨论的是容易令人尴尬或具有威胁性的非常规问题。这些事件与个体的能力感、自信感和自尊感密切相关。在课堂或研讨班中也可以获得一些类似的信息，只要在参与者看来，这些地方的活动能提出在日常工作中重要且长期存在的问题。

这就是我们的研究方法聚焦于干预和改变的一个原因。实践者会仔细考量这些研究建议，尤其是在处理双环学习问题时，因为他们认识到，这类研究可能会在组织内各层级中引发防卫行为，带来各种成本。

研究者不应回避或压制这种防卫行为，因为它们可以成为额外信息，用来检验对个体、人际关系与组织现象的看法。然而，为了有效地应对防卫行为，研究者必须掌握必要的技能，实践者亦是如此。研究者用来获得有效信息的行动理论可以成为实践者的模型。

如果研究者或实践者想要有效地开展双环学习，那么掌握相关的技能是一个必要但不充分的条件。探询者还需要一套可行的组织学习理论，该理论可以

① 投射测验是一种人格测试方法，通常给受试者一系列模糊刺激，根据受试者的反应判定其所属的人格类型。——译者注

用来在多种环境及个案中构建和检验特定假设。

个案通常意味着 n 个 1。但在我们的研究中，个案则是面向多重观察的一个环境。我们的研究大部分是在某个组织中开展的，我们把组织视为一个环境，在这个环境中，我们对个体行为和人际行为进行多重观察。

我们的观察受到我们关于个体学习和组织学习的理论的指导。例如，如果我们要观察评价、归因等行为，就会先对这些行为的影响做出先验性预测。这些预测的差异取决于评价和归因是否有经过加工，而这些加工方式是会鼓励还是会妨碍探询，尤其是它们是否会引发双环学习的探询。我们能够利用观察者间的信度研究和其他适当措施，来给记录进行评分，从而评价此类行为发生的频率。进而，关于这些行为对自我实现或自我封闭等探询特征的影响，我们也可以做出先验性预测。正如我们将在后文详细说明的，这些使我们能够先验性预测个体行为会对诸如部门间关系或组织防卫惯例等组织现象有怎样的影响。

获取有效信息的简单笔记法

接下来，我们将举例说明我们采用的研究方法，我们认为该方法可以获得有关个体和组织学习的有效知识，并能直面而不是回避前述研究困境。第一个例子是一类独特的案例，是我们多名参与者按照我们的要求为课堂或研讨班环境所做的准备。

通常，我们会给每个潜在参与者写一封信，介绍案例的格式，并要求他们至少提前一周把他们的案例寄给我们。格式介绍如下：

1. 确定一个你已经在解决或在近期内将解决的重要问题。我们对问题的主题没有限制，你可以挑选对个体绩效、部门绩效以及组织绩效至关重要的问题。

2. 阐述为解决该问题，你所采取或打算采取的步骤。你见过什么人或打算见哪些人？你与他们会面的目的是什么？

3. 后面的几页纸分为左右两栏。在右栏中写出你能记得的实际对话。对话过程从你说的话开始，然后是别人说的话，接着又是你说的话，以此类推。如果会面尚未进行，那么请描述一下你打算说什么，以及预期他人会说什么，等等。在左栏中写出谈话过程中你的所有想法和感受，或者你认为未来某个时刻的谈话中你会产生的想法和感受。

通常，我们会收到 3 ～ 5 页纸的案例，也有些多达 10 页纸。表 4-1 是一个简化案例，该案例由某位首席执行官撰写，他一直在鼓励下属“直言不讳”。由于公司陷入严重的财务困境，所以首席执行官敦促下属要对员工开诚布公。

表 4-1　委婉的首席执行官

未说出口的想法和感受	实际的对话
我希望我们能够协作，但我担心无法实现这一点	首席执行官：我相信你与我持有共同的目标。我们需要重新考虑最近的成本估算 对方：最近的成本估算不是最可靠的……
他怎么了？他忽视了最重要的一点	首席执行官：我知道根据你的建议，部分成本可以削减，但我们仍然面临一大难题 对方：最初的估算是由其他人提出的，我们从未真正赞同
他不想承担责任，他想要让我负责	首席执行官：我们不得不使用这些估算，这是现实

参与者撰写的案例通常具有下述特征：第一，左栏中通常包含重要的负面评价与归因，表明撰写者认识到了对方的无能和糟糕表现。第二，案例撰写者通常不会坦率地说出这些评价与归因，虽然在本例中撰写者建议自己的下属以这种方式对待员工。第三，谨慎小心的对话规避了所有强烈的感受，而这种回避行为也被掩饰了。第四，撰写者似乎没有意识到自己的主张与实际行为之间有分歧。

我们引导案例撰写者，要求他们找出自己正遭遇或预期将要遭遇的关键问题，进而要求他们简要描述为解决这些问题而采取或准备采取的策略。书面案例表明了撰写者的目标，并让我们深入了解了他们宣称为实现目标所要利用的程序，这些信息蕴含着他们信奉的行动理论。

参与者撰写的对话提供了可直接观察到的信息，我们从中可以推断出他们的使用理论。因为有了他们没有或不会说出口的想法和感受的相关描述，所以我们可以深入了解他们自我审查的过程，这是其使用理论的另一个关键特征。

我们认识到，这些案例可以用来确定撰写者的信奉理论与其行动中蕴含的使用理论之间的差异。这有助于撰写者评估自己在多大程度上没有意识到自身行为与意图相悖。反过来，这可以成为他们对自己的使用理论的性质进行探询的基础，正是这种使用理论让他们的行为失效。

我们会在不同的条件下以不同的方式检验此类信息的有效性，不过在详细讨论之前，我们想先表明两点：

- 案例中的对话、想法和感受显示了实践者撰写的内容。我们并没有断言他们在案例涉及的事件中会实际使用或将会使用这些言辞，我们也没必要如此。
- 从这些案例以及在讨论过程中被记录下的对话所提供的信息中，我们足以推断出撰写者的使用理论。我们将最后回答如何把这些推断扩展到更多情境中这一问题。

上述案例来自哈佛商学院 1993 年举办的研讨班。参与者是 37 名中层或高层财务管理者，其中有 5 人是女性，有 15 人来自非洲、大洋洲、亚洲与南美洲等地区。这个研讨班聚焦于战略成本管理中使用的新理念和新程序，以及在组织环境中贯彻这些理念和程序时可能出现的人事问题。

由于研讨班为期短短一周，所以我们没能逐一讨论所有财务管理者撰写的案例。首先，教员（阿吉里斯）以全部案例的概况为基础，让所有学员对他们采用的基本行动策略有了一个总体观感。为此，教员列了 3 份清单。第一份清单包含从左栏中引用的评论示例，表明了撰写者对谈话对象的看法：

- 别被这些家伙破坏心情。
- 说点儿积极的。
- 进展不顺利，我要暂时搁置它，等待下次机会。
- 保持冷静，忠于事实。
- 他显然在防卫。
- 因为害怕丢失权力，所以他态度强硬。
- 他过分夸大系统的问题以避免做出改变。
- 他正在给我下套。
- 他能做出改变吗？
- 真难以置信，这个家伙简直顽固不化。
- 你只是自我感觉良好，但其实你一无是处。
- 你的问题在于没有真正把会计视为一种管理职能。

上述评论展示了一个普遍存在的模式，无论我们在何时、何种条件下运用这种案例研究方法，都能发现它：

左栏的想法和感受对于实现学习至关重要，然而它们被系统地掩饰了。

在二元关系中，在群体内或群体间关系中，在他们处理组织政策、实践、规则与规范时，研究对象最常使用的 3 种行动策略是倡导、评价与归因。

在研讨班的开始阶段，学员（所有人都撰写了案例），并首先阅读了第一份清单。几分钟后，教员要求他们描述对该清单的看法。他问道："关于这些评论的撰写者，你们能从清单中了解哪些信息？关于发生的事情，你们能做出什么推断？"

学员们轻而易举地迅速做出了回答，以下是从他们的回答中选取的 8 个例子，这是第二份清单：

- 他们刚愎自用。
- 他们以为自己正确无误。
- 他们感到沮丧和愤怒。
- 他们固执己见。
- 他们在避免冲突。
- 他们没有用心倾听。
- 他们忧心忡忡。
- 他们缺乏同理心。

教员把上述回答写到了黑板上，然后要求学员反思这些评论的本质。学员们表示，上述回答总体上透露出一种消极反应。这些回答主要是对他人防卫行为的消极评价和归因。此外，课堂上的这些评论表明，学员们认为第一份清单的撰写者似乎不想学习。当然，他们知道撰写者就是他们自己。

我们从第二份清单中也发现了一种一般模式：

评价和归因的构思方式并不鼓励检验。撰写者似乎觉得他们的看法是有效的，无须检验。

撰写者似乎不想学习，或者至少认为没必要学习。然而，这些人又都来参加了研讨班，而且撰写案例时都怀着明确的学习目的，即如何更有效地处理组织的人事问题。

围绕第一份清单的课堂讨论引发了对另一个问题的反思。一名学员表示，第一份清单总体上表现出的消极性让她感到意外。她认识到，其中自己的想法也是消极的。然而她补充到，她确信自己的意图是希望表现得积极。她猜测，这可能也是研讨班上其他人的意图。有几个学员表示赞同。

接下来，教员要求学员们分析第二份清单中的评论。学员们回应道，这些评价也是消极的。这些评价与归因的构思方式并不鼓励探询，这也令学员感到意外。此处，我们发现了另一个一般模式：

撰写者表达了对学习和帮助他人学习的渴望，但这与他们的实际行为之间似乎存在系统性差异，后者在很大程度上反而会妨碍学习。个体会系统地忽视造成这种失察的方式。

教员接着指出，到目前为止，学员撰写的对话证实了若干主要发现，这些发现基于对世界各国近 6 000 人的调查，受访者的背景涵盖各种族群、教育、财富与组织层级。实际上，学员的体验并非独一无二，世界各国的个体大致上都以类似的方式处理棘手的、令人尴尬的、具有威胁性的问题。例如，他们进行评价和归因的方式都不鼓励学习；他们倾向于忽视自己制造的错误，如渴望积极行动却做出了消极回应。

关于这一点，一名学员表示，他认可在自我审查的左栏和教员写在黑板上的回应中确实存在一种消极模式，但他又说，部分“自由流动的消极性”之所以会出现，是因为学员们觉得那仅仅是私下交谈。如果那些被他们评价的人也在场，他们就会以另一种方式谨慎对话。

因此，学员们开始多次尝试在角色扮演中展示自己是如何以不同方式谨慎对话的。确实，他们能够采取其他更加老练和委婉的方式，回避具有威胁性的问题，并表现得若无其事。教员指出，他从所有其他群体中也获得了相同结果。他认为，失察是人们拥有的熟练技能，它作用于拥有积极意图的对话中。这种失察并非源自无知。教员希望表明，它源自个体头脑中熟练的设计，个体试图做出积极的行动，然而该设计却始终导致了消极的结果。

然后，教员拿出了第三份清单（见表 4-2）。这份清单是从学员提交的案例中挑选的例子。这段对话以一种老练和委婉的方式谨慎开展，并且回避了左栏中的想法。因此，学员几周前撰写的案例与他们在课堂上的角色扮演类似。

表 4-2　研讨班学员撰写的案例

未说出口的想法和感受	实际的对话
你们这些家伙能想出更多牵强附会的借口。这套把戏玩得太多了	你们仍然有能力提供不同的产品组合
如果答应你们的一切要求，我们就会一无所有	我们的研究表明，许多消费者认同我的观点。你们的销售不会受到影响
我怎样才能让这些人相信，即使我们处于领先地位，也有必要及时进行改革呢	尽管我们是领军者，但要保持足够迅速的反应正变得越来越难。我们的产品开发过程必须更高效
哪怕获得诺贝尔奖，照样对公司没用。或许该增加开发人员、裁减研究人员了	我相信你们都清楚，我们处于一个以盈利为目的的行业中，所以必须以现实为导向。因此，即使在基础研究领域，我们也应该尽可能挖掘商业价值

现在，或许可以推论出下列更深层的一般模式：

个体即使已经认识到自身行动会妨碍学习，也无法做出鼓励学习的行动。

课堂上的几名学员接着指出，他们在接收到诸如表 4-2 右侧的积极信息时，能够意识到这些冠冕堂皇的说辞不过是为了掩饰消极的想法，如左栏中的想法。他们也承认自己不会把类似左栏的想法摆上台面。通常，他们会试图小心翼翼地探询，但由于对方感到了他们的掩饰，所以小心翼翼的探询很少奏效。更常见的情况是，他们常在开会时回避探询，而会后再花几小时进行私下谈话以尝试找出真正的问题所在。

数十年来，在世界各地举办的各种高管培训项目课堂中，诸如上述的发现不断出现。对此，我们该如何解释？它们对组织学习有什么影响？我们将在下一章探讨这些问题。

第 5 章

初级与次级妨碍性循环

ORGANIZATIONAL
LEARNING II

组织学习实践

ORGANIZATIONAL LEARNING II

一场拐弯抹角的内部会议

某大型电子企业的首席信息官被其上司首席执行官告知，公司存在严重的组织问题，必须予以纠正。① 具体而言，该公司的问题在于信息技术部人浮于事、开销太大，并且对业务部门的服务存在不足。

首席执行官说，这已经不是他首次提出这个问题了，他的耐心即将耗尽，他警告首席信息官，如果信息技术部的成本能不能削减，服务质量与效率又没有提高，他将不得不采取严厉措施，甚至有可能换掉这任首席信息官。于是，首席信息官召开了一次会议，要求下属采取纠正措施。

首席信息官开门见山地告诉参会下属，直线管理层已经提出“口头警告”，指出信息技术部与其他部门欠缺合作，尽管获得了更高的预算，但信息专家提供的附加值很低。首席信息官说道：“我想和你们讨论一下我们部门响应用户需求的能力以及与直线管理层之间一直存在的问题。

① 阿吉里斯在哈佛商学院 1993 年举办的一次高管研讨会上提出和讨论了这个案例。

毕竟，他们是我们的客户，我们必须致力于满足客户的需求。”

与会者回应道：“我们当然关心客户需求，但问题是他们不清楚自己想要什么。而且，他们即使清楚自己想要什么，也不清楚我们需要多长时间才能提供高质量的服务。他们希望一切都是现成的。

我们已经‘受够了’直线管理层的抱怨。如果直线管理层给我们配备我们真正需要的人员和资源，问题就能轻而易举得到解决。”

首席信息官对信息专家的抱怨和沮丧表示理解，并建议他们着手制订“一份可靠的计划来响应客户需求”，从而扭转被动局面。

与会者回应道：“计划根本没意义，因为我们的用户没有计划。反正每当我们自认为已成功掌控一切的时候，他们总会提出更多要求，抱怨我们这不行那不行。”

首席信息官说道：“但正因为我们缺少一份可靠的计划，所以无法审查部门内对资源的管理方式……我想，我们有两个选择：一是一切照旧，但这样做的后果不堪设想；二是改弦更张，改变我们开展业务的老方式。”

信息专家提出反驳意见，认为无论怎样都是不可能改变直线管理层的。其中一人说道：“如果你想试试，那祝你好运。”

首席信息官回应道：“如果制订一份计划行不通，那么你们认为该如何解决我们面临的问题？”

这让信息专家的情绪更加激动，实际上他们的意思是：由于直线管理层提出的要求很难实现，所以这个问题是无法解决的，而且信息专家已经竭尽全力了。

有人说：“这就是一些优秀的信息专家离职的原因。”另一个人补充道：“我同意，这个问题是无解的。”

首席信息官已经忍无可忍了，他大声说道：“我们必须解决这个问题，因为我们别无选择，否则就是渎职。”

显然，信息专家并不信任直线管理层与自己的上司，并且对他们感到失望。双方对话时拐弯抹角，沟通很不顺畅。例如，他们坚持自己的立场，并用一种不便于探询或检验的方式对直线管理层进行评价与归因，例如：

- 直线管理层不清楚自己想要什么。
- 直线管理层要求的截止日期不切实际。
- 如果我们满足了直线管理层的要求，他们就会提出更多不切实际的要求。
- 由于直线管理层顽固不化，所以这些问题无法得到解决。

首席信息官既想获得下属的配合，也希望尽可能避免让他们觉得自己不公平、吹毛求疵。与下属不同，首席信息官审查了自己的评价与归因，且表现得似乎没有这样做。当被要求写下自己未说出口的想法和感受时，他写道：“这些家伙就像一群小孩儿；他们没有认识到自己过于迟钝、固执己见；有时我觉得自己应该对他们提出警告，他们最好放聪明些，否则大家会一起遭殃。”

当被问及是什么原因导致他没有公开说出这些想法与感受时，这位首席信息官看起来非常惊讶：“如果我把这些想法与感受说出来，就只会火上浇油。”他是对的。他内心的想法与感受其实和他与下属的公开对话一样，都是以具有妨碍性的方式精心设计的。

为了给对话创造条件而运用自我说服的审查方式，这种做法很少能取得成功。例如，当一些信息专家被问及是否了解上司内心的想法时，他们的回答几乎与这位首席信息官一模一样。当被问及是什么因素妨碍了他们把这些话说出来时，他们同样表现得非常惊讶。其中一人说道："你在开玩笑吗？那么做只会让事情变得更糟糕。"所以说，下属也非常有可能有很多没说出口的想法。因此，我们面对的情况是，人们一直在私下谈论彼此，并认为其他人不会听到这些对话。但实际情况是，其他人能听到，却装作没有听到而已。

防卫引发的问题

会议开始时，首席信息官以一种"掌握主动权"的态度，告诉了下属来自高层的消极评价，并提醒他们应该及时采取纠正措施。接着，围绕如何扭转形势，首席信息官要求开展积极对话。然而，下属也以"掌握主动权"的态度，回避了首席信息官的要求，认为问题是由高层造成的。

首席信息官采取了两种回应方式。第一，他没有公开表达自己的消极情绪，因为他担心这样做会让情况变得更糟。这样做是对的。如果他公开自己的消极评价与归因，很可能就会触发下属的防卫心理，如同先前下属的消极评价与归因触发了他的防卫心理一样。首席信息官对自己内心想法和感受的构建方式无法达到学习的目的。具有讽刺意味的是，他内心的想法其实与首席执行官的观点一致，比如他们都认为信息专家不懂得合作，而且行为幼稚。

因此，首席信息官以开展积极对话的名义采取了以上行动策略，实际上不但增加了被隐瞒的信息量，抑制了他自己的情绪，回避了下属的感受，而且他还装作自己没有这么做。

第二，首席信息官想以理性的方式来解决问题。他要求下属制订一份可靠的计划来应对直线管理层的要求。下属拒绝了这个建议，他们的理由是这个建议不合理，因为直线管理层既不懂得如何制订计划，也不可能对一份合理的计划感到满意，而只会进一步提出要求和批评。

迄今为止，所有 3 个层级的参与者似乎都采取了相同的策略。所有人都认为自己应该掌握主动权，并指出其他人的行为是不可接受的。这引发了一系列针对各方人员的评价与归因，并且这些评价与归因的构建方式会妨碍学习。例如，信息专家评价直线管理层不懂如何制订计划，并把自己面临的困境归因于直线管理层的故意刁难。首席信息官对信息专家的看法与直线管理层一致，但为了开展积极对话，他觉得应该保持理智并聚焦于制订一份新计划。而且，他看起来是在努力把计划保持在理性范围内，克制自己内心的想法和感受，以免引起他所认为的消极情绪反应。

这个策略并没有达成预期目标。首先，信息专家的回应变得更加情绪化，做出了更多消极评价与归因，而且言之凿凿。如果首席信息官公开询问他们如何断定自己的看法正确无误，他们可能会肯定地说："相信我们，我们跟他们打交道很久了，我们了解情况！"其次，当一些信息专家被问及对上司的内心想法有什么看法时，他们的回答几乎与首席信息官的完全相同。当被问及是什么因素阻碍他们讨论自己的想法时，其中一人说道："那样做只会让事情变得更糟糕，而你只能得到一顿臭骂。"与首席信息官一样，下属也进行私下谈话，且会把问题归因于上司，当然，他们也把这种归因掩饰了起来。

通过反思上述后果，我们似乎可以推断：参与者非常清楚业务问题的解决和自己利益攸关，但他们精心构建的对话方式与自我审查结合在一起，导致了一种防卫性的、自我强化的对话。遇到这种情况时，参与者必须聚焦于两个主要问题：

1. 他们着手解决的业务难题；
2. 防卫性引发的问题，即不信任、对不信任的掩饰，以及对掩饰的掩饰。

我们认为，参与者应该重视第二个问题。他们不仅必须互相倾听并思考对方的反应，而且必须时刻注意对方的掩饰行为。

初级妨碍性循环

上面的案例开始于一个业务问题，即信息技术部的成本过高且绩效低下，3 个层级的参与者都认可对该问题的界定，但对产生问题的原因持不同看法。

为了使会议取得成效，首席信息官对自己在会议上应采取的行动策略做了以下 3 个假设：

1. 如果要达成我（首席信息官）的目标，那么我就应该掌控会议的主动权。我对自己在这场交锋中获胜的定义是，下属制订一份可靠的纠正计划，让直线管理层相信信息技术部打算削减成本。
2. 对我来说最重要的是让下属制订一份纠正计划，并使他们后续更加专注于计划的执行。
3. 如果我的下属变得情绪化且言行幼稚，我就必须通过强调理性行动，如制订计划，来抑制这种幼稚的言行，同时也要缓和他们的情绪。我也要抑制自己的负面情绪，在私底下感受和审查它们，并对此加以掩饰。

下属采用的行动策略似乎基于类似的假设。他们也觉得自己应该掌控会议的主动权。他们对自己在这场交锋中获胜的定义是，首席信息官能够明白解决问题的主要障碍在于直线管理层。他们也在努力把首席信息官拉进自己的阵营，这样在面对高层时，首席信息官将能更准确地为下属发言。最后，下属假设自己的回应是理性的，每当他们的表现变得情绪化时，都是为了确保首席信息官能听到他们的诉求。

相同的假设与策略导致双方构建了让彼此心烦意乱的对话，进而使下属变得更加情绪化，而首席信息官则回避重要问题的情绪层面，最终使问题变得不可讨论。本来出于积极意图的对话实际上却导致参与各方做出防卫反应，而各方处理他们的防卫反应的方式又进一步强化了防卫性，这同样出于积极的意图。此情此景与第 4 章研讨班上财务管理者的行为造成的后果何其相似。

我们把这种自我强化的行动策略模式及其反学习后果称为“初级妨碍性循环”。所谓“初级”，是指这些循环受参与者面对面讨论时遵循的使用理论的影响，在这些讨论会令参与者尴尬或对其具有威胁性时尤其如此。在这些循环中，引发错误的条件触发了防卫性的、机能失调的反应，而这种反应又反过来强化了这些引发错误的条件。在这里，引发错误的条件指的是掩饰错误并使其无法得到纠正的信息属性；而防卫性的、机能失调的反应建立在一种使用理论的基础之上。上述案例中首席信息官及其下属采用的就是类似的使用理论。例如，不讨论重要问题、表达模糊不清都是引发错误的条件。在首席信息官及其下属召开的会议中，直线管理层与信息专家之间产生纠纷的原因始终是模糊不清和模棱两可的，没有得到详细表述或举例说明，而针对纠纷本身的不同解释也未得到澄清或处理。首席信息官及其下属对彼此和直线管理层的归因未经检验，并且只要相关问题和感受不可讨论，那么在一定程度上那些归因就无法得到检验，而且会变得不可检验。

表 5-1 并非详尽无遗，但它比较完整地列举了一些引发错误的条件及其纠正措施。

表 5-1　引发错误的条件及其纠正措施

引发错误的条件	纠正措施
模糊不清	详细说明
模棱两可	澄清
不可检验	使之可检验
信息分散	协调信息
隐瞒信息	揭露信息
不可讨论	使之可讨论
不确定	探询
不一致或不相容	消除不一致或不相容

在组织环境中，引发错误的条件会触发类似于首席信息官及其下属所表现出的防卫反应，这些反应反过来又降低了个体进行组织探询并获得有效学习成果的可能性。组织使用理论如果模糊不清和模棱两可，就会营造出一种让个体成员感觉受到威胁的组织情境。棘手情境的性质是什么、人们该做什么以及由谁来做、这些工作的绩效标准又是什么，这些方面的不确定都会加重个体的防卫反应和焦虑情绪。当重要信息被隐瞒、重要问题变得不可讨论时，个体往往会感到怀疑和不安。组织使用理论中的不相容往往表现为人际冲突，进而演变为个体之间的零和博弈。

许多读者会发现，上述模式并不罕见。的确，许多参加过高管培训项目的首席信息官证实，他们经历过类似情境。其他管理职能部门的高管也承认，上述案例材料表明，各部门之间确实存在竞争，而直线管理层和员工也的确会互相猜疑。

为什么这种体现出初级妨碍性循环的适得其反的对话会系统性地出现？据我们所知，没人赞成这样的对话。关于组织设计、领导力、冲突解决、员工参与或赋能管理等主题的教材和课程都认为，这种循环既违背了管理与组织理论，又与其内在理念不符。那么，当参与者怀着积极意图来解决业务问题时，为什么这种适得其反的对话会频繁发生且始终存在呢？这可能与人们以前在处理令人尴尬或具有威胁性的问题上所建立的假设和技能有关。但个体因素只是答案的一部分，组织环境也会强化这种适得其反的对话。如果我们研究组织中的日常活动，就会发现组织的活动与个体的活动难以区分。组织和个体这两个因素相互交织，以至于人们必然会认为存在一种循环的因果模式，其中每个因素都可以“引发”并强化其他因素。

因此，我们认为可以从 3 个层次来解释初级妨碍性循环代表的模式：个体层次、组织层次，以及个体和组织的互动层次。我们先从个体层次开始阐述。

正如我们在第 4 章指出的，关于有效的行为，人们有两种行动理论：一种是他们信奉的行动理论，即信奉理论；另一种是他们实际采用的行动理论，即使用理论。我们已经发现，当人们处理令人尴尬或具有威胁性的问题时，他们的推理和行动符合一种特定的使用理论模型，我们称之为 I 型使用理论。在表 5-2 中，我们展示了 I 型使用理论的架构。如前文所述，受到 I 型使用理论影响的行动会成为初级妨碍性循环的一部分，其结果会妨碍双环学习。在本章开篇案例中，虽然首席信息官及其下属都不信奉这种行动理论，但他们实际上都使用了该理论。

表 5-2　I 型使用理论的架构

主导变量（价值观）	行动策略	对行为领域的影响	对学习及其有效性的影响
界定目标并努力地实现目标	单方面设计并管理环境（表现为努力说服他人、诉诸更大的目标等）	行动者被认为是防卫、不一致、与周围环境不协调、控制欲强、害怕受到伤害、抑制自身感受、过度关注自己和他人，或不关注他人的	自我封闭；损害长期效果

续表

主导变量（价值观）	行动策略	对行为领域的影响	对学习及其有效性的影响
最大限度地争取成功和避免失败	负责并掌控任务（声明任务的所有权，守护界定与执行任务的权力）	形成防卫性人际和群体间关系（这取决于行动者，行动者很少帮助他人）	单环学习
最大限度地抑制消极情绪的产生和表达	单方面进行自我保护（说话时采用推测性分类，可直接观察到的信息很少甚至没有，对给他人造成的影响或与他人之间的不协调视而不见，会采用防卫行动，如谴责、相信刻板印象、抑制情绪、保持理性）	建立防卫范式（相互不信任、避免承担风险、遵守规则、做出外部承诺、重视交际、围绕权力进行竞争与对抗）	很少对理论进行公开检验；经常对理论进行私下检验
保持理性	单方面保护他人不受伤害（隐瞒信息，制定审查信息与行为的规则，进行私下谈话）		

第一列是“主导变量”（governing variable），或者说是行动者努力通过自身行动来满足的价值观：

1. 界定目标并努力实现目标。参与者很少尝试与他人共同界定目标，他们似乎也不愿在他人的影响下改变自己对任务的看法。
2. 最大限度地争取成功和避免失败。参与者认为，一旦确定了自己的目标，再随意更改就是一种软弱的表现。
3. 最大限度地抑制消极情绪的产生和表达。参与者几乎一致声称，如果产生消极情绪，就表明这个人不称职、无能或缺少外交手腕。允许或帮助他人表达这些情绪往往被视为糟糕的策略。
4. 保持理性。这与第三条对应，要求参与者客观、理智并控制情绪。参与者之间的互动应该只有对问题的客观讨论，而无须考虑这些问题背后彼此的内心感受。

表 5-2 的第二列是参与者为满足主导变量而采取的行动策略：

1. 单方面设计并管理环境。参与者秘密地计划要采取的行动，说服或劝诱他人同意自己对相关情境的界定。
2. 负责并掌控任务。在本章案例中，首席信息官私下决定通过一次全员会议来分配任务，并试图让下属以他的方式看待问题。
3. 单方面进行自我保护。参与者通过使用抽象语言、回避可直接观察到的信息、隐瞒实际行动背后的想法和感受等手段，来避免让自己受到伤害。为了掌控局面，参与者会让自己的想法和感受保持神秘。
4. 单方面保护他人不受伤害。这种策略的实例包括：隐瞒有价值的和重要的信息、说善意的谎言、抑制情绪，以及假装同情。说话者认为对方需要得到保护，并且保护策略应该保密，这两种假设都没有经过检验。案例中的首席信息官其实是在保护下属，让他们免受自己的负面情绪的影响，这些下属也以同样的方式来保护首席信息官。在这个过程中，首席信息官又保护了自己，以免受到下属做出的消极回应的影响，并且下属也保护了自身，以免被首席信息官的消极情绪和反应影响。

如果某人的行为符合上述 4 种行动策略中的任何一种，那么这个人就会倾向于单方面对他人采取行动并保护自己。如果这能成功，这种行为就会控制他人并保护自己免受他人影响。最终，行动者往往会被认为具有防卫性，当然他确实在防卫，并且人际关系和群体间关系往往会变得更具防卫性而非建设性，人与人之间会更在乎输赢而非合作。这些后果将进一步导致相互猜疑和顽固不化。

如果针对上述主导变量和行动策略进行公开检验，就需要面对自身和他人的防卫，因此人们很少对嵌入在使用理论中的假设进行公开检验。案例中的首席信息官及其下属如果不面对自身的防卫，不冒险应对可能随之而来的消极反应，那么他们就无法检验彼此猜疑的假设。

如果个体的使用理论未得到过真正的公开检验，可他又必须采取某种行动，那么他就会遵循未经检验的使用理论行事。这样做会影响行为领域，所以很可能会出现自我封闭的状况。因此，首席信息官最终对下属失去了信任和信心，还嘲讽他们，下属对首席信息官也有同样的感受。这些评价与归因都没有经过公开检验，因此，它们被封闭在自我强化的防卫循环中。我们在更早的著作《实践理论》(*Theory in Practice*)中将由此造成的后果概括如下：

缺乏公开检验很可能会导致自我封闭的过程……个体不仅通过自己的使用理论助力创造了行为领域，而且杜绝了对使用理论中的假设证伪的可能性，因此也就不再可能助力创造能够证伪他最初假设的行为领域。然而，公开检验使用理论必须伴随一种学习的功能，即个体对改变行为的意愿。行动者从他人那里获得的反馈信息最好没有经过扭曲。如果他人提供了此类反馈，尤其是在冒了一定风险却感到行动者不愿做出改变时，他们可能就会认为自己置身险境。他人对行动者的怀疑可能会加深，但这种感受将受到抑制。结果就是另一系列的自我封闭过程，行动者在下次公开检验某个假设时，收到有效信息的可能性将会降低……

由于双环学习依赖有效信息的交流以及对归因与假设的公开检验，所以 I 型使用理论往往会妨碍双环学习。而由于长期有效性依赖于双环学习的可能性，所以 I 型使用理论往往会削弱长期有效性。

I 型使用理论的价值观和行动策略引发的所有后果都会反过来强化这些价值观和行动策略。在一个充满防卫、不断强化错误与自我实现过程的环境中，个体理应保护自己，理应更努力地追求单方面控制，争取胜利且避免失败，自己尝试“理性”地应对防卫反应并鼓励他人也这样做，尽可能抑制自己和他人的消极情绪，就像第 4 章研讨班案例中左栏里列出的那样。

I型使用理论的另一个后果就是，人们会从支持I型使用理论的角度重新定义关怀、关爱、诚实、坚毅、勇敢等社会道德。例如，关怀和关爱的意思会变成“处事圆滑”或“挑他人爱听的说”，这些意思会导致旁敲侧击、掩饰、说善意的谎言等行动策略。坚毅则被定义为争取胜利、对形势保持单方面控制，以及把脆弱藏在心里。

还有一个因素会大大强化I型使用理论，提高反学习过程发生的可能性。个体往往非常善于根据I型使用理论行事。熟练的行动往往“有效”，也就是能够实现预期目标；它们似乎是自然而然、水到渠成且毫不费力的；它们被视为理所当然的；而且它们几乎不需要有意地权衡。这些特征加在一起，导致行动者不太可能反思并了解自身的I型行为。

在高管课程和各类组织的无数会议中，我们都发现了I型使用理论的这些特征。此外，在行动者采用I型使用理论的所有情况下，我们都没有观察到其他不同的结果。如前所述，在我们的研究对象中，有近99%的人在令人尴尬或具有威胁性的情境中都遵循I型使用理论。

在接下来的案例中，上述关于I型使用理论的架构将得到进一步阐释和引申。I型使用理论的各个要素会相互影响，其方式要比我们目前的描述复杂得多。同样，I型行为创造的行为领域反过来强化那些行为的方式也是多种多样。

次级妨碍性循环

“次级妨碍性循环”指的是超越个体层级的、与组织内各群体之间的互动有关的行为循环，也就是行动策略与反学习结果之间的因果联系。次级循环是由初级循环引发的，但这种循环一旦产生就会自我强化。

前文首席信息官的案例展示了面对面的互动如何导致次级妨碍性循环，尽管多数参与者都无意造成这种结果，但这种循环使反学习的行动和态度始终存在。

在图 5-1 中，我们将描述初级和次级妨碍性循环之间的关系模式。首先，我们描述了触发这种模式的主导变量，即用户的不满和紧张的财务状况使信息技术部的成本增加再无可能。接下来，我们概括了首席信息官及其下属在会议过程中采用的行动策略。这些行动策略导致了某些一级结果，比如，首席信息官认为下属的结论不切实际，坚持要他们提出更完善的解决方案或采用他自己提出的方案。但是，下属也认为首席信息官的解决方案不切实际，并表示除非直线管理层做出改变，否则问题无法解决。

这些互动导致了两类两难处境形式的二级结果。一类影响了下属群体，另一类影响了首席信息官，如果直线管理层在场，那他们也会受到影响。

到这里，我们已经可以看到初级妨碍性循环开始向次级妨碍性循环过渡。例如，直线管理层认为信息专员不切实际，缺乏成本意识，信息专员则把根本问题归咎于直线管理层。这两种观点都嵌入在组织规范中，影响着两者的关系。源自上述判断和规范的两难处境塑造了双方关系中典型的群体间冲突模式。

次级妨碍性循环会产生持续的影响。群体间冲突的敏感问题会变得不可讨论，并且这种状态也变得不可讨论。双方都认为对方顽固不化，且都认为问题无法解决。对于这样的后果，关于直线管理层与员工的关系的文献中有大量实例。

所有这些后果都会反过来强化首席信息官及其下属在会议上表现出来的初级妨碍性循环，从而产生一种适得其反的组织模式。这导致每个参与者都不信任他人，怀疑与他人的互动和解决群体间冲突的可能性。由于这些感受被视为组织的典型特征，所以人们对此逐渐习以为常。

图 5-1 表明，任何围绕信息技术部削减成本并提高绩效这一业务问题而展开的对话，都会受到初级和次级妨碍性循环的负面影响。一方面，如果最高直线管理层因为不清楚图中显示的详细过程，那么他们就只能看到高昂成本和糟糕绩效将始终存在。这导致最高直线管理层不信任首席信息官，并怀疑甚至嘲讽他解决问题的能力。事实上，案例中的首席信息官最终被解雇了，一位“作风强硬的直线管理者”受命负责解决此事。另一方面，即使最高直线管理层清楚图中显示的过程，他们也仍可能会做出同样的反应。无论是哪种情况，组织几乎都不可能采取纠正措施来提高自身的双环学习能力。

实际上，在同首席信息官谈话几个月之后，首席执行官再次遭遇了防卫互动，只不过这一次是发生在研发部与财务部之间。财务部声称研发成本过高，研发部反驳称财务部没有真正理解研发。首席执行官不得不再次采取强硬立场来控制研发成本。

我们现在已经阐述了初级和次级妨碍性循环如何在组织各个层级上造成适得其反的学习后果。而我们所谓的有限学习系统，正是在由初级和次级妨碍性循环构成的组织环境中，动态互动以及由此造成的反学习后果。

次级妨碍性循环与组织防卫惯例

次级妨碍性循环最重要的组成部分是组织防卫惯例，即在组织环境中采取的行动和制定的政策，旨在保护个体免遭尴尬或威胁，但同时也妨碍了个体或整个组织找到造成尴尬或构成威胁的原因以解决相关问题。

所有组织防卫惯例都立足于一种逻辑，这种逻辑对个体和组织都具有强烈

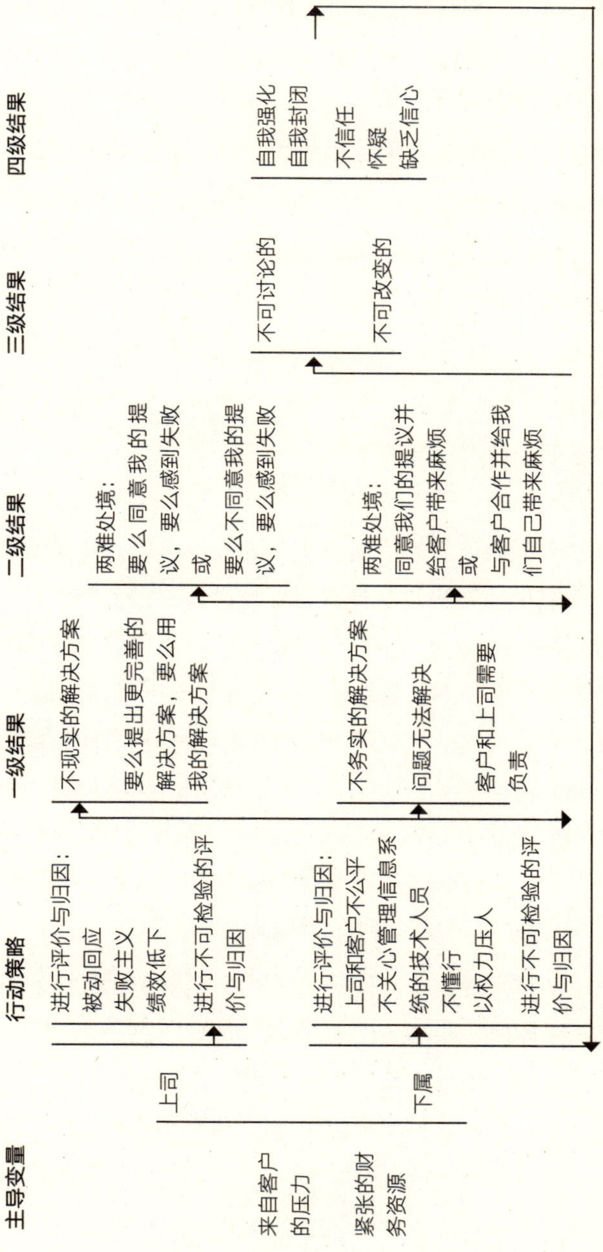

图 5-1　反学习的行动与态度始终存在

且深远的影响，它可以表述为下列 4 条规则：

1. 精心设计包含不一致的信息。
2. 假装信息中并不存在不一致。
3. 使信息中的模糊不清和不一致变得不可讨论。
4. 使这些信息的不可讨论状态也变得不可讨论。

下面这段话就是符合上述规则的信息实例，某位首席执行官对其直接下属说道："我们鼓励每个人都积极创新，勇于冒险，我们所说的赋能正是如此。但是，我们也希望你们别惹麻烦。"

当个体传达含混的信息时，通常会表现得很自然，几乎毫无含混的痕迹。如果他们由于信息中的不一致而显得迟疑，那么这就会被视为其弱点。确实，很少有高管会在构思并表达了一种含混信息后问："你们觉得我传达的信息中存在矛盾和模糊之处吗？"含混信息之所以变得不可讨论，是因为其传达方式非常自然，且没有表现出任何欢迎探询的意向。此外，这种含混信息的不可讨论状态也成了尴尬或威胁的一个来源。在 I 型组织领域（我们称之为 O-I 学习系统）中，含混信息的不可讨论状态会和含混信息本身一样，引起诸多防卫反应。

个体始终遵循这类规则，并且是下意识的，因为他们在这方面已经非常熟练。具有讽刺意味的是，正是由于对含混信息的熟练使用导致了一系列意外的、适得其反的后果，所以这种熟练与无能密不可分。例如，前文中的首席信息官与下属开启了一场对话，但关键信息被掩饰了起来，并且这种掩饰行为是不可讨论的。这引发了双方越来越强烈的情绪化反应，并造成了两难处境，而这些反过来又导致并强化了双方的怀疑、嘲讽和缺乏信心。

我们认为，如果某项议题是不可讨论的，且这种不可讨论状态也不可讨论，那么它就不可能得到有效处理。在支配组织防卫惯例的规则之下，那些非常正直且愿意承担责任的个体会感到，自己深陷于一种两难处境：

如果我们不讨论组织防卫惯例，那么它们将继续扩散；但如果我们讨论组织防卫惯例，那可能就会遭遇麻烦。

某位风趣幽默的高管曾经说，在他的组织中，这种两难处境被形容为“三明治”。这种两难处境所造成的后果是，那些本想摆脱防卫惯例的人反而保护和强化了防卫惯例。但由于他们的保护行为是隐蔽的、不可讨论的，所以防卫惯例在其他人看来似乎是自我保护和自我强化的。

只要行动是自我保护和自我强化的，它们就可以轻而易举地自我扩散。具有讽刺意味的是，当某人试图直接应对组织防卫惯例时，尤其会激活它们的自我防卫。个体一旦认识到这种风险，就会以改进和建设性行动的名义逃避。

在这些情况下，组织防卫惯例会迅速发展并蔓延至无人不知但又无人能管的组织循环之中。事实上，高管们已经指出，认为防卫循环可以管控的想法是不切实际、徒劳无益或一厢情愿的。少数人或许想知道，这种管控能否没有风险，正如一位高管所言：“这会不会意味着我们将不得不放弃自己所拥有的一切来保护自身？”

这些反应在现实世界中是合乎情理的。它们也是自我实现和自我封闭的，之所以说它们自我实现，是因为它们可以创造条件，使得挑战这些反应的行为显得幼稚或危险；之所以说它们自我封闭，是因为它们还可以创造条件，使得其自我实现预言不太可能被打破。

因此，我们找到了令组织变得僵化和行动迟缓的一个关键原因：越来越多的防卫惯例。它之所以会愈演愈烈，是因为对此负责的个体相信，自己对组织防卫惯例无能为力，贸然介入太多是不切实际甚至是危险的。

对组织防卫惯例的反应

由于组织防卫惯例和相关次级妨碍性循环被认为是不可避免的、必然的、无法管控且不受外界影响的，所以毫不奇怪，人们对组织防卫惯例最常见的一种反应是无能为力。工业社会中的雇员对组织防卫惯例的态度，如同封建社会中的农民对待贫困一样，都是听天由命。

组织防卫惯例的必然性得到了主流文化的认可，这其中也有个体的因素。个体并不为创造或维持组织防卫惯例承担责任。他们承认自己会受到组织防卫惯例的影响，但不能或不愿认清自己是怎样创造或强化组织防卫惯例的。

除了与组织防卫惯例共存，个体别无选择，于是对组织防卫惯例产生了一种无所谓的态度。这导致了悲观主义和怀疑，比如：

- 这里的一切都不会改变。
- 他们的话都不是真心的。
- 我怀疑没人会听。
- 该怎样就怎样，别被忽悠了，明年又会冒出新热点。

无所谓的态度使个体更有可能忽视或嘲笑包含积极意图的迹象。嘲讽之人会自然而然地怀疑他人，认为世界上到处都是不会改变的证据。

一旦组织中出现麻烦，个体的态度很容易就会从无所谓变成相互指责，并且会给出大量证据来证明受责备的应该是别人。他们很容易就能推断出组织防卫惯例的存在，能够发现和自己一样推诿的个体，可以察觉各种掩饰行为，也能看出晋升机会通常属于那些回避组织防卫惯例的人。

最后，他们通常会给别人提出强化组织防卫惯例的建议。例如：“小心点儿。如果你试图改变这种情境，那就会遇到麻烦……那是长久以来的老传统了。”因此，现在我们就看到了这样一群个体，他们感到无能为力、无所谓、惯于责备他人主动惹麻烦，却又“主动”建议他人尊重组织防卫惯例和妨碍性循环，正是这种状况导致人们难以在组织中采取建设性行动。

进一步讨论前一章提出的命题，我们认为：

个体与超个体的群体之间存在相互依赖的循环关系。当出现令人尴尬或具有威胁性的情境时，这些关系会相互作用，导致自我驱动的有限学习过程。

要想在组织内所有层级上营造并维持双环学习，就必须设法打断这种自我驱动过程。而要想打断这个过程，就必须改变个体的使用理论。

组织防卫惯例的影响

在我们的研究和咨询过程中，我们会面临客观程度各不相同的议题，也就是说，这些议题会在不同程度上被视为事实问题或单纯的技术理论问题。具体而言，当议题是由技术理论来界定时，我们期望，这些议题的客观程度能让 I 型使用理论和 O-I 学习系统的防卫特征难以主导对话。然而，事实未必如此。

技术理论是一种行动理论，它规定了可衡量的目标及实现目标的程序。组织中经常出现的一些技术理论包括：金融学，信息技术，竞争战略，会计学，企业经济学，营销学，研发，以及与人力资源职能相关的理论，如激励方案、人员选拔和培训。

所有技术理论都具有若干共同特征。第一，人们希望能够最大限度地缩小技术信奉理论与技术使用理论之间的差异。技术专业人员会试图以既定技术理论的规定开展工作。第二，人们明确强调有效推理的运用。技术理论的构建者希望前提和推论都尽可能明确，从而得出可检验的，尤其是可证伪的结论。因此，技术理论在因果关系方面必须非常严密，否则该理论就无法说明何种行动将造成哪种后果。这种因果关系的严密性还体现在另一方面，即如果两名专业人员正确地遵循一套技术理论的规定，那么他们将收集到相同的数据，做出相同的分析并得出相同的技术结论。如果情况并非如此，那么我们可以追溯这个过程，去查明是哪个专业人员在何处偏离了既定程序。

技术理论的上述特征如此牢固，以至于它们不会轻易遵从前文描述的个体－组织防卫模式，这种说法似乎挺有道理。我们原以为，技术理论牢固的理智客观性，应该有助于减少模糊不清、模棱两可等引发错误的条件。然而迄今为止，这些预期并未得到证实。事实往往是，技术理论的客观性特征被 I 型防卫回避和掩饰了。

组织学习实践　ORGANIZATIONAL LEARNING II

上司与下属的对话

某上司将自己与一名下属之间的关系写成一个案例，主要涉及信息管理系统中的特定技术问题，以及下属工作表现不佳的问题（见表 5-3）。

右栏内容会让人觉得，两人的对话似乎围绕着编译器和调试器的延迟交付而展开。两种机器的性能及其相互配合可以用技术术语，即计算机与信息技术领域的术语来描述。实际上，正如右栏所显示的那样，两人之间的分歧主要是以技术问题的形式构建的。

表 5-3　上司与下属的对话

上司的想法和感受	实际的对话
我担心（生气）的是这个问题一直没有得到解决	上司：我们需要想办法帮助你的团队按时交付产品部件
我觉得他在逃避责任	下属：这很容易，但在编译器完成所有测试之前，我们无法测试调试器
我感觉他们这个团队应该承担责任	上司：在编译器准备妥当之前，有哪些测试可以进行
	下属：很少，但任务最困难之处在于编译器与调试器的配合
他还是在逃避。我想引导他制订一个能让他承担责任的解决方案	上司：但你们仍有可能捕获正确的编译器输出并据此进行测试
我觉得他不会认可这一点，而且他肯定会转移话题	下属：当然，我们可以那么做，但这样就不能捕获编译器已经更改之处，而且会占用更多磁盘空间。很简单，我们需要编译器
我有些失望，我不能再让他一味地找其他借口	上司：首先，磁盘的成本很低。如果你需要更多空间，我们能够满足这个需求。其次，与编译器相互配合的其他部件没有出现同样的交付问题
我被带往另一个方向了	下属：其他部件与编译器的配合并不那么紧密。你可以看看最新的版本，编译器增加了新特征，而我们直到最后才发现

现在，让我们来进一步展开分析。上司说，他对下属的表现非常失望。上司不相信下属关于延迟交付的解释，即要到编译器完成测试之后，调试器才能进行测试。这种说法本来是可以进行检验的，因为相关技术理论详细说明了每种部件的性能及相互关系，但是上司并没有要求或请求进行这种技术检验。

上司之所以没有强行开展技术检验，原因之一是，他认为关键问题在于下属及其团队正在逃避责任。上司认为自己面临的是下属的领导力和团队绩效问题，表 5-3 左栏的内容表明了他的这种观点。该案例还表明，上司的行为抑制了人际－组织防卫问题的首要性。他似乎希望先把技术问题置于首位，再通过适当的询问，来最终揭露领导力和团队绩效方面存在的问题。因此，上司的策略是把他认为首要的事情置于次要地位，并掩饰自己正在这样做。

下属也精心设计了这场有关技术问题的对话。他成功地使自己置身于令上司心烦的人际－组织维度之外，这导致双方的对话适得其反。上司通过指出磁盘的成本很低（技术性）来开展对话。由于其他部件可以与编译器相互配合（技术性），所以只要上司能够提供更多磁盘空间（技术性），技术问题就能够解决。然而，下属找到了一些理由来证明上司基于技术的解决方案存在不足。上司认为，下属强调技术问题恰恰是不负责任的进一步体现，而下属辩称自己之所以会这么做，是因为他并不知道上司认为他不负责任。

上司通过关注技术问题来掩饰自己的真实意图，并表现得似乎没有这样做（I 型使用理论）。在对话中，上司从未表明自己对下属逃避责任这种行为感到不满。在回应时，下属把对话维持在技术层面，这似乎是在故意回避上司的不满，而且他也表现得似乎没有这么做（这也是 I 型使用理论）。

对于这个案例，我们的假设是，对话双方在精心阐述自己的论据时，都会从脑海中寻找与技术理论相关的知识，这里就是指编译器与调试器的相互配合，并且会直截了当地说出来。在这方面，因为既定理论的技术特征很难被歪曲，所以双方如果不想被对方证明是错误的，就都别无选择，只能直截了当地说出来。

上司精心设计这次对话的方式还包括掩饰他的感受并表现得似乎没这回事。这种方式的麻烦之处在于，这导致下属很容易把话题维持在技术层面，而如果下属在回避上司的真实感受，那么他也可以表现得似乎没这回事。

因此，这场对话不太可能解决上司认为至关重要的问题，即下属逃避责任的问题。如果下属之所以回避问题，是因为他认为上司的要求不公平，那么该问题也得不到解决。结束对话后，上司与下属可能都会在心里对对方做出负面评价，并且都感觉对方难以相处。这种对话的结果就是 I 型使用理论所预示的自我实现预言和自我封闭过程，也就是一个 O-I 学习系统模式。

I 型使用理论已经像程序一样铭刻在个体的头脑中。当遭遇令人尴尬或具有威胁性的问题时，个体的行为方式会强化引发错误的条件。例如，问题的重要特征变得不可讨论，并且这种不可讨论状态也变得不可讨论。这加剧了围绕相关问题的不一致、不协调、模糊不清与模棱两可。此类后果造成组织行为领域被组织防卫惯例主导。这些组织防卫惯例强化了 I 型使用理论和 O-I 学习系统造成的适得其反的学习后果。与此同时，组织防卫惯例也造成了个体防卫和组织防卫在一定程度上的相互渗透，让我们难以厘清这两个维度之间的因果关系。那些会造成令人尴尬或对人具有威胁性的问题，能否进行有效的组织学习？对于这一问题，个体会产生怀疑、疏远和无所谓的态度。

这种态度反过来又会降低进行高质量探询的可能性。那些促成我们所谓的“好的辩证”的条件将受到抑制，并倾向于使人通过回避冲突和分歧并对这种回避加以掩饰来大事化小，小事化了。参与者将难以反思正在讨论的问题，无法厘清来龙去脉。参与者甚至可能难以就实际发生的事情形成共识，他们更可能会做的是，不去尝试检验自己对事情的解释。哪怕尝试检验，他们的检验也很可能非常糟糕，因为这些检验会被精心设计以避免威胁到最初解释者所使用的推理。

要解释人们的行为，其核心在于推理和因果概念。人们使用推理来判断正在发生的事情，设计自己要采取的行动，并将设计付诸实践。因果概念在所有上述过程中发挥着关键作用，因为人们的行动旨在取得效果。反过来，实际取得的效果又要求个体在进行判断、设计和实践时包含某些“如果……，那么……”的因果概念。

I 型使用理论和组织防卫惯例相结合，助长了防卫推理的使用。防卫推理的实质就在于使某人的前提和推断变成隐藏状态，免受公开检验。如果要检验相关结论，就只能在精心构造该结论的行动者使用的逻辑范围内进行。这种检验所利用的逻辑并不独立于最初用来得出结论的逻辑，我们称之为“自我指涉逻辑”（self-referential logic）。在这种情况下，防卫推理被认为是正确的推理。但正如我们已看到的，这种方法会强化引发错误的条件，并抑制促成“好的辩证”的条件。因此我们面临一个悖论：被定义为有效的行动策略，同时也会降低在组织所有层级上开展有效学习的可能性。

ORGANIZATIONAL LEARNING II

第三部分

组织学习的实践

第 6 章

从 O-I 学习系统到 O-II 学习系统

ORGANIZATIONAL
LEARNING II

在第三部分，我们将提出一个组织学习系统的模型 O-Ⅱ学习系统，该模型可以用来减少 O-Ⅰ学习系统对双环学习的抑制因素。我们还将探讨组织开展双环学习的可行方案。

下面我们将探讨如何改变现状达成目标，以及如何帮助组织迈向 O-Ⅱ学习系统。实际上，答案就是我们提出的干预模型。我们区分了有限干预和综合干预，并探讨了它们的适用条件。

O-Ⅱ学习系统

使用 O-Ⅰ学习系统的组织不太可能学会改变自身的主导价值观、规范与假设，因为这需要组织探询双环问题，而 O-Ⅰ学习系统会妨碍这种探询。要想克服双环学习的阻力，就必须寻找新的学习系统。然而，多数组织都包含 O-Ⅰ学习系统，而该系统会妨碍与其基本结构不相容的任何学习过程。如果上述断言是正确的，那么我们就不太可能在当前的现实世界中找到新学习系统。因此，我们将不得不创建一个新学习系统，而这是一个小概率事件。

如果缺少一份能够大致展现我们所追求的最终状态的地图，那么我们就不可能促成这个小概率事件。如同我们已经讨论过的，O-Ⅱ学习系统不能自发地从 O-Ⅰ学习系统演变而来，所以我们也将需要一份关于如何从 O-Ⅰ学习系统审慎地发展至 O-Ⅱ学习系统的地图。这样一幅地图应该能够在我们违反某些行为条件时，告诉我们方向有所偏离。例如，如果我们根据Ⅰ型使用理论做出不可证伪的陈述，或者为了达到目的而对他人实施单方面的控制，那么我们实现 O-Ⅱ学习系统的可能性将会降低。为了实现从 O-Ⅰ学习系统到 O-Ⅱ学习系统的转变，我们不仅需要一个 O-Ⅱ学习系统，而且需要一种Ⅱ型使用理论。

只有这些模型，还不足以为我们提供所需的指导。我们还需要格言式或启发式规则来帮助我们创建并完善Ⅱ型过程，比如倡导一种立场并把它与探询联系起来、公开私下的困境，以及构建能被证伪的归因。这种启发式方法为行动提供了操作定义，没有这些定义，我们就无法找准Ⅱ型使用理论和 O-Ⅱ学习系统描述的路标。

需要注意的是，当我们把Ⅱ型使用理论和 O-Ⅱ学习系统称为最终状态时会面临一些风险，即认为它们是一种可以达到的固定不变的状态。但其实不然，原因至少有两个。第一，Ⅱ型使用理论和 O-Ⅱ学习系统代表了可能永远无法达到而只能无限接近的理想状态，它们的主要价值在于为创建"好的组织辩证"提供模板。这就引出了第二个也是更重要的原因，Ⅱ型使用理论和 O-Ⅱ学习系统自身固有的双环学习能力会不断质疑现状，因此它们不会固定僵化。

由于 O-Ⅱ学习系统很少见，所以我们无法像描述 O-Ⅰ学习系统那样详细介绍大量实例。我们没有听过真正发展出 O-Ⅱ学习系统的组织，也没听说哪本管理学著作详尽描述过这种系统。此外，我们提出的从 O-Ⅰ学习系统向 O-Ⅱ学习系统过渡的干预理论也不完善。我们所能做的就是展示一些 O-Ⅱ学习系统初始阶段的案例，它们都是我们在以前不同的工作环境中遇到的实例。

O-Ⅱ学习系统的关键部分是人们用来应对引发错误的条件（如信息分散、模糊不清、模棱两可等）的使用理论。O-Ⅱ学习系统需要具备若干条件才能实现，在这些条件下，错误的假设可以得到重新表述，不一致之处能够协调一致，不相容之处能够消弭，模糊之处可以明确，不可检验的概念可以得到检验，分散的信息可以组合为有意义的模式，先前被隐瞒的信息也能够被揭露出来。正如我们已经指出的，当人们使用那些造成初级妨碍性循环的I型使用理论时，上述引发有效探询的条件很难得到满足。如果能创建一种个体使用理论，帮助人们正视引发错误的条件，从而减少并纠正它们，那会是什么样的情景呢？

让我们返回第5章首席信息官的案例。如果他的目标是减少人际和组织防卫行为，纠正相关的引发错误的条件，那么他会开启一场怎样的对话呢？

一开始，首席信息官会开展一场不同类型的私下谈话。这场私下谈话的基本目标是明确问题所在，检验相关假设与归因的有效性，以便强化有效的学习。当首席信息官听到下属说直线管理层“不清楚自己想要什么”时，他可能会在心里与自己进行下列对话：

“下属对直线管理层的意图进行了评价与归因，却没有提供任何让我或其他人信服的信息。

我应该要求他们提供信息来证明他们的观点。我已经学会了不去问他们‘为什么’相信自己在做正确的事，因为那很有可能会激起利己的信奉理论的解释。

当下属声称直线管理层‘不清楚自己想要什么’时，我应该问一问，‘他们说了或做了什么，让你们觉得他们不清楚自己想要什么’。”

如果首席信息官的问题得到了明确回答，他就可以据此判断直线管理层的行为是否真的不当。如果在他看来确实如此，那么他就可以把这些评价向上级传达，促使直线管理层做出改变。

以首席信息官及其下属的另一场对话为例。当下属说直线管理层不信任他们或并不真正关心他们时，首席信息官可以说："关于他们对我们的看法这个假设，你们检验过吗？如果检验过，你们对直线管理层说了什么？如果没有检验过，那么是什么因素导致你们不去检验呢？"

下属可能会回答："你在开玩笑吗？那会让我们很难堪。他们要么会一笑置之，要么会大发雷霆。"下属的回答是对直线管理层的又一个归因。因此，如果要对这个归因进行检验，采用的逻辑就应该不同于信息专员自己使用的逻辑。如果首席信息官听到的全都是未经检验的断言，他可以回应道："我问你们是否检验了这些断言，得到的回答又是一些未经检验的断言。如果我带着这些未经检验的断言去参加会议，就不能在直线管理层面前有效地为我们的观点辩护。"

如果首席信息官认为他听到的断言是不正确的或封闭的，他就可以问："假如问题确实出在客户身上，他们没有计划，直到最后一刻才提出要求，而且这么多年一贯如此。如果我们获得了更多资源，难道不会让这种令我们感到沮丧的行为愈演愈烈吗？"或者可以说："你们告诉我，我们的客户固执己见且过于迟钝。情况可能确实如此，但你们是怎么知道的？当我问你们这个问题时，得到的答案只是你们的一面之词，比如……（列举下属说过的话）。我希望采取独立于你们的推理的方式，对这些评价与归因进行检验。否则，我就会被视为一个对信息技术部门没有判断力的传声筒。""如果因果推理的有效性不能独立于我们的观点、经验、逻辑而得到检验，我就不能赞同这些推理，不管做出推理的是你们，还是我自己。"

首席信息官也可以引用一些行动实例来说明，恰恰是下属的做法造成了他们谴责的后果。他可以说：

"你们认为我们的客户固执己见且过于迟钝（引用前文这类断言的例子）。你们不喜欢这种做派并以此来证明我们遇到的问题无法解决。

“你们也许是对的，但我没有听到任何人提出一个令人信服的、可以检验的观点。每当我试图提出某些建议时，听到的回答总是‘祝你好运’‘相信我们，客户真的顽固不化’。

“我难以相信你们的看法。如果你们以对待我的方式对待直线管理层，那么我能够理解直线管理层在你们眼中是多么顽固不化。我也能理解，直线管理层可能对你们也有类似的看法。

“这就引出了另一个问题，你们可能觉得我顽固不化。我想要和你们进行对话，这种对话要求我和你们对我们正面临的问题承担各自的责任。

“我想和你们探讨一下，我的哪些具体言行让我在你们眼中变得顽固不化。”

最后，行动者应该聚焦于减少不一致、弥合分歧，以及消除恐惧（见表 6-1）。

表 6-1　如何展开有效的行动

错误的做法	应采取的行动
武断地判定参与者（信息专员、直线管理层、首席信息官）具有防卫性、持有错误观点，以及表现得不公正	要求提出评价与归因的实例，并精心检验其有效性
武断地判定参与者幼稚、爱发牢骚、软弱	要求提出相关实例并进行检验。然后探询直线管理层在回应这种检验的尝试时采取了或将采取什么行动。如果没有尝试着去检验，那么这种不作为背后的推理是什么
武断地判定参与者（信息专员）以自我为中心、不公平、不切实际	用实例表明如果未能识别行动者推理过程中存在的缺陷和矛盾，那将如何造成事与愿违的结果
回避自己所做的苛刻评价的有效性	对于他们做出的适得其反的行动，陈述你的评价与归因，并用实例论证，同时鼓励他人检验这些评价和归因

让我们以第 5 章中上司与下属的案例为例，我们可以假设双方对话的下述新情节（见表 6-2）。

表 6-2　上司与下属的案例：新场景

上司可以说什么	立足的推理
××（下属），我想和你讨论一下这个问题，该问题一直是我们共同的关注点。（描述这个问题）我不知道如何才能有效解决	检验下属对该问题的看法；找到可能的个人责任
每次我提出关于按时交付的问题，你都声称原因出在编译器与调试器的相互配合上	回顾自己用来推断该问题的对话片段
对此我有两种反应。一种是认为你在逃避这个问题，当然我没有检验这个归因	把内心的归因公开化；坦率承认自己没有进行检验
另一种是我精心设计了大部分回应，以使它们停留在技术层面上。在我看来，这似乎是为了让你更轻松地在技术层面上回应我，但这样做也让我更难解决真正困扰我的问题	把内心的归因公开化以便进行检验；坦率承认自己的方法适得其反
出于积极的意图，我隐瞒了这些，但至今我能说的是，结果并不积极	把自己的掩饰行为公开化；坦率承认该行为未达成目标
你认为这种看法有道理吗？如果没有，你有哪些不同意见	要求进行检验
如果有道理，那么你愿意与我一起重新设计我们对待彼此的方式吗	邀请下属共同设计并实施更有效的行动

我们认为，下属很可能会以两种合作的方式作为回应。第一，他可以回应上司的探询并同意共同设计行动。第二，他可以采用一种类似的推理过程来扩展对话，这样就可以深入了解自己对该问题应承担的个人责任。

例如，下属可能坦承，他也一直在掩饰自己的想法和感受，他对于上司关于其逃避责任的归因感到愤怒。他也可能承认，自己通过聚焦于技术问题掩饰了这些感受，并设法掩饰这种掩饰行为。由此，上司可以让下属具体描述自己的担忧。这种探询往往会放大这个包含相关组织要素和人际冲突的问题，并表明这两种类型的要素是如何相互强化的。至此，参与者们就会趋于更有效地认识他们所在的技术困境、人际困境与组织困境。

II 型使用理论

上文与行动策略和结果相关的情节来自一个我们称之为Ⅱ型使用理论的个体使用理论模型。

总的来说，Ⅱ型使用理论的主导变量或价值观与Ⅰ型使用理论的并不对应。Ⅱ型使用理论的主导价值观是有效的信息、自由且知情的选择以及内心承诺。实现这些价值观所需要的行动策略与Ⅰ型使用理论的行动策略相比也并非完全不同。例如，Ⅰ型使用理论强调个体追求自己的目标，同时控制他人和环境以确保自己的目标得以实现。Ⅱ型使用理论并不排斥追求个体目标的技能或能力，但拒绝通常随之而来的单方面控制，因为这样做的典型意图就是获胜。Ⅱ型使用理论把清晰阐述与积极倡导结合起来，鼓励他人检验双方的想法与感受，努力在完整有效的信息基础上构建观点，并形成一种相关人员可以做出内心承诺的立场。这意味着Ⅱ型使用理论中的行动者善于鼓励其他人开展双环学习。

每项基于Ⅱ型使用理论的重要行动都可以根据下列标准进行评价：它能在多大程度上帮助相关个体创造有用信息和有效信息（包括相关的感受），以产生有效探询的方式共同面对问题，以相对彻底的方式解决问题，并且效果不会差于用原有方法解决的效果。

Ⅱ型使用理论的行动策略要求分享权力，分享对象包括所有与行动实施决策相关且具有相应胜任能力的人。对任务的界定和对环境的控制也由所有相关行动者共享。维护自己和他人脸面的做法会遭到抵制，因为这被视为一种存在防卫和反学习的行为。如果必须采取某些维护脸面的行动，那么必须由相关人员共同策划。但那些面对这种坦诚和共同解决脸面问题时易受伤害的个体除外，他们需要保护自己免受他人侵害，因为那样的行动对他们来说是单方面的。

在这些情况下，个体不会为了获得自我满足而争相为他人做决定、一心想要战胜他人或一枝独秀。在Ⅱ型使用理论的架构（见表 6-3）中，人们努力找到最有能力做出决策或解决问题的人选。人们设法构建可行的决策网络，在该网络中，群体的主要职能是帮助每个个体成员实现自身贡献的最大化，以便最终形成的综合结论能够囊括尽可能多的观点。

最后，如果一个新理念是在Ⅱ型使用理论的条件下产生的，那么理念提出者赋予它们的意义以及发展这些理念的推理过程，就不会限制那些预期使用者的审查。评价与归因会减到最少，但一旦使用评价与归因，就应与可直接观察到的信息和相应的推理相结合。新理念的提出者应负的责任就是以鼓励公开质疑和积极对抗的方式呈现它们。

表 6-3　Ⅱ型使用理论的架构

主导变量（价值观）	行动策略	对行为领域的影响	对学习的影响	对有效性的影响
有效的信息 自由且知情的选择 对选择的内心承诺以及对其实施的持续监控	设计各种情境，参与者在其中能够作为行动的起点，并体验高度个人化的因果关系 任务由参与者共同界定 共同致力于自我保护，且以成长为导向 与他人进行双方面保护	行动者具有最低限度的防卫性 具有最低防卫性的人际关系和群体动态 以学习为导向的规范 高度的选择自由、强烈的内在承诺、勇于风险承担	可证伪的过程 双环学习 对理论频繁进行公开检验	提高长期有效性

如果Ⅱ型使用理论的主导变量和行动策略得到采用，个体、群体内以及群体间的防卫程度就会减弱。自由选择往往会随着内在承诺感和重要感的提高而增强。

Ⅱ型使用理论的行动策略和价值观的结果应该是强调双环学习，通过这种双环学习，个体能够正视他人的观点所立足的基本假设，并鼓励他人质疑自己的基本假设，进而对这些假设予以公开检验，使其变得可证伪、不再自我封闭。当个体作为组织学习的推动者时，Ⅱ型使用理论的结果应该是增强组织探询中有利于双环学习的条件。在这种情况下，位于组织使用理论核心的假设和规范会得到公开质疑、检验与重构。

运用Ⅱ型使用理论创建 O-Ⅱ 行为领域还会引发另一个结果，人们早年习得的关于社会道德的意义在许多重要方面都会改变。人们广泛遵循的社会道德与Ⅰ型使用理论和 O-Ⅰ 学习系统一致，在一定的应用条件下，它们可能会使个体感觉良好或得到公正待遇，但也可能会加重引发错误的条件，并降低产生好的组织辩证和有效的组织探询的可能性。

下面让我们来比较Ⅰ型和Ⅱ型使用理论中关于帮助与支持、尊重他人、坚毅、诚实、正直等社会道德的意义，以此表明我们的观点（见表 6-4）。

表 6-4　社会道德在Ⅰ型和Ⅱ型使用理论中的意义

社会道德	在Ⅰ型使用理论中的意义	在Ⅱ型使用理论中的意义
帮助与支持	肯定与赞扬他人。告诉他人那些你认为会让他们自我感觉良好的情况。告诉他们你有多么在乎他们，如果可能的话，附和他们认为其他人行为不当的观点，从而抚慰他们	提高他人的下列能力：剖析自己的观点，洞察自己的思想，勇于面对那些影响自己对他人做出某种行动的潜在假设、偏见与担忧
尊重他人	顺从他人；不对抗他人的推理或行动	认为他人具备较强的自我反思和自我反省能力，所以他们不会因为感到太沮丧，以至于丧失自身的效能、自我责任感和选择能力。持续检验这种归因
坚毅	倡导自己的观点以赢得胜利。在倡导过程中坚持自己的立场，认为脆弱是软弱的表现	倡导自己的观点，不过要把它与探询以及自我反思结合起来。鼓励探询的同时感到脆弱是坚毅的表现
诚实	不对他人说谎，或者告诉他人你所有的想法和感受	鼓励自己和他人公开检验是否有能力说出心里知道却未说出口的话。尽量减少对信息的扭曲以及对这种扭曲加以掩饰的做法

续表

社会道德	在Ⅰ型使用理论中的意义	在Ⅱ型使用理论中的意义
正直	坚持自己的原则、价值观和信念	以鼓励他人进行探询的方式倡导自己的原则、价值观和信念，并鼓励他人采取同样的做法

在接下来的第 7 章和第 8 章中，我们将用几个例子来具体说明，在组织探询中，如何用Ⅱ型使用理论和 O-Ⅱ 学习系统来为双环学习设计和创造所需的条件。

第一个例子来自某个课堂，在课上我们试图让一群高管了解Ⅱ型推理的行动策略与价值观。我们最重要的任务是，帮助他们认清自己在多大程度上使用Ⅰ型使用理论与防卫推理。同时，我们试图帮助他们认识到自己在多大程度上没有意识到自身的失察。在这个例子中，我们展现了课堂情境如何初步检验相应假设，即参与者运用Ⅰ型使用理论，并且该理论可能会导致他们为 O-Ⅰ 行为领域的产生创造条件。

第二个例子是对某个组织进行更全面的干预，该组织是一家创建于 20 世纪 80 年代中期的著名咨询公司，我们的干预从该公司的董事开始。

第 7 章

课堂实践，面向学习和研究进行干预

ORGANIZATIONAL
LEARNING II

本章旨在说明如何设计干预措施来帮助参与者学习行动理论观的特征，同时使这次学习经历成为检验这些特征的机会。我们将举例表明如何在30～100名参与者构成的较大群体环境中实现这一点。

我们将提供两节课的对话摘录，每节课上有75名高管，其中有19名女性，这些学员来自35个不同的国家和地区。我们将试着展示他们学习和检验理论的活动如何相互渗透并相辅相成。

检验的5大要点

在本章中，我们将讨论几类不同的检验。

第一，我们将检验下列说法：在实际情境中使用Ⅰ型使用理论的参与者，在课堂讨论情境中也会采用该模型。这应该适用于所有参与者，与年龄、性别、文化、受教育程度以及组织地位无关。我们应该会观察到参与者倡导、评价与归因的方式，这种方式不鼓励其他人探询或检验他们的行为。他们的倡导、评价与归因应该位于推理阶梯（ladder of inference）[①] 的高位。参与者往往意识不到自己在多大程度上依赖高度抽象的概念，也不会把抽象概念与实际行动联系起来。参与者的行动应该能说明阿尔弗雷德·怀特海（Alfred N. Whitehead）著名的“具体性的误置”（misplaced concreteness）概念。[②]

第二，参与者将对其他参与者做出左栏中的评论，并可以发现他们表现得似乎没有这回事。如果他们在被问及是否正在掩饰时做出了肯定的回答，那么我们预计他们会辩称自己的行动策略可以防止个体的防卫。如果参与者否认自己在掩饰，那么当教员询问课堂上其他人正在对此做出何种归因时，其他人应该会说，是那名回答问题的参与者隐瞒了他在左栏中的想法和感受，并且还想掩饰这种掩饰行为。由此导致的观点分歧本身就可以成为对话的主题。这样的讨论生动地体现了当人们使用 I 型使用理论处理彼此的分歧时产生的自我封闭的有限学习过程。

第三，参与者将为上述行为辩护，宣称这是在回避冲突并掩饰这种回避，这符合 I 型使用理论对关怀和关心等社会道德的解释。或者他们将辩称这种行为是直率的，这与 I 型使用理论对诚实、正直等社会道德的解释相符。如果教员阐述了关心、关怀、诚实、正直等社会道德在 II 型使用理论中的使用，参与者要么拒绝这些可能会给他们带来麻烦的道德，要么表明教员的阐述很有帮助。在任何一种情况下，参与者都会说是由于它们在文化上不可接受，所以他们不会想到这层意思。在课堂初期阶段，尽管教员多次建议参与者考虑符合 II 型使用理论的行为，但都会被拒绝，甚至会被视为不切实际的空想。

---

① 推理阶梯是由作者阿吉里斯提出的理论，通常是指我们在没有意识到的情况下，从一个事实到一个决定或行动所经历的思维过程，其中每个思维阶段犹如梯子上的梯级。这些阶段从低到高分别为：观察选择数据、赋予意义、假设、得出结论、调整看法和做出行动。——译者注

② 英国哲学家、逻辑分析哲学的创立者之一，具体性的误置是其著作《科学与近代世界》中的重要概念。——译者注

第四，个体在设计并进行课堂对话时，我们将检验个体显现出的“熟练的无意识”（skilled unawareness）的程度，以及他们学习监测自身行动以认清自身使用理论的意愿。

第五，我们将检验参与者在何种程度上认识到了组织中Ⅰ型使用理论和O-Ⅰ学习系统的妨碍性特征，但否认他们对着手改变这种组织环境有任何个体责任。在这种情况下，他们会声称自己是组织中无助的受害者。

我们尽量精心设计这类检验，以便参与者自由制定自己的替代性干预措施。如果他们这么做，我们预测他们仍将采取与Ⅰ型使用理论一致的做法，如单方面倡导某种观点或以不引起探询的方式评价他人，或者采取与Ⅰ型使用理论相反的做法，如放弃控制他人或收回自己的观点，但同样不进行探询。在课堂初期阶段，如果参与者撰写的案例符合Ⅰ型使用理论，那么就不应期望他们开展符合Ⅱ型使用理论的对话或提出符合Ⅱ型使用理论的意义，即使他们说自己会这样做也不可能。那些课堂上希望参与者能够成功做到这一点的学员，会提供参与者本人没有提供的信息。

由于在其他学员、教员甚至参与者自己看来，他们的所作所为似乎都没有效果，所以他们往往会束手无策。他们如何应对这种困境，可表明他们有多大可能去学习Ⅱ型使用理论。例如，有些人会对自己不满，或者指责他人（包括教员）没提供帮助，并得出结论认为改变不可能实现。迄今为止，我们发现多数参与者尽管感到沮丧和愤懑，但仍愿意请他人帮助自己转向Ⅱ型使用理论。只不过，参与者转型的速度因人而异。

课堂上为什么能够做出有效检验

我们的经验表明，相比于利用问卷和访谈方式，课堂环境能够更有效地检验我们理论的特征，具体原因有以下几点。

第一，课堂上的参与者能为教员提供行为信息，这些信息可以用来检验行动理论观。第二，由于参与者暂且将日常工作压力抛诸脑后，并支付了高额学费和差旅费来学习可行的新理念，所以他们不会不好意思质疑教员提出的那些有效的、可行的理念。第三，由于我们让参与者接触那些他们往往更容易拒绝而非接受的观点，所以课堂环境可以有效检验我们理论的特征。例如，我们向参与者表明，他们的使用理论会妨碍双环学习，并且他们对自身“熟练的无能”(skilled incompetence)① 系统性失察。我们还会表明，他们对组织防卫惯例表现出一种系统性的爱恨交织关系：一方面，他们公开表示不喜欢防卫惯例带来的隔阂和僵化；另一方面，当认识到组织双环学习需要的条件时，他们又开始为自己对防卫惯例的熟练运用而辩护，认为它符合现实，是日常压力和规范所要求的。

这就引出了第四个原因。正如我们已经注意到的，参与者普遍开始感到束手无策。尽管他们承认自己的 I 型使用理论已处于机能失调的状态，但他们也意识到，在其他参与者看来，他们试图形成有效新行为的多数尝试往往事与愿违。许多参与者表示以前从未体验过这种束手无策感，这是一种无法把责任推给其他人的感觉。这挑战了他们的自我效能感和信心，进而引导他们对组织学习过程中的相关问题进行更深入的探索。所谓更深入的探索，不仅指他们努力学习新技能，而且指在此过程中他们会探索自己的核心价值观，并反思因为采纳权宜之计而导致的困境。他们在感到束手无策的时候，往往会谴责这些权宜之计，但仍然离不开它们。

本书采用的案例研究法高度依赖行动研究，但也包含常规社会科学的若干

① 熟练的无能是指管理者擅长做自己不该做的事，因为此事看起来是正确的。所谓“熟练”，是指管理者不经思索就行动；所谓“无能”，是指该行动造成了意外后果。——译者注

常见要素。与研究者使用的其他方法一样，我们可以对课堂对话的案例和文本进行评分，也可以对评分者间的信度和观察者间的信度进行检验。案例中的模式激发的课堂对话，以及参与者对教员观点的尝试性质疑，可以成为现场学习和检验的丰富来源。例如，如果参与者提出自认为有效的主张时发现其他人不赞同，由此导致的分歧就创造了机会，以探索他们在处理令人尴尬或具有威胁性的问题时采用的推理过程和使用理论。

我们发现，造成尴尬或威胁的深层原因不是参与者之间的分歧，毕竟课堂本身就是讨论分歧的地方，而是他们发现自己的下意识反应要么违背了自身的信奉理论，要么被证明是适得其反的。也就是说，他们感到尴尬的主要原因是认识到自己的熟练的无能。

这个结果成为我们了解那些通常被回避的问题的起点，对教员和参与者而言莫不如此。如果教员在遭遇对峙局面时不能给出符合Ⅱ型使用理论的回应，那么这种训练就不太可能被认可，并且它要求的情感投入也不值得。

课堂讨论：处理左栏内容

我们现在来分析课堂对话的第一段文字摘录。这些摘录可以代表我们所有课堂中发生的情况，也体现了课堂参与者创建的Ⅰ型使用理论和O-Ⅰ学习系统。由于我们没有发现任何使用Ⅱ型使用理论的行为的实例，因此该摘录不包含相关内容。

我们首先列出左栏中参与者未说出口的想法和感受（与本书第二部分中讨论的格式类似）：

- 我必须谨慎点儿，不能过早透露消息，以免让他们心烦。

- 如此显而易见的事情，为什么他的理解和我不一样？
- 我要尽量让他感到高兴，不能在这么短时间内就摧毁自己部门的士气。
- 放轻松，不要过分防卫。（一会儿后）我预料到你会对讨论感到不舒服，看来我是正确的。
- 他会倾听，但不会做出承诺。
- 让他感觉一切尽在掌握中。
- 开头很糟糕！我要尽量保持客观，不要让人感觉消极。
- 具体点儿，直接点儿。把事情原原本本告诉他。勇敢点儿。
- 开始的时候乐观点儿。
- 保持积极乐观，不要用力过猛。否则我们不会达成一致。
- 开始的时候乐观点儿。尽快开始谈正事。
- 要说“我们”，让他感到自己参与了决策。（一会儿后）这是艰难的部分，别受他干扰。
- 你不能否认，这是事实。
- 你可能认为我夸大其词了。
- 如果我们不这么做，总裁会要了我们的命。
- 他们认为我满口胡言，他们正在告诉我他们认为我想听的话。

随后发生了下述对话，在下述对话中，我们用 JY，也就是教员，来代表阿吉里斯；用不同字母代表不同的参与者，比如CA代表参与者A，以此类推。

JY：对于上述左栏中的内容，你们有什么需要回应的吗？

CA：如此显而易见的事情，为什么他的理解和我不一样？为什么对方如此盲目，有如此强烈的防卫？

JY：因此，你承认人们会给自己下命令，如小心点儿、放轻松等。我们似乎是在劝自己，如“不要过分防卫”。

CA：我浏览了一遍，发现它们其实都可以归为防卫表现，只是形式不同罢了。这就是生活吧。

教员的评论：这种回应位于推理阶梯的高位，需要给出更直接的可观察的信息。干预措施可以制定得更具体一些，例如：“我想要知道你说的‘这就是生活’是什么意思，你能说得更具体一点吗？”

参与者 A 的回应隐含了 I 型使用理论的规则，也就是为了保持控制，不表现出情绪或防卫。如果你感受到了情绪或防卫，那就掩饰起来，并表现得似乎没这回事。

CB：这里似乎存在三方：我、你、我们。“我和你”各占 50%，保持均衡，而“我们”似乎隐而不显了。或许大多数人都没有理解，这里的你、我两个人是一个整体。

JY：我正在思考 B 的话，不知道我理解得对不对，请允许我证实一下。“B，我认为你的意思是：‘我看了其中的大部分对话，它们似乎要么聚焦于我，要么聚焦于你，而没有多少聚焦于我们，没有关注整体。’那么，你认为这个教室里有多少人跟你一样，也持有这种整体被忽视的观点呢？”

CB：你问他们。（笑声）

JY：你是在对我说“这是个不合理的问题”、“这是个合理的问题”，还是“你不想回答”呢？

CB：不，我不介意回答这个问题，但我认为显然对话各方都有自己的观点。下面我继续回答这个问题。我想说的是，大多数人遇到这种情境时都会试图用可控条件来界定它。许多时候，你想把它简化为最基本的东西。此处最基本的东西似乎就是你我双方，而不是一个小小的复杂的整体。据此，我怀疑这里存在一个情境变量：你要么感到自身立场带来的防卫性，要么意识到这是一个劝说性情境，于是你会立刻把注意力聚焦到对方身上，开始考虑怎么应对他。

教员的评论： 教员对参与者 B 试图传达的意思进行了归因和检验。B 解释了他关于案例撰写者或撰写者对另一方看法的评论，那就是他几乎感觉不到撰写者在试图与另一方进行对话。教员又询问课堂上的其他人在多大程度上认可 B 的看法。这是教员首次尝试开展一场对话，让学员之间互相评论。这样的要求可能看起来不太合适，而教员会检验这个归因。

JY：请允许我问你一个问题。你没有想到我会问你那些问题对吗？

CB：确实如此。

JY：好，我来复述你的观点，如果你觉得哪里不对，你可以纠正。你的意思是，“我们与他们”的对立真的不是一个好主意，应该尽可能成为“我们大家”，这样才能成为一个整体。

CB：是的。

JY：好的，那么你在多大程度上创造了整体感？当你做出评论时，在多大程度上遵循了自己的建议？

CB：不多。

JY：你什么时候意识到这一点的？

CB：在这段讨论之后，我才意识到。

JY：也就是说，这是在讨论之后才发生的，对吧？我们现在开始触及两个非常重要的事情：一个是，正如有人所说的那样，人们可能确实缺乏安全感；另一个是，他们可能过于简单化，错过了创造整体感的可能性。让我们记住这些，好吗？

教员的评论：教员想更直接地检验“干预措施出乎B的意料”这个归因。他进而想指出，B最初的评价也与“我们与他们”类似。因此，B在课堂上创造的正是他自己所批判的状况。

教员问B有没有意识到自己的行动适得其反，意在收集与熟练的失察相关的信息。教员也想表明，他们稍后还会对一些其他可能的解释进行讨论。

CA：通读左栏中的内容后，我认为它似乎缺乏一个独特的中心点。有些想法与我们的行为相关；有些和我们认为他人会如何看待我们相关；还有些我们不会说出来，因为不说出来似乎更恰当。

JY：好的，你说的这些话具体指出了3个方面。现在，我想问问大家，是否认为这3个方面都与学习相关，并且非常重要？

CC：我认为所有这3个方面都非常重要。

JY：你认为是什么导致人们对这些想法和感受无法宣之于口，不去开诚布公地谈论？

CC：人们往往认为，公开谈论反而会带来更多麻烦。

JY：好的，那人们怎么才能认识到，把想法藏在心底也会带来麻烦呢？

CD：我认为这有赖于人们的生活经验。人们往往基于自己以往的经验教训来参与讨论、谈判或学习。并且如果先前有过某段经历，但没有实现目标，那你就必须进行回顾和反思，以便下次总结经验、吸取教训。你会说：“哦，我下次就不会再做这样的选择了，我会试试其他选择。”

JY：是的，而且我们的研究也可以作为经验。值得注意的是，当前（这个项目中）的所有学员有 150 人，他们来自不同的国家，具有不同的背景、性别等。但为何这些有着诸多不同的人似乎拥有相同的经验和相似的应对方式呢？那么，这又会对组织产生什么影响呢？

教员的评论：这是一个机会，也许能提醒参与者，他们写在左栏中的内容包含他们认为对学习而言非常重要的信息。一旦参与者注意到这一点，教员就可以抛出下一个问题：是什么因素导致人们刻意回避他们认为对学习而言非常重要的信息？

参与者给出的答案与 I 型使用理论高度一致。接着，教员提出了这个问题。参与者的回答非常具有启发意义，因为它证实，正是由于多年来在组织内的互动中体会到了风险，所以参与者已经学会了隐瞒自己的想法。

教员借此机会指出，他们提交的所有案例中都有类似的担忧。此外，参与者代表着不同的文化价值观、背景、组织，以及管理岗位。

JY：好的，我再补充一点。我发现，你们提交上来的评论可以分为 3 类。第一类是倡导，比如"放轻松，不要过分防卫"或者"保持积极乐观；具体点儿，直接点儿"。这些都可以说是你们给自己下的命令。第二类是归因，比如"他们正在告诉我他们认为我想听的话""他会倾听，但不会做出承诺""要说'我们'，让他感到自己参与了决策"。第三类是评价，比如"他不能理解显而易见之事""她怎么回事儿"，等等。

你们会认为案例撰写者是在检验他们的归因与评价是否有效吗？（不会）

好的，有没有不同答案？（沉默）

现在问题来了：如果我们对学习感兴趣，那么左栏中各种形式的未经检验的观点对学习有多大帮助呢？如果你做了一个未经检验的陈述，那么你认为当接收者听到这个未经检验的评价或归因时会做出什么反应呢？

CE：拒绝。

JY：除了拒绝，其他人还有什么看法？

CF：质疑，固执己见。

JY：质疑，固执己见。现在，我们得到了3种答案：拒绝、质疑、固执己见。假如接收者像在座诸位一样会如何？他会做出什么反应？我认为，接收者也会把自己的反应写在左栏。请大家注意一个正在浮现的事实。关于我们认为自己正在隐瞒的信息，其他人实际上已经开始做出推断，比如“哦，他正在质疑我”或者“哦，他正在做出评价，他固执己见”等。

CA：他心里可能有怀疑。

JY：是的。

教员的评论：通过这些干预措施，教员可以开始阐述，I型使用理论的行动策略如何导致自我强化的有限学习，以及反过来，如何导致当事各方对彼此做出自我实现的预言。例如，教员通过干预表明，恰恰是案例撰写者故意掩饰的信息会令对话的另一方进行推论。因此，那些我们自以为掩饰得好的信息其实并没有真正得到掩饰。

教员可以借此机会表明，个体之所以会对接收者的反应做出那样的推断，是因为他们自己就做出过这样的推断并精心设计过此类掩饰。

CF：顺便说一下，当你得出结论时，这一点非常重要。进行了这么多探讨，我不禁想起让·保罗·萨特（Jean Paul Sartre）的名言：“他者即地狱。”他的意思就是人与人之间存在明显的隔阂。以我自己为例，我会先问自己：“我和其他人的相处方式对吗？我的信息准确吗？”人与人沟通时必须有一定的同质性基础，这样当你分享某件事时才会是一种共同学习。

当你推动这个过程时，应该也仔细解读对方的回应。我认为这是一个学习过程，沟通双方都应该学会适应不同的过程。这个过程非常重要。

教员的评论：F 的评论表明了他的学习倾向，因为他会问“这种方式对吗？我的信息准确吗”。这些描述通常体现了信奉理论，其目的是掩饰说话者在面对令人尴尬或具有威胁性的对话时，所采用的 I 型使用理论的特征，这种掩饰甚至针对说话者自己。

为了检验这种情况发生的可能性，教员建议进行角色扮演，让其他参与者假装评价 F 的想法存在错误。

JY：假设你有一个想讨论的问题，而我不同意你的观点。

CF：好的。

JY：（开始角色扮演）我认为你错了。我认为数据有问题，所以你提供的信息有误。

CF：嗯，我可能确实错了，我会尝试面对你给我指出的新现实。

JY：太好了，但如果实际上你没有错呢？如果你认为自己正确无误呢？

CF：我会努力厘清自己的观点，并再次向你解释。

JY：你会怎么说呢？

CF：让我们一起来研究这件事。

JY：（对全体学员说）当你们听到“让我们一起来研究这件事”时，你们会在左栏中写些什么？

CA：胡扯。（笑声）

CF：请不要忘记，是我在主导这个过程。我将发挥领导作用，我会设法让他最终赞同我……（笑声）

教员的评论：于是，教员要求全体学员给出自己的回答。其中，发言的有4名参与者，没人选择相信参与者F。

请注意，当F直接受到Ⅰ型评价时，他的回应是向班上的同学声称他打算进行单方面控制（Ⅰ型使用理论的价值观）。

JY：在这种情况下，我怀疑学习能否发生。表示敬意的行为可能会发生，但学习不会，哪怕是检测错误的学习也不会。你认为呢？

CF：总而言之，我只是想强调我渴望学习。

CA：我相信你。我想把你的陈述归类为你的信奉理论的一部分。我认为此次角色扮演表明，如果他人对你做出某种程度的消极回应，你的行动方式就会不符合自己的信奉理论。你的使用理论妨碍了你自己和他人的学习。

教员的评论：F声称他是在以支持学习过程的方式行事，但教员注意到，当环境令人尴尬或具有威胁性时，他很可能违反了这种行事方式。实际上，由于F撰写的案例符合Ⅰ型使用理论，所以如果他表现得言行一致，那么就会证伪我们的理论。

请注意，当其他参与者说他们感到F在“胡扯”时，F立刻提醒大家他会掌控局面！这展现了 I 型使用理论的价值观，同时展现了信奉理论与使用理论之间的不一致。随后，教员开始审视强调“积极乐观”与“把消极情绪的产生和体验最小化”的价值观之间的关系。进而，他得以把强调积极乐观与“导致有限学习”联系起来，然后把这些回应与 I 型使用理论中的社会道德联系起来。

JY：撰写案例时，你们最常给自己下的一个命令是保持积极乐观。现在我开始认为，积极乐观是指以不让他人失望的方式行动，为此你们不惜隐瞒对学习非常重要的信息。为什么这样的做法会是积极乐观的？

CG：长期以来，我们已经了解到有些事能说出来、有些事不能说出来。我们有充分的理由去隐瞒一些事情。

JY：我同意，人们这么做有充分的理由。但我认为这正是人们面临的困境：出于充分的理由，你们学会了确保自己能隐瞒那些有助于人们学习的事情，但你们又说这是为对方着想。你们中有许多人可能都倡导学习，然而如我们所见，即使在理想情况下，这种学习也非常有限，所以你们陷入了一个两难处境。

CH：我猜，当你们在脑海中构思左栏中的评论时，实际上是在建立一个关于这次讨论的保护层。你们认为这是在保护自己不受攻击。

JY：是的，没错。

CH：但你们不会公开说出来。前面的谈话表明，你们期望对方能证实或改变你们的想法，所以在一定程度上，你们是想通过交谈来检验。你们不想公开说一些可能会伤害自己的话，但你们又想找到一个迹象来显示你们是错的或这些评论不正确。如果你们感受到这种迹象，那么就会把谈话引向一个不同的方向，并且或许你们会在谈话中开始变得更加坦率。

教员的评论：参与者开始解释自己的行动，声称自己是在按照早年习得的方式行事，并明确阐述Ⅰ型使用理论的价值观，如避免失败（保护同事）或自我伤害等。

教员认为他们的解释可能是合理的，但同时也可能导致不一致和熟练的无能。

JY：是什么因素阻止了你对他人说出这些话呢？

CH：哪些话？

JY：让我再来一次角色扮演。假设我按照你的观点行事，我可能会这样说：“如此这般，当我们进行对话时，我会留意你的反应。通过这些反应，我将推断出你对我的认同程度、防卫程度等。”你会这么说吗？

CH：不会。

JY：为什么不会呢？你应该做的就是说出自己内心的想法。我想到了精心设计的掩饰行为。任何时候只要你掩饰，就必须掩饰这种掩饰行为，这就是为什么你“不会”。这是一个困境。你想倾听，你想学习，你想检验、倾听、学习、再检验，可之后你补充道：“我永远不会对我正在倾听、学习和检验的人说这种话。”

CH：我明白你的意思。在我看来，似乎对话的两个人都必须明白这一点。

JY：是的，没错。你认为他们会吗？

CH：经验告诉我，我该回答“不会”。

JY：没错，我想强调你是对的，经验告诉你该回答“不会”。我说这些的目的是看看我们能不能改变这种经验。

教员的评论：参与者H对回避和掩饰策略进行了入木三分的描述：既想控制局面，又想避免惹恼他人。

借此机会，教员提供了另一个掩饰重要信息的例子，这些信息有助于实现真正的学习。参与者H对关心和乐于助人等社会道德的理解也始终遵循I型使用理论。

CJ：H想说的其中一点是，有时候你似乎不会说明自己将观察对方的肢体语言，因为你可能感到对方的理智没有达到你想要的水平……你可以从他们的肢体语言中了解一些东西……你可以更充分地体会他们的感受，而他们不会告诉你这些感受——当你要说的是他们不会成为下一任副总裁时，或者当他们有些崩溃时。你不会告诉他们原因……那是因为你认识到沟通方式中存在缺陷，所以中断了若干你尝试实行的沟通。

JY：J，我同意你的说法，但为了阐明一个要点，我想重新阐述一下你刚才说的话。你说："阿吉里斯，如果我们生活的世界和这门课所呈现的一样，那么非常重要的一点就是检验的时候须小心，比如可以通过解读肢体语言的方式，因此我们必须悄悄这么做。"

我想问的是，你为什么要构想出这样一个世界呢？我并不否认你说得对。我甚至认为你说得非常正确，但我得再次重申，我想强调的是我们正在创造的人类困境，因为它对所有组织都影响巨大。

你会越来越多地发现，你可以通过信息技术来获得所需信息。数年前，高管尚不能做到这一点。因此，掌握一项以真相为基本理念的技术是一个好主意。计算机专业人员会告诉你，如果输入计算机的是垃圾信息，那输出的也会是垃圾信息。然而，人们的困境在于一个不同的理论：在不具有威胁性的情况下，展现真相是个好主意，但在具有威胁性的情况下，真相就会被篡改、扭曲和掩饰。

教员的评论：教员开始提出下列观点：I 型使用理论与社会道德不应被视为理所当然和不可改变的。教员正试图为学员们展现另一个新的世界，一个能促进双环学习的世界。

CK：我认为，如果我在沟通过程中学会了自控，那这就是我能做出的最好成果了。

JY：你说的自控是什么意思？

CK：自控意味着，如果他人的话让我生气，我会对自己说：镇定，别争辩，要倾听，试着去理解，或许他说的有道理。如果我生气了，或许恰恰说明我是错的。通过保持自我控制和自我形象，我可以掩饰自己的情绪，并且别人的有些观点可以帮助我理解问题。

教员的评论：请注意，I 型使用理论的行动策略会让他掩饰自己的想法和感受。

JY：这是一个假设，我现在要求你们考虑另一个假设，它会限制学习。你冷静地坐着，非常自控，甚至可能用微笑来掩饰心烦意乱，而这会让其他人认为自己做得非常好。（笑声）这就是另一个假设。

教员的评论：这里指出了 I 型使用理论中的回避和掩饰行为带来的适得其反的后果。

CL：我正想问这个问题。人们会说些什么是否在某种程度上与谈话背景和可能造成的风险有关？我的意思是，如果我是一个要对某人进行评价的老板，当我们决定要朝着某个方向前进的时候，如果把左栏中的想法说出来有助于我达成目标，那么我就会这么做，不论这些想法是什么。但是，此处我们讨论的是评估风险和他人的反应。由于无法彻底控制实现目标的过程，因此你试图说服他按照你的方式行事。而你如何表述你的想法，如何在不制造隔阂的情况下得到对方的认同，这些与文化和其他背景有关。

JY：是的，但在我读到的所有案例中都已经产生了障碍和隔阂。我可能是完全错误的，如果有人想要揭露一个人的掩饰行为，我们可以看看其中的一些案例。但我要说的是，你的说法完全正确——要视情况而定，我对此没意见。但这门课程的重点在于了解一点：对于这样一种我们不希望存在的状况，我们在多大程度上对它的产生负有因果责任。

教员的评论：课堂参与者现在开始深入挖掘受到文化支持的回避和掩饰。在这个过程中，他们揭示了 I 型使用理论中深层的行动策略和价值观，他们也开始更坦诚地批评教员倡导和建议的观点。

CM：让我们进一步讨论真相问题。我认为你的意思是，只有在不具有威胁性的情况下，展示真相才是个好主意。

JY：没错，我就是这个意思。

CM：也就是说，当真相具有威胁性时，它就是不合时宜的。我不认同这个观点。我认为这只是你处理真相的方式，而不是真相的本质。并且有时候，更好的选择是不公开说出但也不公开否认真相。

JY：是的，在现实世界中可能确实如此。

CM：不把话摆到台面上，并不意味着对话双方就都否认真相。人们之间的对话往往具有多个层面。其中一个层面，通常也是比较肤浅的层面，即对话中一切都很明确。然而，我们通常也能清楚地理解他人没有说出口的话。

JY：你掩盖了那些话吗？在你自己经历过的沟通中，人们会把你所谓的

第二层面的话挑明吗?

CA：那要视情况而定。

JY：我想说的是，在你们撰写的所有案例中，那些话都没有被摆到台面上。

CM：但这并不意味着他们没有意识到或者不承认真相。真相就摆在那里，但由于明确地说出来就会造成一定的威胁，所以我们才变通地处理它。

JY：好的，因此我们可以得出结论：当环境具有威胁性时，我们应该变通处理真相。这条规则是否也意味着你应该把它明确化?

CM：噢不，社会规范不允许那样做，所以不能明确化。

JY：嗯，不仅是社会规范不允许，而且在座诸位学员也不会同意。你是对的，确实不允许。我想让你们想一想，正是它妨碍了双环学习，那我们该如何应对呢?

教员的评论：教员本该要求学员提供具体例子，但这个问题已经被其他人讨论过了。因此，教员选择强调 M 的观点得到了描述世界现状的研究的支持，并提出了改变世界的可能性。教员对 M 声称自己没有掩饰信息的说法表示质疑，指出所有案例撰写者都掩饰了这样的信息。请注意，M 是从社会道德角度提出自己的主张的。教员可以把这些主张与 I 型使用理论支持的社会道德联系起来。

CM：阿吉里斯，我的意思是说，在表面的对话背后存在一段隐含的或潜在的对话，它另有所指。对话是学习的一种形式。我前面没有明确这么说，但基本上是这个意思。在对话中存在隐含的学习，这种学习是未言明的，但它确实存在。

JY：我听出你的意思了。我想问，是什么因素导致人们不明说呢？

CM：为什么要明说？反正这样也可以学习。有人可能不同意我的看法。

CN：我不完全同意阿吉里斯的看法，不把真相明说出来未必会妨碍双环学习。我承认是有妨碍的可能，但有的时候，在隐含的层面上处理真相实际上会促进双环学习。

JY：你能举个实例吗？在什么情况下对真相隐而不宣是个好主意？

CN：当然可以。如果某种社会规范不鼓励以对质的方式坦率地沟通，那么我们就需要根据社会规范变通地处理真相，否则早晚会吃大亏。你可以在另一个层面上处理真相，人们会理解你正在按照规范行事。过段时间，这种方式就会奏效。

教员的评论：上述对话来自第一阶段的课堂记录。在后续的课堂中，教员可能会找机会利用 N 的分析。例如，学员会自由地进行建设性对质吗？N 对于不同文化的断言可能正在这个班级中发生，因为这里的学员由来自不同文化的高管组成。

JY：嗯，N，在你声称变通处理真相的方式会奏效的情境中，你所做的恰恰是我在提出自己的主张时尽量避免的事。我会尝试提供一些信息。你可能是对的，但我并不认同。现在我来告诉你原因，并且等你给出回应。当我们研究具有不同文化背景的高管时，会发现来自吉隆坡与来自东京的高管是不同的，来自东京与来自纽约的高管也是不同的。我们还发现，来自同一地区的公司之间的差异与不同文化背景中的公司之间的差异相比同样巨大。因此，你的概括不仅适用于不同文化背景的公司，而且适用于同一文化背景中的不同公司。现在，如果它适用于不同的公司，那么就不是文化问题了，因为纽约当地不同公司之间的差异，同吉隆坡的公司与纽约的公司之间的差异相比同样巨大。

还有第二个问题。我没有证据来证明你是错的，但你也没有证据来证明你是对的。我只是听见你这样说：“阿吉里斯，相信我，我知道这种方式有时候能行得通，但我不能……”这就如同说：“阿吉里斯，如果你能像我那样思考，一切就都没有问题了。”我不想赞同这条规则。我赞同的是用相关信息来说话，我所说的信息是指我在课堂上展示的那种或其他类型的信息。

CP：我不太明白。是否真的存在唯一的规则？在我看来，这些案例材料可以理解为，有时候如果我们揭露某些想法和感受，就有助于达成会议目的，有时候则不能。有时候这些感受对我们自己有帮助，但对他人没有帮助。

JY：我建议的规则是，在既定情境下首先检验归因。

CP：我们要检验什么，需要检验一切吗？

JY：嗯，当涉及与对他人进行评价和归因相关的重要问题时，我会检验一切。

CQ：我认为 P 的意思是，什么时候需要检验、什么时候不需要检验，它的基本规则是什么？并且我认为其中还有第二个隐含的问题，那就是如何检验。我确信并没有唯一的规则，你不必遵循它去揭露和检验一切。我还确信，我的评论对这次谈话没有帮助。（笑声）我的确是这么认为的。这一切取决于具体对象是谁，因为有些人能更容易接受你的想法，有些人却不能。你还必须足够聪明，才能够理解自己的处境。

JY：我听懂了，Q，请你考虑一下这种可能性……我要求你在这里学习的东西中，除了那些你似乎已掌握的技能之外，还有就是你需要知道自己什么时候该做，什么时候不该做。让我们来探索一下，当你决定去做一件事的时候，为了减少防卫反应，但又不能靠掩饰，你会如何做？

教员的评论：参与者 N 提出了隐含的对话能够实现双环学习的观点。教员要求他提供例证，然后把重点放在 N 在回应中表现出的两个特征上：第一，N 关于存在重要的文化差异的断言；第二，N 采用的自我指涉逻辑。这两个回应都体现了Ⅰ型使用理论。关于参与者的使用理论从Ⅰ型变为Ⅱ型时会遇到的挑战，它们也提供了一定的参考。提出关于检验的问题有助于教员开始界定若干Ⅱ型使用理论的规则，如检验归因。这进而引发了围绕何时以及如何检验的对话，同样，这两个问题对于从Ⅰ型使用理论转型为Ⅱ型使用理论至关重要。

CA：或许只是我自己存在这个疑问，但我无法理解这种抽象问题。让我们以你刚刚给出的示例（第 5 章中关于含混信息的例子）为例：要积极创新，但别惹麻烦。如何才能换种不同的说法，以便我能从你想要传达的信息中学习呢？

JY：让我试试。你挑选了例子的中间部分，但我想从第一部分开始，我想问一个问题："为什么我一定要这么说呢？"

CA：说什么？

JY：就是"别惹麻烦"；要积极创新，但别惹麻烦。我不想置身于一个我不得不说那些话的情境中，但如果我不得不置身其中，我会假设 M 是我的谈话对象，而且我认为我会对她说："M，我要向你传达一条信息，这条信息被公认为含混信息。其含混之处在于，一方面要积极创新，另一方面要不惹麻烦。我之所以向你传达这种含混信息，是因为我有一些担忧。"然后我会问她其他人是否也有同样的担忧，或者她认为这些担忧是否真实，等等。此刻，你们在左栏中的想法和感受是什么？

CR：我会在左栏中写下一条推测：她会被你刚说的话弄糊涂。（笑声）

JY：M，你觉得我的那些话让你有多困惑？

CM：当你刚开始说的时候，我感到很困惑，但加上后面的信息就清楚多了。

JY：大家注意发生了什么。我问 M："你的反应是什么？"她给出了一个我认为非常有用和合适的反应，类似于："阿吉里斯，你开头的几句话没什么用，但后面的其他话有用。"于是，我了解到了对我的学习有好处的信息。

教员的评论：哪怕回应经过设计，符合Ⅱ型使用理论，而且设计得很巧妙（在这个例子中并未做得很好，但其实可以做到），它往往也会让那些多数时候主要运用Ⅰ型使用理论的人感到困惑。当参与者 R 声称教员的评论令人困惑时，教员接着指出 M 的回应非常有用，原因是它能够让教员做出更明智的改变。

CS：如果你说："要积极创新，但别惹麻烦。"作为信息的接收者，这条信息会在我的左栏（笑声）提醒我，有些事情需要重点关注。

JY：哦，我想我有可能误解了你的意思。你是对的，我认为那恰恰是含混信息引发的结果。我不喜欢含混信息，我也不赞成含混信息，但我研究过的组织中到处都充斥着含混信息，所以我可能误解了你的意思。我认为含混信息不是个好主意，这就是为什么当你问我……

CS：我明白，那不是我所担心的。

JY：我换一种说法。通常当一个人给出一条含混信息时，让我用角色扮演的方式来演示一下吧。我们经常注意到的情况是，我们问："你明白了吗？"然后得到的回答是："哦，是的，我明白了，非常感谢你。"那些认为此处存在含混信息的人即使听到的是像我这样的表述，也会做出回避反应并说："哦，是的，我明白了，我会尽快给你回复。"他们隐瞒了对我而言非常重要的信息，也就是 M 传递给我的信息，她说我的话第一部分模糊不清，第二部分清晰明确。

第二堂课，面向检验和学习进行干预

与上一堂课一样，第二堂课第一阶段的讨论也从对话开始。结果表明，参与者之所以采取某种行动，是为了进行单方面控制，但又装作没这回事；同时，他们对他人的想法和感受进行归因，却避免对其进行检验（证明了 I 型使用理论）。

在这堂课上，我们得以比以往更早、更深入地挖掘从 I 型使用理论转型为 II 型使用理论的问题。我们首先审查了一条左栏的评论，也就是"撰写者似乎在积极地暗中布局"。教员在这种措辞中发现了若干悖论。第一个悖论是，高管们把单方面控制和积极联系起来，这说明他们认为这种控制是积极的，然而在他们撰写的案例中，高管们却抱怨其他人对他们采取的单方面行动产生了适得其反的效果。第二个悖论是，高管们说必须向对方保密才能有效地实施单方面控制的策略。教员问道，为什么一项对所有相关方都有利的策略需要保密呢？

教员的评论：教员本可以采取不同的策略，请学员给出具体例子来界定"积极"的含义。但这往往会导致其他学员质疑例子的"积极性"。于是，教员采用了自己先前的方法，该方法更能激发学习的潜力。例如，当个体试图以单方面行动的方式来进行双环对话时，群体能够更具体地审查由此产生的关于学习效果的悖论。教员提出了第二个悖论，以便开始对话，这将最终揭露单方面控制的策略的代价。

CA：高管们想要让一切尽在自己的掌控中。高管们不想让对方真的掌控一切，但他们却在努力让后者觉得一切都由他掌控。

JY：请注意这条规则："即使我不想让他掌控一切，也要努力让他有掌控感。"你能想到这个想法为什么会被写到左栏中吗？

CA：或许是因为他有些话不好说，所以并不想真正说出口。

教员的评论：参与者 A 的看法与 I 型使用理论的行动策略一致。

CB：在我看来，这些案例撰写者是为了掌控一切。他们不想其他人插手，他们想要控制局面，使局面显得积极。

我认为这些人不敢承担风险。他们采用一种相当保守的策略来建立共识，并保持积极乐观，但他们不允许他人插手。这就是我看到的行动策略。

JY：其他人有什么感受或想要回应的吗？

CA：在这些案例中，我们似乎在试图猜测对方的想法，而不是试着让对方坦率地说出来。我们做出某种猜测，并根据猜测的内容来制定行动策略。

JY：如果我没听错的话，你的意思是："我们对他人进行归因，但没有对此进行检验。"

CD：人们似乎对于将要发生的事情持有先入为主的观点，我想说，这可能是合理的，比如当对话发生在相互了解、一同共事的人之间时。我认为，为了获得想要的结果，暗中稍微布局在某种程度上是可以接受的。

JY：我想知道，你如何知道暗中布局是积极的？

CD：我认为暗中布局并不完全是贬义的，这样做可能是为了传达或营造有利于实现目标的环境。我猜测，暗中布局就是以尽可能切合自己观点或者至少有利于传达自己观点的方式来讨论某个想法或议题。

JY：如果你为了表现得“积极”而暗中布局，那么你会说那么做是为了其他人吗？

CD：当然不会。

JY：我希望探索的悖论是，为什么一项具有积极意图的策略需要保密呢？

CD：我认为这种事并不是第一次发生。它基于经验和以往的成功，这种经验和成功要么是这个人的，要么是另一个人的，过去肯定有过在协商时用到这些手段的情况。

（过了一会儿）

JY：让我总结一下：首先，人们推断出需要控制局面，并且要表现得似乎没有这回事。其次，从你的经验来看，这些人似乎有一种固执己见的感觉，并且他们不会去尝试检验。我想你没有用“固执己见”这个词，如果你觉得这样说不合适，请告诉我。最后，这可能符合现实情况。

CE：我认为这说明对话双方之间缺乏坦诚。

JY：你为什么把这个判断与这种做法符合现实情况的观点放在一起呢？

CE：从某种意义上讲，我认为两者可以共存，因为他们所说的话是已经形成的做法与防卫反应的延续，能够表明双方之间缺少坦诚，并且由此产生的隔阂已经通过这些说法得到了证明。只有双方之间更加坦诚地交流，才能打破这种隔阂。

CF：我认为并不是所有评价都体现了不坦诚，或许只有其中一两个是这样。

JY：请举一个体现坦诚的例子。

CF：“开始的时候积极点儿”体现了坦诚。

JY：如果这是积极的，那么为什么“开始的时候积极点儿”应该被掩饰呢？（它被写在左栏中）

CF：我觉得它没有被掩饰起来。我认为这个说法旨在激励自己，让自己继续积极地前进。它仅仅是一个提示，只不过是无声的。你不需要大声说：“我对此持积极态度。”

JY：请等一下。这么说有什么好笑的吗？有些人为什么会笑。在这些案例中，我最常看到的陈述就是“要积极”。然而，正如我们所看到的，最常见的结果却是消极的。我想问一下，针对我们自己，这表明了什么？

CG：我想这是一种表达习惯。一方面，你知道自己将要参加讨论，并且讨论的最终结果在另一方看来并不积极。另一方面，你不想用不诚实或缺乏尊重的方式来对待对方。开始对话时，你想要如F所言：“我要积极，不要拐弯抹角。”然而作为人类，我们知道自己最终还是会伤害对方。因此，我同意F的说法，这是一种无声的提示，可以提醒自己：“我不是有意贬低他。”我要积极地面对现实，并且我将不得不接受不愉快的结果。

教员的评论：参与者G的评论表明，I型使用理论的推理过程具有防卫性，然而高管们却认为它有人情味。实际上，G的评论指出：

1. 我们知道相关结果对某人而言不积极，但还是会与此人开展讨论，这是我们的常见做法。
2. 我们试图尊重对方。
3. 我们不喜欢拐弯抹角，但为了不伤害对方而必须这么做；

4. 我们不断提醒自己不要忘记保持积极。G指出，这是理所当然的。所有这些都符合Ⅰ型使用理论的助人为乐与关心等社会道德。

CH：虽然听起来这似乎是缺乏坦诚，但实际上，选择掩饰是非常自然而然的事。当我与别人开始交谈时，不必一开始就表现得积极。积极是我在谈话过程中会产生的内心想法，也就是谈话最终会是积极的。如果开始时内心就产生这种想法而不告诉对方，那你就是在表演。因此，一开始就表现得积极，会让人觉得这是一种表演，而不是现实生活。

JY：因此如你所见，这里存在一种故意的行为？

CH：是的，这是假的。

（过了一会儿）

CJ：那么，我为什么不能直接说，你可能真正需要的是控制这个或放弃那个？

JY：很有可能的是，如果我们过于直接，实际上很容易伤害他人。例如，你们中有许多人认为左栏中包含令人不安的信息。如果我们坦诚地说出那些观点，很可能就会惹得其他人不高兴。

CK：我不确定自己是否真的理解了这一点。文明行为需要遵循一定的行为规范。我认为这种掩饰行为并不都是错误的。如果我们需要与某人谈话，那就需要营造一个场景。我们现在的讨论就是在你营造出来的场景中才会发生的，否则你可能会惹出麻烦。如果你对其他人直截了当地说，他错了，你想要这样，或者你们将要这么做，抑或是他被开除了，那么你绝不可能交到朋友。

JY：这取决于什么样的做法是文明的。例如，如果文明意味着保全脸面，那么我不知道你如何在不说谎的情况下保持我所理解的、你所说的那种文明。让我来总结一下刚才的要点。如果我对你说“K，我要保全你的面子”，那么我就搞砸了。我想要变得文明，唯一的办法就是表现得似乎并未想要刻意变得文明。因此，K，或许我们的现实世界向来如此。现在或许是我们停止这么做的时候了，这就是我向你们提出的问题。在这个群体中，我们有许多采取文明行动策略的例子，在我看来，这些例子都造成了不文明的后果，但你的沟通对象也不太可能说出口，在你是老板的情况下尤其如此。

教员的评论：在第一堂课上，教员使用这些评论来表明按 I 型使用理论行事的高管面临的困境。一方面，他们小心翼翼地在心里展开对话，其中包含难以检验的评价与归因。另一方面，公开这些评价只会把那些不可检验的防卫反应摆到明面。由于左栏中的想法和感受的设计方式会引发防卫性，所以把公开它们定义为诚实、开放、坦率是毫无意义的。这里的根本问题在于，为什么高管们在处理此类问题时会这样思考。

除此之外，教员还指出，上述困境是由高管掌握和使用的技能造成的。他们为了表示关心与关怀而采取的娴熟做法可能会造成适得其反的结果。教员能够利用课堂对话来表明这种事与愿违的结果。

JY：我想问 K 一个问题。刚才你说了“我不确定自己是否真的理解了这场对话”或者是类似的话，接着你又对我说你很清楚地理解对话内容。那么，你这种做法是文明的吗？请问大家：“你们有没有人在心里暗想‘他一点都不明白’之类的话？”

CM：当然有。

JY：有人跟他讲过吗？

CM：没有，我们都很文明。

JY：从我问的这个问题可以看出，你们在践行自己关于文明的观点，但你们在这么做的时候并没有意识到文明问题，我这么说可以吗？你们并没有说“我这么做是要给这门课做展示”，这么说没错吧？

CK：我没有这样的想法。

JY：我们在此处必须仔细思考这个问题，因为如果我们掌握的信息是正确的，那我认为 K 并不是在操纵我们。他的行为非常熟练，以至于被认为是理所当然的，这导致我们失察。因此，失察是由熟练引起的。我稍后会再谈这个问题。当某些事被认为是理所当然的时候，人们就会不假思索地做出来。

CN：我同意 K 的观点。坦率地讲，K 所说的这些我并没有在这个课堂中听到其他人说过。我不会使用“文明”这个词，但当人们要进行一场艰难的对话时，就需要一个坚实的出发点。在这个出发点上，双方之间没有冲突之处，一旦事情失控，你就能回到这个出发点。但环顾整个课堂，我听到的是所谓“不坦诚”之类的论调。K 说的是，这不是不坦诚。我们需要的是一个可以返回的参照点，所以我认为 K 的意思与课堂上其他人的观点不同。

JY：你如何解释那些不同观点？

CN：我想你应该问他们。

JY：N，我能打断你一下吗？因为我想告诉你我问刚才那个问题的原因。假使你和 K 是正确的，而其他人不正确，那么你会如何帮助他们学习呢？因为有这样的想法，我才会接着说：“N，你如何解释那些不同观点？”

CO：我想也许有人会说，谈话的意图实际上就是说服对方，或者纠正他的错误，抑或是其他。或许他们没有意识到，他们在课堂上说的话意思是，为了达到目的，他们有时候不得不走不同的路，而不是直奔终点。我认为大家之所以会说他们不坦诚、太谨慎，是因为大家假定，他们必须直奔终点才是合理的。例如，我们一起进来，你坐下，然后你就被解雇了。

JY：我们来看看，M，那是你的观点吗？好的，目前她说不是，她不赞同该观点。咱们继续吧。

CO：我的看法是，在多数情况下，人们应该解释自己的真实想法或信念。当我想到这一层时，我认识到如果某些问题被说出来，那么相较于什么都不说，这样能够更快地互相理解和达成一致。在这种情况下，坦诚并不一定意味着一种道德判断，因为掩饰行为是无可厚非的。

JY：这可能是一种世界通用的技能。迄今为止，O，我认为你仍然不同意M的观点，对吗？

CO[①]：不一定。这要视具体情况而定，取决于你正在讨论的具体细节、谈话的性质，以及事实上你对谈话对象的性格与行为的评价。

JY：O，如果你听了自己刚开始发言的录音，我想你会听到自己说“没有视具体情况而定”之类的话。现在，你却说要视具体情况而定。请注意，你的推理发生了什么变化。在某一时刻，你似乎还比较清楚对于自己的话可能的解释是什么。当然，你没有说这就是解释。后来，M说：“我不这么认为。”你现在的观点就变得有条件了。既然如此，我能相信这种条件主义吗？或者这是所谓文明的一部分吗？

CO：我认为，这是文明的构成要素。

CP：阿吉里斯，我不确定自己是否理解正确，但如果我接受了一套行之有效的行为方式，为什么会想要改变它们呢？

教员的评论：这是一个至关重要的问题。通常，这个问题会由不同的人公

① 此处原文是A，但参考上下文应为O。——译者注

开提出来。当这样一种质疑的趋势形成后，教员会阐明这种趋势，并询问全班学员，在多大程度上，他们一旦接受了一套貌似行之有效的行为方式，就不想要改变它们了。

JY：我之所以想要你们考虑改变这种行为方式，原因就在于，身处组织高层的你们应该以鼓励双环学习的方式开展工作，具体来说就是为他人树立榜样。

CO：阿吉里斯，我可以向你讲述一种假设的情况吗？显然，你已经有了很长时间的授课经历，我相信你一定遇到过下述情况：某个学员说了某些极其荒谬和愚蠢的话，你会想："天哪，简直愚蠢透顶！"但你不会当面说："你刚才说的话简直愚蠢透顶。"这是不坦诚吗？

JY：你正在对我的想法进行归因。我可以告诉你我心中的想法，因为它体现了我想让你考虑的回应方式。如果某个学员说了些离题万里或者连离题万里都不算的话，我会对他说："我想知道你刚才说的结论背后的推理过程。"事实上，我会像对待其他学员一样对待他。

我希望你们思考的重点是，如果不假思索地在心里评价一种观点是愚蠢的，那么你们就创造了一种环境，该环境必然迫使你们以关心他人的名义做出不坦诚的行为。我希望你们思考如何养成一种不假思索地理解并检验评价的回应方式。

因此，我会深入了解他们的推理过程。我认为，如果我们不假思索地认为某些行为是愚蠢的，这种想法本身就会带来糟糕的沟通。现在，如果有人拿枪指着我，或者出现了一名恐怖分子，我肯定不会去探询，但我认为我们在此讨论之事并不是与恐怖分子合作或共事。我们正在试图实现双环学习。请记住，这就是目的所在。

教员的评论：随着参与者 O 的评论，谈话的方向发生了改变。他沿用教员关于恐怖分子的比喻来说明，他们中许多人已经并将继续在一个具备若干强烈的输赢和竞争性特征的环境中工作。在O看来，如果他们想要成功，这些特征就会导致推销行为。

CQ：我将真诚地说接下来的话，这不是一种质疑，而是一种观察。让我们继续讨论恐怖分子这个比喻带来的质疑。我们中有许多人都在层级组织中工作，我们可能工作顺利，我们有男有女，我们可能处于职业生涯的最后阶段，我们的岗位目标与恐怖分子的目标不同。作为一名中层管理者，我认为多数人在自己的职业生涯中都曾有过非常迅速的晋升经历。我认为这是事实，我们不仅是为了金钱，而且是为了有所成就。由于上述动机，我们倾向于成为变革推动者。除非处于一种非常容易接受改变的环境中，否则这些变革推动者经常会发现自己处于一种推销情境中。在该情境下，他们希望实现双赢。组织既能赢得胜利，他们也能获得满足感，因为他们会认为自己做了正确的事情。

JY：正是如此。

CQ：让我们回到恐怖分子的情境。在层级组织中，尽管并没有真正的“恐怖分子”，但在IBM公司、西尔斯公司（Sears）以及通用汽车公司，上上下下都有这种类型的管理者存在。他们不是倾听者。因此，我们阅读左栏的想法和右栏的实际对话时会发现，这些对话似乎是在推销某些情境，在这种情境中，变革推动者正尝试为组织做一些具有建设性的事情，但没有得到倾听。我们说这里没有“恐怖分子”，其实是暗示我们看不到的那部分对话，这部分对话的另一方是你的上司，而他的隐含意思就是，如果你继续推动变革，你的职业生涯就会面临风险。这种情境就和恐怖分子拿枪指着你的脑袋时一样，坦诚没有任何好处。

JY：你说得对。

CQ：这更容易导致不坦诚。我认为这是一个真正需要探讨的问题，因为我们正在回避该问题。

课堂实践的启发

本章阐述了如何使用左右栏案例法作为研究和教学的工具。通过分析上述对话记录，我们可以确定下列事项：

- 个体是否经常使用 I 型使用理论的行动策略，如进行归因而不加以检验？
- 个体是否经常进行防卫推理，如采用自我指涉逻辑，以及这些防卫推理有什么样的性质？
- 左栏中有许多撰写者认为真实且对学习非常重要的评论，这些评论是否经常被掩饰和隐藏，这些掩饰和隐藏的行为是否也经常被掩饰和隐藏？
- 个体是否经常使用看似具体，实际上却很抽象的概念，如积极？
- 个体是否经常会制造不一致，他人是否能经常发现这种不一致，有分歧的人是否经常意识不到彼此的不一致，以及不一致是否经常被归咎于某种文化适应？
- 在一个接近 45% 的高管学员来自不同文化背景的班级中，个体是否经常对文化差异做出断言却不进行检验？
- 课堂上的高管学员是否经常会做出他们批评的行为，以及他们在多大程度上意识不到这种不协调？

我们还可以进行二级与三级分析，例如：

- 自我推进过程是否经常发生，它们有多复杂，以及它们在多大程度上妨碍了个体学习？

- 为了学习，个体在多大程度上愿意探索悖论？
- 这些过程必须先得以揭露出来，然后再得以改变，从而使个体承认束手无策的感觉，开始学习如何使自我变得脆弱但又不会感到软弱。
- 三级分析的一个例子是分析课堂中组织防卫惯例的发展。这将要求课堂持续一段时间，至少 6 个小时。如果学员来自同一个组织，他们可以绘制一份课堂防卫的地图，并对课堂中的防卫行为与自身组织的防卫惯例进行比较。

如果把课堂作为学习，尤其是双环学习的环境，前文描述的每个方面都可以作为这种学习的基础。例如，在人际领域开展双环学习的第一步是意识到个体采取的 I 型使用理论的行动策略，比如：以妨碍学习的方式进行归因与评价、运用防卫推理、在实际工作中推卸个人责任，以及创建反学习的自我推进过程。

当参与者意识到错误时，他们就可以对抗并质疑教员观点的有效性，也可以提出具体的实用性替代方案。这些活动涉及的对话中充满了机会，可以帮助参与者学习如何开展对 II 型使用理论的探询。课堂也可以作为一个实践新技能的场所，促使参与者反思从 I 型使用理论转型为 II 型使用理论的相关要求。

最后，这样的课堂会提醒参与者，当他们试图运用新学习的技能时可能会遇到什么困难，它也会孕育关于组织安排的想法，这些想法会鼓励并强化参与者之间的双环学习。

第 8 章

一次全面的 II 型干预

ORGANIZATIONAL
LEARNING II

在第 7 章中，我们阐述了一个教学与研究过程，其间多位高管在教员的帮助下探索了从Ⅰ型使用理论到Ⅱ型使用理论的转变。本章我们将聚焦于一种综合干预措施，也就是帮助整个组织从 O-Ⅰ学习系统转型为 O-Ⅱ学习系统的干预措施。这种干预措施由阿吉里斯构建，1993 年首次公开发表时已实施了 6 年之久。到 20 世纪 90 年代中期，这种干预措施不仅仍被采用，而且使用范围日益扩大。

本章的这项研究之所以会开启，是因为受某家管理咨询公司的董事的委托，他们同时也是这家咨询公司的创始人和所有者。他们认为，公司内部可能会产生他们先前所在的咨询公司具有的令他们非常不喜欢的负面特征。他们还断定，这些特征可能会降低公司的咨询服务水准，在涉及双环学习的问题上更是如此。董事们相信，如果未来要为客户创造更大的附加价值，那么双环学习就会变得越来越重要。他们还认为，如果在管理公司内部运营以及与客户组织相关的活动时没有展现出这种学习能力，那么他们就不太可能为客户创造更大的价值。

阿吉里斯首先与董事们举行了一系列会议，以便设定相关角度并确定干预方向。在该过程中，董事们对学习表现出极其强烈的内在承诺。他们没有试图把责任全部都推给干预者，也没有弱化推进变革的愿望，更没有对将要研究的对象设定直接或间接限制。董事们表示支持公开发表这项研究的最终成果，并相信这样做有助于制定高质量的干预措施。

设计研究和干预措施

综合干预措施的设计源自我们的理论框架，具体包含下列 5 个初始目标：

- 了解董事们的使用理论与 I 型使用理论的匹配度。
- 了解董事们在处理令人尴尬或具有威胁性的问题时采用防卫推理的程度。
- 了解董事们心中的特定设计（规则），它们会使董事们意识不到自己的信奉理论与使用理论之间的差异。
- 了解董事们在多大程度上会阻碍对自身行动的有效反思。换言之，了解董事们是如何创造出自己以为自己在遵循却并未遵循的行动设计的，并且他们对这种不一致始终毫无意识，他们的行为还会阻止自己发现这种不一致。
- 了解组织中妨碍双环学习的防卫惯例。绘制这些组织防卫惯例的地图，详细指明具体行动，这些行动会造成有限学习结果，即使董事们希望避免这种结果，该结果也依然长期存在。

为了实现这些目标，我们不仅有必要诊断问题，而且需要进行再教育和变革。为此，我们必须做出以下安排：

- 就董事们的推理和行动提出相对直接的可观察信息。并且，董事们提供这些信息的形式（如谈话录音），必须有助于推断自己的使用理论。
- 鼓励董事们审视其行动背后的推理中存在的不一致和漏洞。
- 如果董事们认为行动设计与行动本身之间存在某种联系，那我们就会要求他们把自己认为“必须”遵守的规则明确化。

- 把任何干预措施引发的抗拒、困惑、挫折视为可进一步直接观察的信息，它们可以用来检验所学内容的有效性。
- 创造机会实践符合 II 型使用理论的行动，以减少适得其反的结果。

界定问题

在本案例中，公司 7 名董事以不同的方式界定了他们最初的问题。他们声称希望创建一个能够在组织内部以及组织与客户之间持续进行双环学习的组织。他们还想知道如何减少“钩心斗角”的现象，并认为该现象妨碍了构建真正的学习型组织。总之，他们想知道如何构建这样一个组织：在该组织中，双环学习不仅能够在平常工作中持续发生，而且能够在压力重重、令人尴尬或具有威胁性的情境中发生。

在首次访谈中，干预者试图确定董事们在多大程度上相信人们正在采取适得其反的行动，以及他们如何看待这些行动造成的组织结果。干预者也试图了解董事们对这些现象的因果解释。董事们的多数解释位于推理阶梯的高位，与可直接观察的信息相距多个层级。并且，由于董事们的解释与这些信息没有紧密联系，所以不可检验。例如，董事们的解释包含没有用实例来说明的归因，如“人们不坦诚”“最高管理层的集体决策非常糟糕”“拉帮结派造成了对抗”。

干预者面临两项主要任务。第一，针对董事们提出的多层次、不连贯的解释，给出一个连贯的、全面的、可检验的因果解释，它必须有助于设计和实施干预计划。反之，干预计划及实施结果也将有助于进一步检验相关解释。第二，概括总结如何打断和减少组织防卫惯例和熟练的无能，帮助董事与组织中其他层级的顾问掌握必要技能，从而可以在整个组织中以一种既能持续又能加深与扩展的方式传播学习。

立足于本书第二部分提出的理论框架，干预者董事们进行了访谈，以便了解他们各自心中对重要问题的因果解释。这些解释主要体现了他们的信奉理论。这些理论和观察到的实际行为可以转化为关于个体和组织行动理论的描述，包括信奉理论与使用理论两个层面。然后，阿吉里斯绘制了一幅组织地图，用来说明处理组织内钩心斗角问题的使用理论。这幅地图能够明确描绘出针对该问题的组织防卫模式，这种模式可以部分解释那些妨碍学习的活动存在的原因。

干预者将这幅地图反馈给了董事，目的之一是评估董事们在多大程度上会证实或证伪该地图的某些特征，甚至是整幅地图。干预者强调，欢迎董事们提出批评意见，具体有两个原因：作为一名研究者，干预者希望对自己的观点进行最严格的检验；而作为一名干预者，他知道变革方案的设计和实施在很大程度上依赖于这张解释性地图，如果地图有问题，那么他希望能早点儿知道，以便及时纠正。干预者不希望董事们隐瞒内心的怀疑，等到变革活动开始后再提出来。

反馈讨论会的目标

首次反馈讨论会有 6 个目标：

- 向董事们介绍从访谈与对各种会议的初步观察中了解到的情况。
- 鼓励他们证实或证伪以上调查结果。
- 着手在董事们之间、董事们与干预者之间建立信任关系。
- 为董事们选择要纠正的适得其反的活动，并计划纠正行动。
- 为落实这些纠正行为，计划所需的干预步骤。
- 计划干预步骤时，要协助董事们做出内在承诺，以便采取进一步的干预措施。这种内在承诺意味着董事们有动力推进变革，因为这样做本质上是值得的。

反馈过程与检验策略

无论使用什么方法来诊断组织的情境，无论收集什么信息，有效的反馈过程都具有 4 个重要特征：

- 材料应该得到整合，以便描述是哪些变量导致研究对象做出功能性活动或机能失调活动。区分这两种活动的基本标准是，它们在多大程度上促进或抑制研究对象发现和纠正重大错误，以及群体内部创新。
- 这些变量应该被整合为一种模式，以明确表明变量如何演变以及不同变量之间的相互强化如何造成了模式的延续。对这种模式的描述应该能够让我们预测相应的结果。
- 该模式应明确每位董事在创建和维护它时可能要承担的个人责任。
- 该模式应以行动地图的形式呈现，而地图提供信息的方式应该有助于参与者得出相关推论，从而让他们获得综合理解并能解释每项独特的个案。信息还必须有助于概括当前和未来的相关情况。除了为所有这些分析提供依据外，地图还应该可以通过反思式转移来体现出普遍的适用性，不仅适用于研究对象，而且适用于组织的其他部分和其他组织中的个体。

反馈过程应该有助于提供关于组织现状更全面、更系统的图景。更全面意味着，相较于个体或子群体的现状，它能反映更大一部分现实；而更系统意味着，它会明确描述导致自我维持模式的相互依赖关系。

为反馈讨论会构建的行动地图主要描绘相关的行动、策略、结果、主导条件，以及把这些现象以持续性模式联系起来的反馈机制与直通机制。实际上，行动地图会假设有一些因素推动了组织内部的学习和反学习活动。因此，所有行动地图必须尽可能频繁和彻底地接受检验。

检验地图的有效性可以采取下列几种策略。第一种策略是向参与者展示该地图，请他们证实或证伪某些特征。然而，研究者应该意识到，某些条件往往会使个体过于轻率地做出证实。我们已经发现，如果参与者相信行动的最终结果仅仅是研究某些知识，那么他们会非常愿意证实地图。他们不愿为了绘制一幅供学者在专业期刊上发表的地图，而把自己、同事及其所在组织置于危险境地。这并不是说他们会认可非常明显的错误，他们只是不大可能为了证明明显的错误而冒太大风险。但根据我们的经验，如果各种观点存在严重分歧、议题很“烫手”，或者议题涉及长期存在的组织防卫惯例，他们就不愿意进行证伪了。而正是在那些情况下，研究者会寻求开展一场合理的争论。

相反，如果参与者从一开始就认识到研究包含干预措施，这些干预措施旨在改变现状、打开令人恐惧的“潘多拉盒子”、消除他们为自我保护而建立的防卫推理，那么他们就更有可能坦承对地图的质疑。

第二种策略是根据行动地图进行预测。当研究者把预测告知参与者后，若参与者不认同，但结果最终证明研究者的预测是正确的，那就会产生一种特别有说服力的检验。例如，呈交给董事们的地图描述了组织内钩心斗角现象出现和长期存在的方式，董事们围绕该地图专门召开了一次热烈的讨论会，有人认为讨论会富有成效，他们将立刻改变各自的行动方式，而干预者及研究伙伴则预测，这一点无法实现。他们观察并记录了几次董事会会议，这些会议召开的时间位于反馈讨论会之后、为期两天的首次变革讨论会之前，所以能够用来检验这个预测。对会议录音的分析证实，地图中描述的防卫惯例仍普遍存在。

这些经历会让人们对下述常见的断言产生怀疑，即任何干预措施，包括要求人们填写正式法律文件或接受观察等，都会带来改变。根据我们的经验，只有当改变仅涉及行动策略而不涉及价值观时，也就是仅当改变与单环学习相关时，上述断言才可能正确无误。例如，人们可以帮助一位专断的、咄咄逼人的领导者表现得不那么具有侵略性，但当他感到尴尬或处于具有威胁性的情境中时，往往就会故态复萌。一旦个体面临中高强度的压力，往往就会捡起自己从未真正抛弃过的Ⅰ型使用理论和防卫推理。管理领域的各种噱头和时尚往往基于某些行为的改变，而不会涉及主导行为的价值观的改变。

第三种策略是预测改变现状的尝试可能造成的结果。如果变革要求组织改变那些被视为理所当然的行为，那么对地图有效性的检验将会更加可靠。我们能够越早明确变革需要的前提条件、会促进变革或阻碍变革的一系列行动、能够快速学习的个体或群体，以及开展这种学习所需的前提条件，相关的检验就越可靠。

这些具体说明源自我们直接根据地图中蕴含的知识来设计再教育项目的经验。例如，干预者及研究伙伴可以预测，除非董事们改变自身的Ⅰ型使用理论，向Ⅱ型使用理论的近似特征靠拢，否则他们为董事们构建的地图就不会发生变化。在向Ⅱ型使用理论转变的过程中，董事们必须破除僵化的Ⅰ型使用理论。研究者可以评估每位董事在多大程度上破除了僵化的Ⅰ型使用理论，并实践了Ⅱ型使用理论，还能预测董事们着手使组织中钩心斗角现象产生重要变化的可能性。请注意，这并不意味着该情境中的个体必须抛弃Ⅰ型使用理论的技能，因为这些技能可能仍旧适用于只需单环学习的常规问题。这也不意味着所有的新行为都是完全符合Ⅱ型使用理论的例子。实际上，许多兼具Ⅰ型使用理论和Ⅱ型使用理论特征的例子和许多完全符合Ⅰ型使用理论的行为的例子会同时存在。如果存在向Ⅱ型使用理论的切实转变，研究者将观察到的情况是，个体会认识到并反思自身的Ⅰ型使用理论的行为，或者在不妨碍学习的情况下表现出对这种行为的不适。

构建行动地图

绘制行动地图的第一步是确定其组成部分，第二步是根据各组成部分在学习系统中所起的作用来安排它们。对于整个模式所服务的价值观、其他组成部分的功能以及自身的功能，每个组成部分可以做出什么贡献呢？这些标准源自对“组成部分间相互依存”的操作定义，即每个组成部分与其他部分在多大程度上相互支持，以及它们在多大程度上促进或妨碍整个模式所服务的价值观。

要确定地图的组成部分及其可能的结果，我们需要立足于我们的理论。I 型使用理论和 II 型使用理论提醒我们审查行动的策略、结果以及主导价值观。这两种行动理论的模型都指明了行动策略的特征。I 型使用理论的行动策略包括以不鼓励探询或公开检验的形式对行动进行评价与归因，II 型使用理论的行动策略则要求以鼓励探询或公开检验的形式设计评价与归因。

我们的理论指出，符合 I 型使用理论的行为会导致防卫性后果，如自我实现与自我封闭的过程、不断升级的错误。我们的理论还指明了防卫推理与有效推理的本质。研究者可以学着运用这些概念来对相关记录和观察结果进行评分。

因果推理

我们假设，所有个体都会设计并采取行动以维护自己所处的世界。在这种条件下，有效行动都是那些不断产生预期结果的行动。这项要求中蕴含着一种因果推理：“如果我以这样或那样的方式行动，某些事情将会发生，另一些事情将不会发生。”以上述方式预测的因果模式将会在特定条件下持续存在。然而，与 II 型使用理论相比，I 型使用理论往往会要求通过因果推理产生一种完全不同的结果。由于 I 型使用理论要求具有保护性的结果，所以也要求进行防卫推理，而 II 型使用理论则要求进行有效推理，从而创造有效的学习结果。

如果行动者的因果推理能够解释其行动，并且我们的地图是一种行动、结果和价值观的模式，那么该地图就应该包含可识别的因果推理。例如，我们应该能够确定在创建和维护地图所揭示的模式时，在多大程度上采用了防卫推理或有效推理。

主导条件

正如我们已经表明的，有效的人类行动（个体的或组织的）都要求某种秩序，在这个前提下，特定情境中的即时行动才会成为可能。该秩序中的关键变量是不可违背的主导价值观。主导价值观既可以作为评价行动效果的标准，也可以定义行动的意图。例如，在这个案例中，董事们持有的关于组织行动的主导价值观是“为客户创造更大的附加价值”。因此，董事们使用的每个概念、提出的每项建议都可以根据他们关于附加价值的概念得到合理评价。此外，同样的概念也可以用来界定什么是不可接受的，比如以隐瞒重要内容的方式构建的分析和建议。

董事们的行动地图

基于同董事们的访谈和对数次董事会会议的观察，干预者绘制了一幅行动地图（见图 8-1）。该地图展现了各种因素相互依存的模式，这些因素包括主导价值观、一般行动策略以及多级适得其反的结果。地图还描述了导致该模式长期存在的反馈机制与通路机制。

董事们的主导价值观

所有董事一致认为，图中第一行中阐述的主导价值观是存在的。这些价值观支配着行动，所以无论设计什么行动，都要把它们考虑进去。行动不会违背价值观。如果出现了违背的情况，那么人们就会设计出进一步的行动来对此加以纠正。例如，除非有意改变一项或多项行动，否则这种违背行为就会被掩饰。

第二项主导价值观，即在人际关系问题上存在较低程度的尊重与信任，需要在此解释一下。地图展现了董事们的使用理论的主导价值观。在其他 5 种主导价值观的例子中，董事们信奉的价值观与他们用来指导自身行动的价值观高度一致。但董事们信奉的有关信任的价值观与他们用来指导实际行动的价值观之间存在较大差异，因此，正是在人际关系问题上较低程度的尊重与信任成了使用理论的价值观。

第二行询问的是董事们如何处理“棘手问题”（wicked problem）[①]，即那些令人尴尬或具有威胁性的问题，而不是温和问题。他们如何处理那些“烫手”的情境呢？

董事们的一般行动策略

地图中列举的 7 项一般行动策略概括了董事们对所谓棘手问题的典型处理方法。以董事们对彼此的动机和意图进行的归因为例，他们可能会说“某人以控制为导向”“某人的思考和行动受金钱支配”“某人为了获得想要的东西不惜操纵他人”。

董事们还对彼此处理棘手问题的能力进行了归因，并且都认为别人缺少这样的能力。此外，他们塑造归因的方式还预示着变化不太可能发生，比如他们会说“我了解某人，他顽固不化”，或者“相信我，真的，这在某人心中根深蒂固。他永远不会改变这一点”。这种推理是精心设计的，使得预测难以得到检验。董事们坚持认为，他们很清楚别人不会做出改变，这个预测是有效的，不需要进一步检验。

---

① 这个词最早由霍斯特·里特尔（Horst W. Rittel）和梅尔文·韦伯（Melvin M. Webber）提出，它指的是那些无法清晰界定的开放性问题。此处我们的用法与他们有重合之处，但也存在区别。

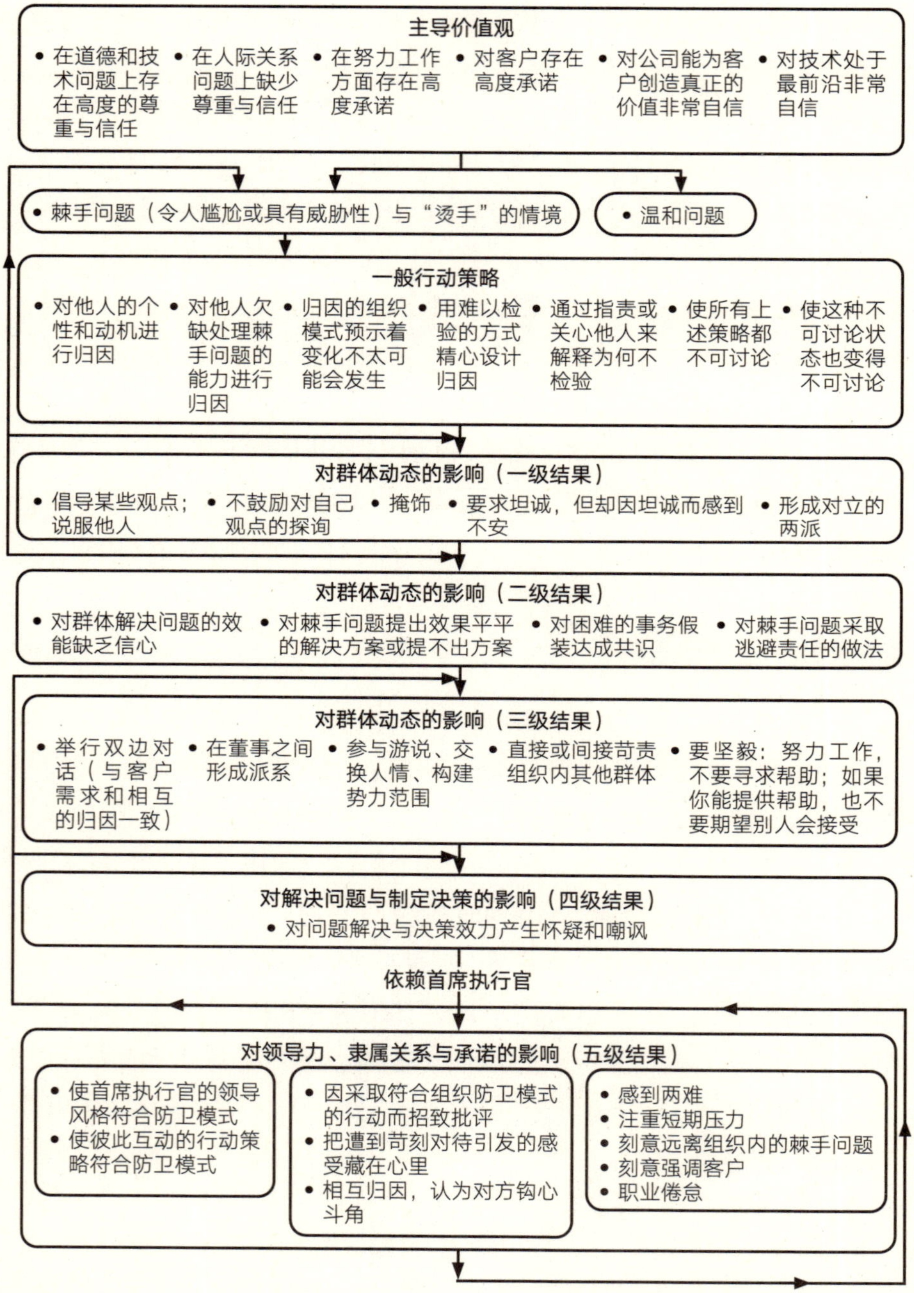

图 8-1　董事们的行动地图：一种组织防卫模式

当干预者问及董事们是否曾公开检验过自己的主张时，得到回答是没有。再问他们不进行检验的原因时，董事们回答不想激怒他人，以免打开“潘多拉盒子”或引发不良情绪。实际上，董事们声称，不公开检验归因是因为关心他人和群体，这就是设计因果。

通过上述方式，董事们使他们做出的归因及背后的推理变得不可讨论，进而使这种不可讨论状态也变得不可讨论。后一种行动策略之所以必要，是因为如果公开承认存在这种不可讨论的状态，他们就不得不公开所有其他归因和掩饰行为。

上述一般行动策略可能会妨碍对错误的发现和纠正。此外，这些策略会相互强化，从而促成一个反学习和过度保护的社会现实，而这种现实本身也得到了保护。

1. 对群体动态的影响（一级结果）

每当董事们开会讨论棘手问题时，他们都竭力倡导并说服他人相信自己的观点。由于他们采取不可讨论和不可检验的一般行动策略来精心表述和捍卫自己的观点，因此他们不鼓励别人对自己的观点加以探询。

董事们之所以这么做，是因为相信，自己身在其位，有责任表明观点。正如地图信息表明的，董事们清楚自己所在组织的规范支持反学习和过度保护行动以及对这些行动的掩饰。在这种情况下，谁愿意接受他人对自己的观点进行探询，谁就可能面临失败和被他人支配的风险。因此，董事们会回避这些问题并掩饰这种回避行为。通过对董事们的访谈和对数次董事会会议的观察，我们发现了一些掩饰行动，所以可以推断出回避与掩饰的惯例。例如，董事们声称，每当他们希望和别人坦诚交流时，自己要么会遭受“重挫”，要么会迎来一阵令人尴尬的沉默。这两种回应都令人苦恼，妨碍了进一步的深入讨论。

2. 对群体动态的影响（二级结果）

董事们的一般行动策略与一级群体动态相结合，导致了至少 4 种二级结果：

1. 董事们来开会时对自己能有效解决问题表现出信心不足。不过他们不会讨论这一点，因为这本身就是一个棘手问题。
2. 他们认为会议上提出的解决方案最终会效果平平。这种评价同样不会在会议中得到讨论，因为这也是一个棘手问题。会议结束后，董事们可能会私下找与自己持有相似观点的同事一对一地讨论他们的评价与归因。
3. 他们会假装达成共识。例如，首席执行官可能会说“大家都赞同吗”，“我认为，我们已经对此进行了充分讨论并做出下述决定……”或者“是该采取行动的时候了，谁来负责”，而个体会签字同意或接受任命去做具体的任务。首席执行官会表示团队成员付出的努力让他感到高兴，然后他们开始讨论下一个问题。但数周以后，大多数上述承诺却没有兑现。
4. 在面谈过程中，每个人都提到了上述情况。所有人都感到群体成员在逃避发现、讨论与解决棘手问题的责任。

所有这些结果都不可讨论，并且这种不可讨论状态也是不可讨论的；这些结果可以自我强化，同时强化前述价值观、行动策略和结果。

3. 对群体动态的影响（三级结果）

行动地图的这一部分列出了前几行的特征造成的组织结果，并且这些特征也可以在董事群体之外的环境中观察到。

基于对彼此的归因，董事们内部形成了派系。他们报告了在客户的组织和自己所在的组织中看到的这类棘手问题，我们也可以在他们的双边对话中观察到这些问题。董事们利用这些派系来为有争议的观点游说他人、交换人情

（“我欠你一次人情”），并构建自认为正当的势力范围。干预者既没有观察到，也没有听说过某位董事试图抢占他人的势力范围。构建势力范围与其说是为了扩大控制范围，不如说是为了建立防护墙，从而防止他人入侵。对某些董事而言，一个尤其苦恼的问题在于，首席执行官如何分配赢得新客户的线索信息。有人认为首席执行官偏心，而首席执行官则认为，他完全是根据自己对谁更适合为客户服务的诚实判断来分配的。

董事们自述，并且干预者也观察到，董事们都对所在派系内的其他董事多有苛责。如果高级顾问因受到其他董事的压力而选择与他们合作，那么也会遭到董事们类似的苛责。

最后，关于何谓“坚毅”，董事之间存在一种规范。坚毅的董事不会寻求帮助，否则防护墙可能会被攻破。进而，如果某位董事决定向另一位董事提供帮助，我们可以预料到后者是不会接受的。

4. 对解决问题与制定决策的影响（四级结果）

以上行动策略、群体动态与组织结果交织在一起，就会让董事们对群体解决棘手问题的能力与决策效力产生强烈怀疑。此外，他们也嘲讽那种认为无须外部帮助就可以推进变革的主张。

怀疑和嘲讽似乎是合乎情理的。每次行动和每个结果都会造成并强化回避与掩饰行为。这造成了董事们的过度保护，使他们不太可能发现并纠正重要错误，也不太可能制定出新政策，因为这需要对棘手问题的讨论。

5. 对领导力、隶属关系与承诺的影响（五级结果）

迄今为止，地图描述的价值观、行动策略与结果产生了一系列的五级结果。首先是对首席执行官的依赖。如果群体不能提供一套可靠的问题解决机制和决策制定机制，那么人们可能会转而依赖领导者个人。他们期望领导者的领导风格不会违背行动地图描述的群体防卫模式，这让领导者面临两难处境。一方面，如果他们的领导风格符合防卫模式，那么就会鼓励过度保护与有限学习。领导者的直接下属可以接着做出归因，断定领导者喜欢被依赖，因为这样一来，该领导者就能单方面掌控董事群体。另一方面，如果他们的领导风格不符合防卫模式，那么就会造成破坏性后果。例如，如果我们案例中的这位首席执行官决定把不可讨论的问题摆到台面上来讨论，那他就会面对一个因为这些问题而缺乏相互信任的群体，而且董事们已经学会了种种回避与掩饰的技能。如果要求他们坦诚，那么很可能会导致破坏性行动，因为董事们尚不具备相应的能力，于是坦诚讨论棘手问题的结果是造成更多棘手情况。

每位董事都会面临相同的情况。如果某位董事试图讨论不可讨论的问题，就会冒类似的风险，即造成适得其反的结果并被指责破坏现状。如果他的行动符合防卫模式，就会被指责为自我保护或保护势力范围。

在上述种种情况中，董事们感到自己遭到了苛刻的对待，并且由于这是一个棘手问题，所以他们把相应的感受藏在心里。首席执行官和董事们相互归因，都认为对方在钩心斗角。

这种彼此纠缠的两难处境反过来导致董事们感到两难。对于棘手的组织问题，无论他们怎么做，都会受到谴责。在这些条件下，远离组织内的棘手问题，转而注重短期压力，就有了一定的合理性。他们也会刻意强调客户，这不仅是由于“为客户创造高附加价值”是一项主导价值观，而且是因为这样做能将远离组织内棘手问题的做法合理化。

对董事们而言，最终的两难处境是，他们信奉的主导价值观需要学习型组织来强化，但他们又知道自己做出的每种防卫行为都会妨碍学习型组织的发展。

反馈期间的讨论

反馈讨论展开时，干预者首先介绍了地图第一行中的主导价值观。董事们非常赞同，这些正是他们所秉持的价值观。当他们被问及能否想到其他主导价值观时，有人回答不能，但他们后续仍然可以对该清单表示质疑或补充。

接下来，大家围绕着董事们不进行检验和指责他人的原因，展开谈论了一系列问题。干预者重点关注了系统的强制性以及董事们熟练的回避与掩饰行为，因为他想要表明，董事们的行为可以通过这些因素来预测，而不是根据他们未经检验的归因，比如他们说的某人以权力为导向或求胜心切。董事们的归因可能曾经有效，但并未获得当时的信息的明确支持。

通过这种方式，干预者阐明了想要董事们学会的行为和规则。例如，每当出现相互矛盾的因果解释时，人们应挑选那些与可直接观察的信息最接近的解释。并且，人们应尽可能不选择那些要根据可直接观察的现有信息做出推断的因果解释。例如，关于回避与掩饰的推断，可以通过对照实际行为的录音和董事们对此类事件的报告来进行检验。然而，检验以权力为导向的或求胜心切的推断需要的推理过程就复杂得多了，而且很难根据记录进行公开检验。这并不意味着后一种推断无效，而是说利用简单的推断结构来构建解释、检验预测、设计干预举措并推动变革是更加可取的。之所以说这样更加可取，是因为有效的解释越简单，检验就越可能得到严谨的设计，干预策略越可能完整可靠，推动变革所需的学习就越可能实现。

上述规则还有进一步的实用价值。始于可直接观察的信息的推断链条越短，实践者就越容易在日常环境中检验自己的假设。他们可以运用推理阶梯，首先关注实际行为，进而聚焦行为的意义，最后着眼于对行为的解释。例如，专注于检验归因或确定归因是否可以检验，这不太可能造成沟通障碍，但如果公开界定和解释以权力为导向、自卑、自负等归因，就会出现沟通障碍。

使用与言行相关的推断可以让干预者更容易教育客户——在本案例中就是董事们。例如，当问题出现替代性解释时，干预者可以公开声明自己的观点，并在阐释时展示他希望客户考虑的推理和技能。干预者不仅在反馈信息，而且在着手创造条件，如果客户愿意，他们可以选择学习如何为熟悉的问题构建新因果框架。

回顾以往，我们可以发现在组织内真正对学习感兴趣的群体中存在一种趋势，本案例中的董事们也表现出这种趋势。在谈话中，董事们最先关注的是与干预者理论立场相关的想法和问题，他们的聚焦点在于：技能如何导致人们陷入困境、人们对他人的关心如何被理解为冷漠无情、不可检验的归因如何导致自我封闭的结果，以及这些结果在董事们的工作体系中又如何发挥作用，等等。

干预者强调，即使董事们无意伤害他人或整个组织，但对具有防卫性的有限学习系统的形成仍负有因果责任。

接着，谈话主题转移到董事们试图找到的适得其反的行动的原因，他们认为原因来自组织外部，超出了自己的控制范围。董事们似乎认为，如果他们能找到这些原因，就可能摆脱困境，而不必把矛头对准自身的使用理论和个体的因果责任等内部因素。当干预者提出这些内部因素至关重要时，引发了一场实实在在的对其观点的质疑。或许干预者认为可取的实际上并不可取？或许他的主张是自我封闭的？谁说他的规范性观点一定是正确的？或许，董事们无法改变那些干预者认为应该改变的因素？难道问题不是出在他们欠缺技术知识上吗，有没有可能是由于客户压力带来的受困心态呢？

当董事们回过头审视个体的因果责任时，谈话进入了第三阶段。这引发了下文中的情境，其中展示了董事们会如何应对他们之间的钩心斗角。

一开始，首席执行官坦诚地反思自己如何建立派系，以及如何回应董事们的某些行动。这引发了对首席执行官和其他董事们如何对待彼此这一问题的更深层次的分析。首席执行官描述了自己的两难处境：如果他听信董事们的大量抱怨，就可能得出结论，认为公司面临严重困境，而他要负责努力解决问题；而如果他忽视董事们的抱怨，就会被董事们指责漠视或排斥他们。这会促使其他董事开始探索他们对首席执行官的看法。

然后，谈话转向令多数咨询公司苦恼的若干问题，包括如何评估顾问的绩效以及如何公平地分配客户资源。

这一阶段的对话鼓励首席执行官说出董事们的哪些行动会让他感到受伤害。干预者补充道，董事们可能也会感到自己是他们与首席执行官共同创建的系统的受害者。如果地图正确无误，并且该系统是自我封闭的和反学习的，那么这可能最终导致组织中的每个人都觉得自己是受害者。董事们都赞同这种观点。以下是当时的一段对话。

首席执行官：我也想讨论组织内部的钩心斗角与拉帮结派。在某些情况下，为了让工作取得实质进展，我也做过拉帮结派的事，我承认这样做不妥。但在你们真正需要帮助和讨论的场合，有时也需要借助于派系。而且，我发现有些人是无能的参与者。尽管我希望你们都能切实参与管理，但我学会了偏袒你们中的有些人。被我拉入自己一派的那些人不会让我为一个答复等上10小时，也不会让我觉得他们只关心私人问题。

吉姆：但这不是在进行归因吗？

首席执行官：没错，我希望这一切都能改变。我现在做的就是补充更多信息，并要求把这种改变列入工作议程……整体氛围非常糟糕，每当有人得到感谢时，他就会四处宣扬自己是如何给别人收拾烂摊子的。还记得我们的口头禅“闭嘴，回去干活”吗？这句话也可以理解为“别拿你的问题来烦我，你自己解决”。

戴维：我们能够盈利的一个原因是大伙儿努力工作。基于恐惧的工作理念是错误的，而团队合作的工作理念才具有积极正面的意义，因为这样的理念重视成就，让你感到值得为此付出精力。

首席执行官：在我看来，努力工作不是问题，因为人们热爱自己所做之事。我们三缄其口，不能互帮互助或者相互学习，这才是需要正视的问题。公司如何才能成为我们向往的学习型组织？我们如何才能帮助客户转型为我们声称可以帮助他们成为的学习型组织？

第一次讨论会的要点

反馈讨论会上讨论的议题分为两大类。第一类主要涉及组织内具有防卫性的、涉及有限学习的模式的各种特征及其相互关系。这个模式的第一个特征是其中充斥着不可讨论的归因，例如：

- 觉得害怕对抗并无不妥。
- 认为有限学习系统和钩心斗角是可接受的。
- 利用受困心态来自我保护。
- 拒绝客户。
- 利用技术知识来压制对方。
- 审视作为一名董事意味着什么。

- 拉帮结派，疏远首席执行官，并掩饰这两种行为。
- 描述彼此的逃避行为。
- 为谁该获得功劳而争论不休。
- 根据潜规则和交情来分配已知的客户资源。
- 要坚毅，绝不寻求帮助。

第二个特征涉及自我实现与自我封闭的结果，例如：

- 首席执行官感到处于两难处境，他会回避、掩饰并变得烦躁，所有这些都让他难以忍受。其他董事掩饰自己对此的感受，因此这些过程变得不可讨论。
- 董事们开展无效的讨论，然后把责任推给首席执行官，让他去采取行动。但他们又指责首席执行官采取单方面行动。
- 董事们采取了逃避的做法，这导致了更多的逃避，并且使这种逃避更加不可讨论且更加自我封闭。
- 董事们都自认为是系统的受害者，而这个系统是他们共同创建的。

第三个特征是系统悖论，如下所述：

- 回避与掩饰行为会巩固董事们构建的模式，也会阻碍公司愿景的实现。
- 参与会浪费大量时间，而且没什么价值。

第二类议题主要涉及董事们对整个模式及其影响的反思。首先是多重因果和循环：

- 个体会进行掩饰，而该模式会奖励这种行为。个体对机能失调行为负有责任，这种责任与该模式对这种行为的奖励之间存在一种循环关系。

- 产生紧张的原因在于棘手问题，以及未能妥善处理这些问题所带来的担忧、尴尬或威胁。

其次是高层的推断，即董事们把问题归因为有人动机不纯、以权力为导向、求胜心切，以及金钱至上。

最后是对假设进行检验的相关问题，例如：

- 机能失调的结果在多大程度上存在于所有组织中？
- 董事们在多大程度上能改变自己的使用理论和推理方式？他们在多大程度上希望这么做？
- 董事们在多大程度上可以评估他们作为个体和作为群体的效力？
- 董事们在多大程度上可以评估干预者的规范性观点和价值观？

关于整个模式的功能、模式的各组成部分以及模式对较低组织层级造成的可能影响，董事们提供了许多例证。在许多情况下，这些例证都得到了解释性评论的补充。例如，讨论会的大部分时间都用来谈论首席执行官的行为对个别董事和董事群体的影响。

反馈讨论也引导参与者描述他们认为自己如何受到该模式的伤害。他们所有人，尤其是首席执行官，都提到了长期存在的两难处境，并解释了这种困境是如何产生的。

随着董事们对该模式的展开讨论，某些为变革奠定重要基础的事情开始发生。首先，董事们证实，他们对彼此做出了消极归因，并且没有对此进行检验，也没有鼓励他人检验。董事们非常坦然地承认了自己的归因，这表明他们的意图并不像自认为的那么恶劣。此外，董事们似乎也比他们起初以为的那样更有能力讨论那些以前不可讨论的话题。

在干预者主持的反馈讨论会上，董事们对行动地图进行了深思熟虑、热情洋溢的探询，正是这种探询初步表明，地图中描述的过度保护现象确实存在，但也是可以改变的。结果，对于改变原先担忧的不可改变之事，董事们变得积极乐观。我们认为，这种观感方面的变化源自下列事实：董事们承认自己犯了错，这种坦诚引发了对这些错误的进一步归因，也就是"这些错误不可讨论"这一点被证伪了。此外，当每位董事为自己的行为给出理由时，这些理由在其他人看来都是有道理的。

反馈讨论会结束时，所有董事都表示受到了鼓舞，并对变革做出了谨慎、乐观的预测。这种乐观态度之所以是谨慎的，至少有两个原因。第一，许多董事都想知道，他们散会后会发生什么，尤其是当他们重新面对日常工作的压力时会发生什么。第二，正如干预者所指出的，为了使这种乐观态度可信，董事们必须采取并坚持新行动。在干预者看来，尽管董事们有意愿，但他们并未掌握相应的技能。

干预者建议召开第二次讨论会，也就是为期两天的变革讨论会，其具体目的包括：审视一般行动策略及产生该策略的使用理论、学习能够导致更有效行为的行动理论、实践这些信奉理论以便使其成为一种新使用理论，以及探索新使用理论能够带来的组织变革。董事们都同意举行这次讨论会。

第二次讨论会的要点

每位董事都按第 4 章所述的方式，以左右栏的形式撰写了一个案例。每个案例都受到了董事们的集体讨论，他们互相充当对方的顾问。所有案例都体现了我们在前几章中描述的Ⅰ型使用理论的特征。接下来，我们将概括这些案例及董事们的讨论是如何证实行动地图之前呈现的特征的。

第一，案例体现的行动策略都符合Ⅰ型使用理论。例如，每当撰写者尝试解释他人的意图时，下列行动就会出现：

- 对他人的意图和防卫反应进行消极归因。
- 归因没有得到公开检验。
- 对他人的绩效做出负面评价。
- 评价没有得到公开检验。
- 撰写者避免检验的公开理由是关心对方。

第二，案例体现了撰写者的掩饰行为。案例的左栏包含了撰写者对首席执行官、其他董事以及客户的评价与归因。在对话中，这些想法和感受没有明确地得到讨论，然而，它们对每个撰写者制定自身策略和展开谈话的方式至关重要。

第三，案例体现出组织的有限学习系统。对于这些被掩饰的关键问题，人们没有进行反思或讨论。此外，每个案例都表明，撰写者在自我保护，并且他们认为首席执行官也在自我保护，而资源分配系统中的根本问题则从未得到讨论。

第四，案例中体现了自我实现与自我封闭的过程。案例撰写者发现，分配系统与首席执行官的行为存在严重错误。他们谈话时，对基本问题能否得到解决心存疑虑。他们精心设计并审查谈话，以便掩饰自己的想法和感受，这导致通过谈话无法解决案例中指出的问题。此外，鉴于左栏内容的不可讨论性与对话的Ⅰ型设计方式，谈话双方不太可能认识到，他们对自我实现的过程及其存在条件的形成负有责任，正是这些条件导致该过程没有得到讨论。因此，他们的行动策略导致了把机能失调过程封闭起来的过程，并且这种自我封闭过程并未得到讨论。

案例中所有明显的机能失调都应该会导致地图中指明的无助感和逃避感。实际上，在为期两天的变革讨论会上讨论这些案例时，这些结果确实产生了。以下是讨论过程中的若干精彩情节。

拉里：在这次讨论中，我的观点和过去两年来类似讨论中我所持有的观点一样，那就是并非首席执行官阻碍了解决方案的出台，而是问题本身无法解决。

首席执行官：是的，我赞同案例中的谈话。我的想法和感受大致如下："为什么我们要费神讨论一些没有明确答案的事情？我们可以解决这个问题的一半，但我想知道，我们是否要讨论它没有答案的另一半呢？"

有几位董事公开承认了自己的无助感，并且承认自己能够采取的唯一策略是单独与首席执行官交涉，让他负责解决问题。这几位董事表示，他们在请求得到资源时会多报一些，以便留有余地，但表现得似乎没这回事。首席执行官也意识到了这一点，但故意对此不予置评。

首席执行官：我在左栏中写的是，我可能会被要求给你们每个人都分派18个员工，你们连他们的名字都写好了。

（稍后）我感觉我们的讨论毫无用处，因为你们顽固不化。

（稍后）每个人都倾向于使用夸张的说辞。因此，我不得不对你们说的话打个折扣，当然要表现得似乎没这回事。

戴维：（告诉首席执行官）你没有认识到你想要解决的问题正是你自己造成的吗？

首席执行官：（认为不是自己造成了问题）如果你们都认为我们人手不足，那么大部分问题都是你们造成的。你们这些家伙为什么不约束自己呢？

戴维：问题是，我们每个人都对规则持有不同看法。

首席执行官：我不这么认为。我一直忍着不对你们采用强硬措施，毕竟你们都是成年人，也是我的工作伙伴，我不会命令你们做事。反过来，如果你们想让我采用强硬措施，那么我只能辞职。

拉里：奖金计划的性质是什么？我们发放奖金的依据是什么？

首席执行官：我确实把奖金计划作为一个维持派系团结的政治手段。我一直相信，这些不可讨论的问题会引发剧烈动荡，因此我故意把事情弄得模糊不清。它的替代方案是集体讨论，但我一直认为这种方式会造成过于严重的破坏。

吉姆：金钱奖励只是次要问题，真正的问题在于自我价值和相对价值。我们不应该自欺欺人。

其他董事：（他们讨论了吉姆的发言，因为吉姆给公司带来的业务比其他人更多。有人认为吉姆傲慢自大、以自我为中心；也有人对此感到恼火，因为他们认为吉姆不仅获得了大部分优秀人才，而且抢走了最优质的客户。所有讨论都可谓开诚布公。）

吉姆：（表示感到左右为难）如果我得到一笔生意，我会受到谴责；如果我没得到，我还是会被谴责。我为公司拼命工作，结果却得不到认可。

约翰：我怀疑所有人都嫉妒你，而这种嫉妒让你得不到我们的认可。

在为期两天的讨论会期间，我们显然可以观察到不一致的行动。虽然大多数行动仍符合 I 型使用理论，但也有少数行动表明 II 型使用理论正在得到学习。I 型使用理论与 II 型使用理论的这种不平衡是干预早期阶段多数会议的典型特征。

上文转述的情节源自董事们对一个案例的讨论，其中涉及一位董事对一名高级顾问的评价。一些董事认为，他们不能从该案例中学到什么。他们做出归因，认为撰写者之所以选择这个案例，是为了回避关于绩效的难题，从而让自己的脸面更好看。干预者评论了这场讨论，表明了哪些行动具有 I 型使用理论的典型特征，具体见表 8-1。

表 8-1　干预者对讨论的评价

讨论的内容	干预者的评价
吉姆：我觉得这个案例非常有趣，但对我们的学习用处不大	倡议：没有实例，没有探询，没有检验
比尔：嗯，我问过阿吉里斯（干预者）了，他觉得可以	
吉姆：阅读该案例时，我会写在左栏中的想法（也就是未经审查的想法）是，你在避重就轻	评价：没有实例，没有检验
泰德：我也有相同的反应。我认为这是最安全的话题	评价：没有探询，没有实例，没有检验
戴维：我坚决不同意你们的看法	倡议：没有实例，没有探询，没有检验
吉姆：我还会在左栏中写另一个归因，那就是你讨厌被他人认为糊涂、软弱或胆小无能，你撰写这个案例旨在证明自己并非如此	归因：没有实例，没有探询，没有检验
戴维：我对这个案例一点都不吃惊，从政治的角度来讲，案例涉及的问题非常棘手，而他写的那个人是他的朋友	归因：没有探询，部分实例，没有检验

续表

讨论的内容	干预者的评价
拉里：我认为，比尔正学着不再糊涂	归因与评价：没有探询，没有实例，没有检验
比尔：你们认为我撰写什么案例更合适	
吉姆：（举了一个例子）	
比尔：我不记得那件事了	
吉姆：我的归因是，（当你提出这些问题时），你采取的形式好像在说：“医生，我有一个朋友有问题。”你在案例中的语气让我觉得，你正对案例中的那个人说：“我对你的行为有意见，我非常担心你。”当我读到这里时，我似乎在左栏中大声抗议：“这是一种回避。”	评价：没有实例，没有探询，没有检验 评价：没有实例，没有探询，没有检验 评价：没有实例，没有探询，没有检验
比尔：我同意第一部分，但不同意第二部分。我认为你错了	评价：没有实例，没有探询，没有检验
拉里：我对此次讨论的印象是，我们又在老生常谈。这不是我们今天才面临的现实，问题早就存在	

上述讨论主要体现了Ⅰ型使用理论的特征，但其中蕴含着学习的迹象。例如，吉姆质疑该案例的学习价值，并且几位董事也对案例避重就轻、有所非难，因为在他们之中正在形成一种规范，那就是这种案例对学习没有太大作用。

参与者因为注意到在此次讨论会之前左栏中他们的想法也会受到审查，所以开始逐步公开自己未经审查或者说左栏中的想法。当比尔问其他人觉得什么案例合适时，他似乎在寻找一个归因的例子。稍后，吉姆开始使用归因这个概念，他还透露了自己对比尔在案例中的描述语气的感觉，以及对比尔逃避责任的担忧。

最后，拉里表示讨论是“老生常谈”，这最终引发了一场关于该案例如何反映当前情况的讨论。变革讨论会结束时，董事们做出了积极评价。他们承认，想掌握期望中的能力还有很长的路要走。实际上，几位董事表示，他们现在认识到，这个项目确实具有延续性，或许永远不会结束。最后，他们决定投入精力、时间与资源来延续该项目。

进一步开展学习实验

在下一阶段，每位董事都制订了关于后续会议的计划，都挑选了一个对自己很重要且需要某些技能的问题，如果他们能够掌握这些技能，那么将来可用它来解决许多问题。这些会议都有录音，以供研究和教育之用。干预者利用录音材料分析董事们在学习方面的进展，董事们则用来反思自己的学习，并进一步磨炼自己的技能。

董事们挑选的问题为他们的技能带来了重大挑战，也延续了他们的学习。例如，两位董事审视了彼此之间的不信任问题，一位董事则质疑了首席执行官对于自身职责的根本承诺。董事们审视了自己公司所有者的含义，然后，首席执行官制订了一项得到董事们批准的新所有权计划。随后，董事们集体对首席执行官的绩效进行了评估。两位董事解决了他们都怀疑对方挖墙脚的问题。

对这些会议录音的分析表明，尽管 I 型使用理论绝没有消失，但董事们确实在努力开展符合 II 型使用理论的对话。

现在，干预措施正在向几个方向扩展。第一，在整个组织范围内召开与董事们参加的第一次讨论会类似的会议。第二，II 型探询和学习的理念正被纳入高级顾问和项目经理的培训项目。第三，公司正着手培养一批将成为公司内部变革推动者和教育者的顾问。第四，干预措施已经扩展至公司的客户关系层面。例如，该公司正在使用行动地图来描述客户行为领域的重要特征，也在设法绘制把行为特征与专业特征切实结合起来的地图。几位董事已经与高级客户共同设计并实施变革项目，这些项目类似于他们参加过的项目。

ORGANIZATIONAL LEARNING II

第四部分

组织学习的问题与挑战

第 9 章

组织学习的演变

ORGANIZATIONAL LEARNING II

在第四部分，我们将在更宏观的背景下探讨组织学习的关键问题。第 9 章介绍了自我们 1978 年版的著作出版以来，该领域两个分支的演变过程，概述了出现的争议问题以及相关争论。

第 10 章阐述了我们的行动理论对下列关键问题的解读：解释有限组织学习的现象，明确有效的学习的性质，评估组织在一致性、认知充分性（cognitive adequacy）[①]、有效行动方面遭遇威胁时开展有效的学习的能力，以及评价旨在提高组织学习能力的干预措施。为了考察上述问题，我们对一些著名研究者和干预者的著作进行了批判性分析。

在第 11 章，我们借助维姆·奥弗梅尔（Wim Overmeer）的研究，把这些分析扩展到组织学习和战略领域。

我们把关于组织学习的文献划分为两大分支：一个是面向实践的、规范性的"学习型组织"文献，主要源自管理顾问和实践者；另一个是持怀疑态度的"组织学习"学术文献，主要源自学术研究者。这两大分支有不同的主旨，吸

① 认知充分性是社会学术语，用于判断文化现象，若特定社会背景下的文化现象能够提供解决某些问题的手段，那么就具有认知充分性。——译者注

引着不同的读者，并且采用了不同的表达形式。不过，它们在下述关键点上也存在交集：哪些理念导致组织学习“可取”或“有效”；有效的组织学习所受威胁的性质如何；这些威胁因素能否被克服，若能，那么如何克服。

接下来，我们将分别概述两大分支中的主要思潮，并对若干争议问题展开探讨。

学习型组织的文献

尽管学习型组织文献五花八门，但都普遍认可一些基本理想：组织有适应性和灵活性，会避免稳定性陷阱，有开展实验的倾向，愿意反思手段与目的，以探询为导向，善于发挥人们的学习潜能以服务于组织目标，并且会营造有利于人们成长的组织环境。不同的文献作者往往采取不同的方式阐述上述理想，并各自把不同的问题作为实现这些理想的核心。

例如，戴维·加文（David Garvin）对于学习型组织文献的综述尤其关注系统性实验、“从肤浅知识到深刻理解”的转变、评价进展的“综合框架”，以及“打破边界以促进思想交流”。戴维·乌尔里克（David Ulrich）、托德·吉克（Todd Jick）与冯·吉里诺（Von Glinow）撰写的综述文章也强调，相较于那些经常沦为“无人问津的陈列柜”的示范项目，“从经验和实验中获得的教训跨越原有界限的能力”更重要，这些界限包括时间和地理边界、组织层级、职能部门，以及供应商－企业－客户价值链中的环节。他们关注持续改善、能力获取、实验法和跨越界限等主题，强调管理者需要把组织学习纳入战略意图，要衡量、监控、投入、公开谈论它，并赋予其象征符号，从而对组织学习的发生和推广做出明确承诺。

在这种普遍的假设和价值观背景下，根据关注的不同组织职能，不同的文献作者围绕学习型组织提出了不同的观点。文献作者们往往强调上述理想在各分支领域的区别，并专注于不同的理想实现方法。

社会技术系统

社会技术系统（sociotechnical system）起源于第二次世界大战后英国塔维斯托克研究所的研究活动，也被称为“工作生活质量”或“产业民主运动”。20世纪六七十年代，在埃纳·索尔斯鲁德（Einar Thorsrud）、戴维·菲利普·赫布斯特（David Philip Herbst）和他们的同事弗雷德·埃默里（Fred Emery）以及许多其他人的共同努力下，社会技术系统理论得以不断发展。随着时间的推移，社会技术系统的地位已经从边缘运动发展为完善的专业领域。

社会技术系统理论关于学习型组织的理念聚焦于团队中的个体，尤其是员工的集体参与，主张共同开发新工作模式和职业生涯路径，从而将家庭与工作结合起来。根据该理论，个体、员工及其主管能够且必须学会重新设计自己的工作，而管理者必须学会为此创造相应的条件。

组织战略

组织战略这一分支领域大约是在20世纪90年代中期，由商学院中的顾问与专家开创的，其基本理念源自一种军事隐喻：组织如国家，商场如战场。组织战略最初被认为是一种规划，旨在通过评估企业对市场、竞争对手、技术、材料和技能等方面的定位，来制定粗略的政策。随着该领域的成熟，其战略思想逐渐在政府和非营利性机构中普及，战略博弈的理念变得越来越流行。现在，人们正倾向于认为，有效的战略需要不断发展新理解、新模型和新实践。人们的关注点已经从制订计划转向执行计划，进而转向组织学习过程中两者的互动。

爱德华·鲍曼于 1994 年发表了一篇关于公司战略的文献综述，通过思考“组织中的人们如何……理解或部署决策过程”，追溯了该领域的智识发展过程。鲍曼全面区分了战略决策分析的“理性方法”与“自然方法”，后文奥弗梅尔关于战略与学习的讨论也把这种区别作为核心。鲍曼认为，理性方法主要是经济学家和管理学家在使用，它采取的是一种“观光旅游”式规划观，也就是事先安排好一切。自然方法则采用行为理论领域叙述的基于案例的方法，它描述的是一种“探险考察”式规划观，遵循“以一种习惯性的、逐渐显现的、试错的、学习的、同构的模式规划决策过程”。鲍曼主张将经济理论和行为理论整合起来，从而把理性方法与自然方法结合起来。

生产

20 世纪七八十年代，美国终于痛苦地认识到，日本、德国、韩国和其他国家已经对它构成竞争挑战。随着人们越来越关注持续改善产品质量和生产过程的需求，生产领域的作者们开始谈论学习。

例如，罗伯特·H. 海斯（Robert H. Hayes）、史蒂文·C. 惠尔赖特（Steven C. Wheelwright）、金姆·B. 克拉克（Kim B. Clark）合著的《动态制造》（*Dynamic Manufacturing*）以“创建学习型组织”为副标题，作者们认为学习型组织不仅适用于生产过程，而且适用于整个组织的绩效。他们声称：

> 有些企业既能快速学习新事物，又能完善原有的事物；能够富有想象力地、卓有成效地适应变化；并且因具有引领新领域的能力而受到竞争对手的尊敬。这些企业往往具有某些共同属性，而具有这些属性的企业往往自始至终表现出色。

经济发展

第二次世界大战结束后，经济发展领域的兴起同世界银行等国际发展机构的创设密切相关。该领域向来由经济学家，尤其是宏观经济学家主导，但其中也有几位具有广泛影响力的实践者，他们都强调国民经济发展依赖于各种机构的发展。

艾伯特·赫希曼所著的《退出、呼吁与忠诚》（*Exit, Voice and Loyalty*）一书就以“对企业、组织和国家衰退的回应”为副标题。赫希曼认为，所有这类机构本质上都容易以“高效、理性、守法、道德或其他功能性行为缺失”的形式退化。他关注两种主要的恢复机制：一是“退出”，即“一些消费者不再购买企业的产品或一些成员脱离组织”；二是“呼吁”，即企业的消费者或组织成员直接向管理层或更高的其他权威机构表达不满，或者向任何愿意倾听的人表达一般性呼吁。

这两种机制的基本模式都是发出信号和给予回应：消费者或组织成员通过退出或呼吁来发出不满的信号，而管理者予以回应。

赫希曼关注的恢复机制具有组织学习过程的许多属性：它们会对整个组织产生影响，在组织的全部生命周期中持续存在，并且涉及衰退、恶化或机能失调的发现与纠正。赫希曼关于组织、区域或社会发展的观点中包含一种深刻的社会学习理论，该理论在他作为经济发展顾问时期撰写的 3 本著作①中有清晰阐述。在赫希曼实践导向的规范性发展理论中，他的诊断与解决方案立足于“结构性驱动因素”（structural enabler），即可以迫使或吸引个体学习以做出有助于发展的行为的激励制度。

---

① 这 3 本著作分别为 1958 年出版的《经济发展战略》（*The Strategy of Economic Development*）、1963 年出版的《迈向进步之旅：拉美经济决策研究》（*Journeys Toward Progress: Studies of Economic Policy-making in Latin America*），以及 1967 年出版的《发展项目之观察》（*Development Projects Observed*）。——译者注

系统动力学

杰伊·福里思特（Jay Forrester）在 20 世纪 60 年代创造了系统建模学科，该学科的建立基于伺服系统与控制论，先后应用于工业和城市领域，最后扩展到全世界。近年来，该学科把研究转向了组织学习。彼得·圣吉（Peter Senge）是福里思特最著名的追随者之一，圣吉已经出版的《第五项修炼》（*The Fifth Discipline*）一书的副标题即“创建学习型组织的战略和方法”。圣吉把系统思考、组织适应以及挖掘人的潜能结合在一起，这种方法具有明显的乌托邦色彩。一方面，他断言“组织学习的速度可能成为竞争优势的唯一可持续源泉”；另一方面，他设想在学习型组织中，人们会为了创造自己真心渴望的成绩而持续拓展能力，各种开阔的新思想会得到培育，集体的热望会得到释放，人们会不断地学习如何共同学习。

圣吉采用的规范性方法结合了系统动力学方法论和基于我们的行动理论观的特定思想，尤其认识到了组织实践者“心理模型”的重要性，其中包括促进或妨碍对组织过程进行可靠探询的模型。

人力资源

自 20 世纪 90 年代以来，人力资源领域的作者们开始提及学习型组织，强调为了组织的利益应发展人们的质疑、实验、适应与创新能力。该领域著作的特点是，强调组织内个体发展机会的增加与组织竞争力的提高之间存在相辅相成的关系。

例如，英国华威大学（The University of Warwick）研究人员艾伦·M. 琼斯（Alan M. Jones）和克里斯·亨德里（Chris Hendry）的文献综述便立足于培训与发展领域中“渐进方法”与“根本思维转变”之间的关键区别。他们设想了一个向后者“转变”的阶段，其间“学习聚焦于管理个体变革与自我评估”，管理结构趋于扁平化，管理者变得更像教练，思想家和实践者相互合作，每个人都学会对问题追根溯源而不是相互指责，“整个组织因为个体参与而愈加投入”。超越这个阶段后，两位作者还描述了一种尚未实现的“转型”理想，到时候人们会优先关注社会的总体福利，审视组织以既有形式存在的原因，并把组织视为“一种因其价值观而值得珍视的生活方式”。

组织文化

在当今的组织实践者中，“组织文化”一词的流行程度不亚于“组织学习”。管理者如同谈论“我们这种人”一样熟练地谈论“我们的文化”，且丝毫不觉得其中有什么问题。埃德加·沙因在《组织文化与领导力》（*Organizational Culture and Leadership*）中对组织文化的含义进行了最细致的分析，该书第二版更是把组织文化与学习型组织的理想联系了起来。沙因认为，在一个动荡、变革的世界中，组织必须更快地学习，这就需要营造一种学习文化，该文化作为“一种永久的学习系统”发挥作用。当今组织领导者的首要任务是创造并维持学习文化，这种文化会反过来塑造领导者自身的假设，在成熟组织中尤其如此。

沙因把领导力定义为“审视和管理文化的态度与动机”。他把组织视为群体，并把组织文化作为群体共享的基本假设模式来进行分析。通过解决适应与整合的问题，人们可以获得这种模式，因为它运作得“很好，所以被认为是有效的，并可以被传授给新成员，作为他们认知、思考与感受这些问题的正确方式”。在组织学习过程中，群体成员头脑中的基本假设会发生转变。学习型领导者的任务是帮助组织成员“获得一定程度的洞见、产生改变的动机”，以促进这种转变。

学习型领导者必须评估组织文化是否妥当，发现其机能失调之处，并促进其转变。他首先要把自身的基本假设转变为“学习假设”，然后在组织文化中培育这种假设。其中最重要的学习假设是：人们想要做出贡献，并且在这么做的时候会受到信任；人们应承认自己的无知，成为一名学习者，并尽力让他人也这么做，从而普及学习的责任；“学习的过程最终必须成为文化的构成部分”。通过构想和交流愿景、奖励组织中代表期望假设的小群体，以及倡导文化多样性等举措，领导者可以营造并培育一种学习文化。

此类行动是沙因所谓“管理文化”的主要部分。他相信，文化变革是可以得到控制的，不过他也认识到这取决于假设的转变，转变后的假设能够有效地适应外部环境，并在内部环境中创造“舒适感”。沙因并没有解决这些管理策略之间可能存在的冲突，如传播某种愿景与承认自己的无知之间的冲突，也没有探讨转变后的假设无效时会发生什么。

沙因似乎意识到，管理一种文化会经历少许的内部冲突，因为文化通常被视为不断发展和演变的，而不是可以直接控制的对象。同时他试图指出，一个组织的文化可以由领导者塑造，也可以发生演变，从而回应内外部环境施加的选择压力，并且在它已不再有作用时仍可能持续存在。在某种程度上，沙因试图通过引入组织生命周期中的不同阶段来调和这些命题。尤其是，沙因认识到一个成熟组织的文化可能包含一些机能失调的、被视为理所当然的基本假设，这些假设是以往成功的产物，它们“像无声的过滤器一样过滤人们的感知和想法”。例如，他说过：

那些公开的、用来解释组织解决方案（如全面质量管理）的信奉价值观，通常隐藏了实际上妨碍我描述的那种学习的基本假设。

当一种文化变得机能失调时，学习型领导者必须谨慎地“审视内心，在采取行动之前确定自我的心理模型与基本假设”。为避免“无意中破坏自己的创造”，领导者必须培养自己对无意识冲突和有意识意图的洞察力。而顾问可以通过下述方式帮助领导者培养这种洞察力，即“帮助领导者理解自我以及组织正在发生之事”，发挥“文化心理治疗师”的作用，帮助领导者搞清楚“文化是什么以及其各个部分的适应性强弱”。

然而，沙因并未完全理解“为实现学习型组织的理念而管理一种文化”这种思想中固有的悖论。他更关注组织文化中固有的“寻求稳定”这一特征带来的危险，而没有批判性地、直接地关注文化的可控性问题，即文化受设计因果支配的程度，也没有具体说明如何将诸如无知、信任他人、“人性的 Y 理论假设”[①]等学习假设传授给人们。沙因主要通过所谓的“文化谦逊”（cultural humility）[②]的概念来解决文化管理的局限性问题，因为他认识到文化在一定程度上受领导者无法直接控制的强大力量的影响。

一方面，诸如沙因、圣吉和社会技术系统的理论学者关于学习型组织的著作做出了重大贡献。他们描述了各种类型的组织学习，提供的解决方案发挥了一定的作用，可以作为各种组织结构、过程与条件的指南，从而促进有效的组织学习。以下是这些解决方案的例子：

- 扁平化、分权化的组织结构；
- 能够快速、公开地就组织整体及其组成部分的绩效提供反馈的信息系统；
- 揭示和批判组织隐含的行动理论的机制，以及培养系统的实验性探询项目的机制；
- 组织绩效的衡量标准；
- 旨在促进组织学习的激励体系；
- 与这些衡量标准相关的思想体系，如全面质量管理、持续学习、卓越、开放、跨边界管理。

---

① 假设员工有创造性、享受工作、愿意承担责任、能够自我指导。——译者注

② 沙因指出：“为了促进跨越亚文化边界的交流，领导者需要保持文化谦逊，以及感知亚文化差异并尊重它们的能力。”——译者注

另一方面，学习型组织文献没有注意到持怀疑态度的组织学习学术文献所强调的不足之处，具体包括：忽视了组织学习理念造成的分析困境，把组织学习的好处视为理所当然，没有重视那些威胁到组织学习有效性或效用的过程，忽视了实施过程中可能遇到的困难以及妨碍实现学习型组织的理想或导致相关尝试夭折的现象。

上述不足和困难的根源在于造就了有限学习系统的组织行为领域。学习型组织文献的作者们往往聚焦于一级错误，这些错误可归咎于错误的或不完善的行动策略和假设，实践者通常会发现并尝试纠正此类错误。同时，这些作者会选择性忽视源自组织设计的二级错误，这些设计使人们始终意识不到导致一级错误产生和再现的行为现象。例如，我们提到过的防卫惯例、含混信息、关键问题的不可讨论状态、控制与欺骗博弈、组织的掩饰等。正如我们在本书中所要证明的，反思这些现象及其背后的使用理论，对解释组织学习的局限性以及设计能克服这些局限性的干预措施至关重要。

组织学习的学术研究文献

组织学习学术文献刻意远离实践，具有非规范性特征，坚持价值中立，聚焦于学习型组织文献忽略的下列问题：组织学习的含义是什么，组织学习究竟如何才能具有可行性，哪种类型的组织学习是可取的，对谁而言是可取的，实际发生的可能性有多大？研究组织学习的学者们通常对这些问题持怀疑态度，他们的怀疑主要涉及 3 个方面：

- 组织学习概念自相矛盾、似是而非或者没有任何意义。
- 虽然组织学习概念有意义，但并非始终有益。
- 无论是在原则还是实际上，现实组织都未必能有效地学习。

组织学习自相矛盾

如第 1 章所述，如果我们一开始就假设个体是唯一合适的学习主体，并且也知道当我们提到个体学习时的具体意思是什么，那么我们很可能会对组织可以学习的观点感到困惑不安。事实上，杰弗里·维克斯等研究者已经提出，如果“组织学习”这个术语有意义，那它就是指碰巧在组织环境中发挥职能的个体在学习。从这个视角看，说一个组织在学习就是犯了哲学家吉尔伯特·赖尔（Gilbert Ryle）所谓的“范畴错误”（category mistake）。

然而，即使粗略浏览近期的文献，我们也可以发现，20 世纪 90 年代，人们把组织学习视为一个自相矛盾概念的倾向要远远弱于 20 世纪 70 年代。戴利亚·马林（Dalia Marin）、理查德·J. 赫恩斯坦（Richard J. Herrnstein）、约翰·H. 霍兰（John H. Holland）和约翰·H. 米勒（John H. Miller）等经济学家已经开始把学习引入经济话语体系，并且明确提到了长期以来隐含在企业理论和自由市场竞争理论等经济学分支中的学习。企业理论把企业视为优化效用函数的决策者，自由市场竞争理论中有一部分重要的内容就是市场力量激发的效率和生产率的提高。当代组织理论和战略领域的研究者往往着眼于组织的高层部门，如管理部门或研发部门，并且似乎认为以“组织”为主语、“学习”为谓语没什么问题。例如，C. 玛琳·菲奥尔（C. Marlene Fiol）和玛乔丽·A. 莱尔斯（Marjorie A. Lyles）把学习定义为，作为推动者的个体或组织开展的“通过更充分的知识和理解来改善行动的过程”。当组织“把从历史中得出的推理转换为指导行为的惯例”时，组织就进行了芭芭拉·莱维特和詹姆斯·马奇所谓的学习。乔治·P. 休伯（George P. Huber）认为：

> 如果组织的任一部分已经获得信息，并且这些信息可供组织或组织的其他部分使用，那么组织就是在学习。

有一个研究传统以詹姆斯·坎贝尔·奎克（James Campbell Quick）、理查德·R. 纳尔逊（Richard R. Nelson）和西德尼·G. 温特（Sidney G. Winter）的著作为起点，并在组织学习领域的影响力不断扩大，其研究者借鉴了达尔文关于进化、适应与自然选择的体系，把组织学习视为一个过程，在这个过程中，整个组织及其组成部分通过形成和选择性采用组织惯例来适应不断变化的环境。例如，我们将在下一章详细讨论的罗伯特·伯格曼（Robert Burgelman）的著作，他把公司描述为“战略行动的生态环境”：

战略行动以有规划的方式兴起，争夺有限的组织资源，以便提高自身在组织内部的相对重要性。在一定程度上，战略源自组织选择和保留的与战略行动有关的内部变化。

在伯格曼的语境中，引发与选择内部变化的推动者是各种集体性实体，包括管理者、部门、最高管理层等。当然，和前文提到的其他理论一样，有一点在伯格曼的理论中非常重要：对于组织适应与组织学习，被定义为相对较高的社会集合体层次的实体是否被认为是唯一合适的推动者，或者至少是可以胜任的实体；另外，是否还需要一种观点，即个体如何参与这些过程作为补充。许多社会学取向的研究者认为组织学习是组织内部的一种现象，他们始终在相对较高的社会集合体层次上处理学习推动者和学习过程，从而回避了连接个体与组织现象会面临的困难。

相反，我们坚持认为，组织学习理论必须同时考察个体的行动与互动，以及部门或管理者群体等更高层次的组织实体的行动与互动。除非组织学习理论能够满足该标准，否则就不能创造出有助于组织学习实践者的知识，也不能解释组织学习中可观察到的局限性背后的原因。少数研究者与我们持有相同的观点，比如丹尼尔·金（Daniel Kim）已经观察到：

尽管“学习”一词的含义在个体层次上基本相同，但学习过程在组织层次上是截然不同的。一个组织学习模型必须以某种方式解决下述两难问题，也就是把智慧和学习能力传递给非人类实体而又不使它人格化。

任何持有这种观点的人都面临一项非常艰巨的任务，即解释个体与更高层次实体实施的这些“根本不同的”过程如何相互作用，从而孕育我们所谓的组织学习现象。显然，尽管组织学习早已成为一种非常流行的思想，但组织理论家们普遍认为，该思想当前面临的问题并不比它还是一个边缘概念时更少。实际上，就是因为组织学习扩展了我们通常对个体和组织的理解范围，所以它才引起了我们的特别关注。

那么，哪种可能的模式可以解释构成组织学习的个体与更高层次实体之间的互动呢？组织内的个体，可能是那些对行动有最大权威或控制力的人，它们可以从自身的经验中学习，而当他们中有足够多的人在学习时，我们就可以说整个组织在学习吗？我们应该把组织视为由个体组成的群体，并认识到群体是真正的实体，而不能将其化约为构成该群体的个体吗？进而，我们应该赋予这些群体思考、探询、实验与学习的能力吗？我们应该把组织视为由信念、价值观、技术、语言、共同行为模式，以及现实共同表征等系统构成的文化吗？我们应该用学习来命名特定的文化变革过程吗？我们是否应该把组织视为认知建构，所以当组织成员对这些建构的累积或修改做出贡献时，就可以说组织在学习？

在第 1 章中，我们就与组织学习相关的上述问题提出了解决方案方法。我们的一个关键概念是探询，即个体代表组织彼此互动，从而促使思想与行动相互交织。这种探询以特定方式改变了组织的行动理论，并嵌入地图、记忆、程序等组织的人为产物中。随后，对我们而言，一个关键问题是“代表组织”的含义。我们认为，由于组织在根本上是政治实体，因此个体有可能代表组织进行思考和行动。集体转变为组织需要拥有 3 种结构性能力：能够做出集体决策，这样由个体组成的群体就可以说是“我们”；能够授予个体代表集体行动的权力；能够确定集体与外部世界之间的边界。在这些前提下，下列说法才具有意义：个体可以代表组织行动；个体可以代表组织展开学习过程（组织探询），进而促成学习结果，这反映在组织行动理论以及定义组织的人为产物的变化中。

我们强调在组织学习中，组织探询把人际现象与组织现象联系了起来，并且行为领域很重要，因为它会限制或促进组织探询。这导致一些人批评我们在 1978 年的书中首次阐述的观点并对我们的方法不屑一顾，认为该方法仅仅适用于处理组织生活中人际关系或社会心理层面的问题。实际上，这些批评者认为我们研究组织学习的方法是针对个体的，根本与组织无关。

显然，不管是我们研究组织学习的方法，还是任何试图从个体与组织互动角度来看待组织学习的尝试，围绕二者展开争论的问题都在于以下两点。第一，选择把哪个或哪些层次的集合体作为组织特有的；第二，哪些特征对所选的集合体层次的学习至关重要。正如我们注意到的，一些研究者关注更大系统中的组织集群，如市场或生态系统。在这些系统中，学习是整个组织（企业或国家）甚至它们所属的更大集群的属性。纳尔逊、温特和伯格曼等其他观察者则聚焦于组织内较大实体的互动上，比如部门、分部、最高管理层的互动。对米歇尔·克罗齐耶等组织理论家与杰弗里·L. 普雷斯曼（Jeffrey L. Pressman）、亚伦·B. 威尔达瓦斯基（Aaron B. Wildavsky）和尤金·巴达赫（Eugene Bardach）等研究政策执行的理论家而言，关注重点在于组织中扮演各种角色的个体开展的自由、利益与权力博弈。而赫希曼等其他理论家则把焦点置于激励体系，它驱动着组织绩效的提升，而其产生的原因之一就是退出与呼吁机制的运作。

沙因等具有社会心理学倾向的理论家更关注在组织环境中互动的个体。一些研究者遵循马文·明斯基（Marvin Minsky）[①] 在《心智社会》（*Society of*

① 明斯基是人工智能领域的先驱之一，他的著作《情感机器》已由湛庐策划，浙江人民出版社 2016 年出版。——编者注

Mind）中指出的方向，把个体本身视为组织，认为必须从内心微动因相互作用的角度考查个体的思考和行动，这类似于复杂计算机程序的运行。

集合体层次的选择问题以及与此密切相关的对既定层次特征进行选择性关注的问题，这两者在组织现象领域中的地位类似于它们在物质对象理论领域中的地位。物理学家、机械工程师、材料科学家和物理化学家关注的集合体层次各不相同，如星系、桥梁、复合材料、分子等，并且会对这些层次上发现的现象予以不同的描述。在某种程度上，不同的关注焦点反映了他们不同的兴趣点，也反映了他们各自的探询目的。然而，在某些关键问题上，尤其是当研究者关注涉及技术实践的前瞻性指导问题时，他们的研究兴趣存在交叉。例如，如果土木工程师对大型结构的性能感兴趣，当相关研究涉及金属疲劳或混凝土裂缝扩大的起因问题时，他们可能就会咨询材料科学家甚至物理化学家。对高层次实体（如机器）的行为的描述能否简化为对低层次实体（如材料或分子）的行为的描述；构建关于高层次实体行为的理论时，不过多关注可以解释这些行为的低层次现象，这种方法是否可行和有效？这些问题仍然存在争议，并且产生了丰硕的研究成果。

在组织学习这一广泛且多样的研究领域中，不同的兴趣与目的也导致研究者关注不同的集合体层次和所有既定层次现象的不同特征。我们认为，如果我们希望理解乃至重新设计组织生活的实践，就像那些身处组织之中并对组织绩效，尤其是组织学习的绩效，承担责任的个体所做的那样，那么个体、人际以及更高集合体层次之间的交叉就至关重要。但组织学习领域的研究者在这方面远远没有达成共识。人们不仅对组织学习中可能涉及的个体、人际以及更高层次实体之间各种互动的性质存在分歧，而且对是否有一种合适的组织学习理论可以用来对这种互动进行解释也莫衷一是。

组织学习有意义，但并非始终有益

一旦把组织学习视为中性概念而不是规范理想，那么有一点就显而易见了：组织学习尽管存在有益的方面，但未必总是有益。第二次世界大战时期的德国，显然有些官僚机构在执行邪恶使命方面变得更有效率，甚至可以说他们“学会”了这样做。这听起来似乎有理，但是对组织学习的道德批判会因批评者对组织恶行的不同看法而变化。

有些学者把学习型组织理想作为当代“高绩效组织”的实例。他们声称，组织的权力精英会像利用其他的华丽辞藻那样，利用学习型组织理想来粉饰自己规范性控制的做法，从而得到下级人员的服从甚至承诺，并且他们采取的方式可能对掌控者有利，而对服从者不利。正如吉迪思·孔达（Gideon Kunda）指出的：

> 规范性控制通过控制指导员工行动的基本经验、思考与感受，来引导和激发员工努力工作。在规范性控制下，员工的行为符合企业的最大利益……因为他们受内在承诺、对企业目标的强烈认同以及对工作的内在满足感的推动……也受各种管理方面的呼吁、规劝与行动的激发……总之，在规范性控制下，声称代表企业利益的是员工自己。

最后，有些学者之所以批判组织学习，是因为他们认为大部分组织学习追求稳定而非变革。这种观点认为，组织学习往往是为了保持现状，而这种学习是组织变革与改革的敌人。

所有这些批判都立足于下述观点：组织学习不是一种价值中立的活动，而是从价值观中产生的，会对价值观产生影响，并且在什么是“好的”或“对的”以及为谁而存在的概念上受到批判。只有当组织学习褪去规范性光环，并被认为是在特定环境下，根据特定是非善恶标准来评价的对象时，这些暗含的观点才会被揭示出来，变得显而易见。总之，我们势必需要确定哪种组织学习是可取的、哪种是不可取的，以及原因分别是什么。

现实组织能否有效地学习

要想说组织在学习，我们就必须把组织视为具有一定连贯性的行为主体，而且在有些情况下，我们也必须认为组织能够理性地行动，比如能够记住往事、分析替代选项、开展实验、评估行动结果。但有些作者主张，这些特性在现实组织中几乎不存在。我们把他们的怀疑概括为 3 类：对连贯行动的质疑、对有效推理的质疑，以及对有效行动的质疑。

首先是对连贯行动的质疑。有些理论家认为，组织实际上是多元系统，仅仅是拥有各种职业、学科、社会群体背景的推动者进行表演的舞台，并且这些行动者在本质上是跨越组织边界的。有些作者把组织视为各种群体构成的政治系统，其中每个群体都有自身的利益、自由与权力，他们完全投入控制或反控制的斗争中，而非作为整个组织学习的推动者。马奇在学术生涯中期与一些合著者提出，组织本质上是混乱无序的，最好的情况也不过是“有组织的无政府状态”。他提出的“垃圾桶理论”认为，制定决策是基于思想、利益、设想与价值观去寻找问题，而不是问题解决者主动寻找思想、设想与价值观。若垃圾桶理论准确无误，那就很难解释组织如何才能做出连贯行动或探询。

此外，这一系列主张似乎在 20 世纪 70 年代中后期更有分量，那时对不够完善的组织理性理论的反对声非常大。尽管组织缺乏连贯性的归因仍然被人拿来质疑组织学习是否真的有成效，但它们已不再是直接拒绝组织学习的先验理由。相反，似乎有一种日益明显的主张认为，组织在行动或探询中表现出的连贯程度是一个实证性问题，需要在特定时间与地点才能确定。例如，马奇关于组织的观点就发生了较大转变，他不再把组织视为“无政府状态”。1989

年，他在自己的新著作中提到，在某些时期，机构改革可以通过“一体化进程”，也就是“把利益冲突视为深思熟虑和权威决策的基础，而不是讨价还价的根据”。

其次是对有效推理的质疑。已有的学术文献对组织学习过程进行了广泛描述，而且始终强调理性推理，即从以往经验中吸取的经验教训、对行动与结果之间因果联系的推理，以及从试错循环中得出的推断。很多作者，包括前文提到的在内，他们的怀疑态度都立足于对有效推理的质疑，这似乎使现实中的组织学习成为一个可疑命题。

马奇把组织学习定义为“将从历史中得出的推理转换为指导行为的惯例”，在质疑这种推理的有效性方面，马奇取得了丰硕成果。例如，在马奇所强调的能力陷阱中，组织会错误地照搬以往有效的行动策略。他呼吁人们关注造成模糊性的各种来源，这种模糊性干扰了组织对成败的判断。他说：

在一个学习型组织复杂多变的生态系统中，经验教训源自相对少量的观察信息。事情的来龙去脉并不明显，事件的因果关系也难以厘清。一个组织可以预期的目标是什么以及成败之间的区别是什么，并非总是一清二楚的。

马奇也描述了迷信学习的例子，“当学习的主观体验令人信服，但行动与结果之间的联系被错误确定时，就会发生迷信学习”。

马奇还指出了一种学习困境，这构成了对推理有效性的一系列质疑。一方面，当组织根据“频繁的小变化以及源自这些变化的推理”逐步学习时，一个可能的结果就是对现有惯例的强化或微调，这种行为“很可能导致随波逐流，而不是日益改进”。另一方面，当组织通过“高风险的小概率事件”学习时，相关的推理常常就会被“围绕正式责任、问责与义务的争论搅得模糊不清”。结果就是：

学习并非总会促成明智的行为。可以产生经验性智慧的过程同样也可能造成迷信学习、能力陷阱与错误推理。

在这一系列主张中，马奇把学习视为一种狭义的从历史中吸取经验教训的方法，是理性选择（rational choice）、讨价还价（bargaining）、变异选择（selection of variation）等其他决策模式的替代选择。他认为，在某些情况下，学习可能会被证明不如其他选择，但他又补充道，其他选择也可能会出现错误，因此，“基于惯例、依赖历史、面向目标的组织学习可能有用武之地”。我们认为，马奇提到的所有替代策略都可能会被纳入探询过程，我们正是围绕该过程构建了更广泛的组织学习途径。从历史中吸取经验教训这种方法有一定的缺陷，这与现实中组织的认知能力无关，与特定环境中选择何种探询策略有关。

在组织探询中，推理的有效性还面临一种截然不同的质疑，它源于下面的观察结论：组织学习依赖于对事件的解释，解释又依赖于框架，即事件的主要脉络，因此组织探询者通过框架来确定问题并理解经验教训。框架对解释性判断至关重要，但由于框架本身不可证伪，所以组织探询者可能会受困于自我指涉的框架内。约翰·F. 帕吉特（John F. Padgett）写道，“集体构建的框架或‘隔膜’是整合并接收信息与奖励的方式”，这是一种“如公理一般的世界结构”，“与观察者的性质相关”。如果沟通涉及彼此分歧、自我指涉的框架，那它必然存在问题。

舍恩和马丁·赖因（Martin Rein）探讨了持续的政策争论及其背后的框架冲突，比如那些围绕福利、无家可归或先进技术的成本与收益等问题展开的争论。他们认为，在实际落实政策的过程中，探询者或许有能力对他们不同立场背后的框架进行反思式探询，在特定情况下还能为相互冲突的框架提出务实的解决方案。

最后是对有效行动的质疑。即使组织探询者有时能够通过历史经验或观察现状得出有效推理，他们的推理也有可能无法转化为有效的行动。许多当代研究者提醒人们要注意下列事实：学习结果可能零散无序，也可能依赖于特定环境，并且可能永远无法成为组织的主流。在更早的研究中，“企业行为理论”的倡导者，如马奇、赫伯特·西蒙和理查德·M. 西尔特（Richard M. Cyert），描述了组织行为的机能失调模式，认为该模式会破坏有效的组织学习。他们指出，组织依赖控制系统，而控制系统会在规则制定者与遵循者之间制造冲突，这导致了欺骗。在这种组织环境中，“人人都是理性的，没人值得信任”。

碎片化的学习结果与我们在第二部分描述的引发错误的条件密切相关。而西蒙、西尔特和马奇在观点转变前所描述的防卫行为模式，与我们归因于有限学习系统的模式密切相关。问题在于，我们应如何看待这种现象？我们应该遵循企业行为理论的脉络，视之为组织生活中普遍存在的固有特征，并就此认为组织研究者的任务是“发现”而不是改变这些特征吗？或者因为有效的学习会进行并回应双环探询，所以我们应该视之为实现有效学习的巨大障碍吗？

两大分支的争议与交集

回顾了组织学习领域两大分支的文献后，我们面临下述挑战：阐明组织学习的益处、可行性和意义。学习型组织的倡导者不关心组织学习是否有意义，并且默认组织学习是可取的。他们设定了各种驱动因素，声称通过这些因素，组织可以提高开展有效学习的能力，但他们并没有探询合理指导与有效实施之间的差距。

对组织学习持怀疑态度的研究者从多个角度描述了他们质疑组织学习的原因。其中有些人提出了“组织学习”术语中固有的悖论问题，这种悖论以对个体、人际和更高社会集合体层次之间的关系的假设为前提。有些学者对组织学习的可取性表示质疑，认为组织学习可能会助纣为虐或维持现状，或者认为学习型组织理想可能会被用于支持一种更加狡诈、邪恶的管理控制形式。还有一些研究者对有效推理和有效行动起妨碍作用的现象进行了观察和归类。

两大分支的文献提出的问题在很大程度上有所互补：一个分支认为非常重要的问题，另一个分支往往会予以忽视。两大分支都关注现实中组织通过经验和观察做出有效、有用推理的能力，以及把这些推理转化为有效行动的能力。但是，倾向于持倡导态度的作者往往不加批判地假定，引入适当的驱动因素就可以培养这种能力；而持怀疑态度的作者往往把观察到的障碍视为组织生活中不可改变的既定事实。

在第 10 章，我们将从行动理论的视角来考察上述质疑。

第 10 章

理解有限学习

ORGANIZATIONAL
LEARNING II

组织学习的 4 大争议

通过对组织学习领域文献的回顾，我们可以概括出一些重要的有争论的议题。

第一个议题聚焦于集合体层次。对于有效的组织学习，我们在什么集合体层次上谈论才有意义呢，是在个体、人际、群体内、群体间，还是整个组织中？具体而言，我们应该如何从更高集合体层次上看待人际互动的作用及其与行为模式的关系？正如前文的阐述，在组织学习领域的学术分支中，那些著名的研究者要么聚焦于组织内部的部门或群体的行动和互动，要么聚焦于更大生态系统中组织整体的行动和互动。相较之下，我们更强调在组织学习系统的约束或支持环境中进行人际探询的重要性，并聚焦于这种探询如何与更高集合体层次中发生的探询相互作用。我们这样做是为了给实践者提供有用的知识，并对组织学习和非学习现象提出有说服力的解释。

第二个议题涉及“有效的学习”的含义。对于这个议题，我们关注的焦点在于单环学习与双环学习的区别，组织学习两大分支文献的作者们已经广泛接受了这种区别。一些作者，尤其是经济学家和学习型组织的倡导者，强调工具性单环学习的重要性；另一些持怀疑态度的作者则质疑以学习型组织名义采取的行动所带来的价值；还有一些作者提到了双环学习的重要性，但没有重视实现双环学习所需的行为条件。在探讨有效的学习的含义时，我们强调了区分组织的两种双环学习的重要性。第一种涉及组织结果的变化，尤其是组织的工具性行动理论中蕴含的价值观发生的变化；第二种涉及引导组织探询过程的组织使用理论中的价值观发生的变化。这两种双环学习如何相互联系？某个组织有可能实现第一种双环学习而欠缺第二种吗？

第三个议题围绕现实组织中某些因素的性质展开，这些因素会妨碍有效的学习。对组织学习持怀疑态度的学者讨论了组织的认知局限、对以往成功的依赖，以及组织中钩心斗角行为的破坏性作用。面对这些妨碍因素，现实组织实现有效的组织学习，尤其是双环学习的可能性有多大？

第四个议题与哪些干预措施可能有助于提高组织有效学习的能力有关。通过引入正式的职责和权力结构（如分权化）、信息系统（如作业成本法）、激励体系（如高绩效组织）、组织探询的程序和系统（如全面质量管理和流程再造）等各种驱动因素，我们可以期望以此为基础的干预措施带来什么？如果引入新文化及其相关的信念与假设，又可能会带来什么？这些驱动因素中的每一种都曾经被学习型组织的支持者在特定时期倡导过。

上述 4 个议题完全不同，但在特定案例中出现时，它们在逻辑上和经验上相互关联。在本章，我们将透过两类研究视角来考查这些议题。我们从关于自然发生的创新或适应的两项研究开始，它们分别是安德鲁·范德文（Andrew Van de Ven）和道格拉斯·波莱（Douglas Polley）对医学领域技术创新的研究，以及伯格曼对英特尔公司从动态随机存储器（DRAM）业务中“战略退出”的过程的研究。对于这两项研究，我们主要关注有限学习系统中的人际探询与更高集合体层次的学习或非学习过程之间的互动。然后，我们将研究通过引入组织驱动因素来促进有效组织学习的尝试，包括：我们对拉尔夫·科迪纳（Ralph Cordiner）[①]时期通用电气公司分权化改革的回顾，阿吉里斯和罗伯特·卡普兰（Robert Kaplan）对引入作业成本法的研究，亚瑟·M.施耐德曼（Arthur M. Schneiderman）和马克·马林格（Mark Mallinger）对全面质量管理项目的两项回顾性研究，乔治·罗斯（George Roth）对两个业务流程再造案例的研究，以及迈克尔·比尔（Michael Beer）对战略性人力资源管理干预的分析。

对组织适应与组织学习的研究

范德文和波莱："学习与创新同步"

范德文和波莱对医学领域的技术创新进行了一项备受关注的研究，他们检验了我们熟悉的试错学习的适应性模型。该模型最简单的形式告诉我们，如果我们认为结果是积极正面的，那么就会坚持先前的行动方案；如果我们认为结果是消极负面的，那么就会偏离先前的行动方案。这个模型以前处于"远离现实的实验室或模拟研究"中，两位研究者建议把它应用到创新单位内创业者的"高度不确定的组织领域环境"中。在某些方面，他们尝试对该模型进行严格的检验，但在同样重要的其他方面，我们发现他们对组织创新和组织学习的处理存在缺陷和漏洞。

两位研究者讲述了关于技术创新的两个互为补充的故事。第一个故事是从较高集合体层次的角度阐述的，并且使用了统计分析的语言，检验了适应性学习模型针对两个组织单位的行为产生的假设——这两个组织单位分别是创新的内部管理团队和外部资源控制者。第二个故事采用了流水账的叙事方式（不是实际对话），讲述了个体在创新轨迹关键点上的表现。尽管两位研究者对导致

① 科迪纳在1958—1963年担任通用电气公司首席执行官，其间将通用电气公司划分为120个单位。——译者注

有限组织学习的行为给出了若干可能的原因，但他们没有提出连贯的理论解释，并且他们的结论也没有对如何改善这些行为提供依据。他们的研究显示了从较高集合体层次的角度来分析组织学习和依赖定量统计方法的局限性。人们会形成这样的印象：尽管研究者凭直觉认识到提供的行为故事非常重要，但他们无法予以解释或深入探讨。

让我们先来看看关于检验适应性学习模型的第一个故事。范德文和波莱开展的纵向研究对象如下：

> 这是由3家企业合资建立的一家公司，它开发了一种叫作“治疗性单采术”的医疗新技术，准备以此来创建一项业务……该业务通过移除血液中的致病成分来治疗疾病。

单采技术早就已经出现了，但由于其移除血液中特定成分的能力有限，所以没能得到广泛应用。治疗性单采术的核心是一个由过滤器、泵和计算机控制系统构成的装置，旨在使更精确的血液分离成为可能。参与合资的各家企业希望把他们各自在分离技术、泵技术和营销领域的能力结合起来，并计划了一个有 3 个阶段的开发过程：

1. 开发一款能够与现有单采技术竞争的产品；
2. 开发一款用先进的过滤模块来治疗特定疾病的领先产品；
3. 开发面向未来的单采技术。

1983 年 10 月—1988 年 7 月，范德文和波莱开展了这项开发的实时现场研究。他们把这家合资公司 8 年间的创新轨迹划分为 3 个阶段：

1. 开头的 3 年是酝酿期，其间正式成立这家合资公司的决策得以通过，并由它负责启动和资助治疗性单采术创新项目；

2. 中间的 3 年是扩张期，其间生产出了商用的治疗性单采术设备，并扩大开发项目，满足了美国食品药品监督管理局的相关要求；
3. 最后的 2 年是收缩期，其间治疗性单采术设备进入市场，遭遇了困境，最后项目终止。

当两位研究者根据治疗性单采术故事的数据来检验适应性学习模型时，他们的发现随着开发项目的 3 个阶段而变化。具体而言：在酝酿期，行动与结果无关；在扩张期，行动与结果负相关；在收缩期，行动与结果正相关。为了检验他们提出的假设，两位研究者把案例分解为“事件”，并将其界定为“在创新理念和活动、人员任命和职责、创新单位与其他单位的关系、宏观环境和组织环境，以及结果等方面发生变化时发生的关键事件”。他们每月汇总各种事件，在 5 年时间内大约收集了 325 个事件。他们把事件结果定性为积极的、消极的或混合的，这具体取决于事件包含的是好消息或成功实例、坏消息或失败实例，还是成败参半的实例。一方面，他们试图确定积极、消极与混合事件之间是否相关，如果相关，其相关性是什么；另一方面，则试图确定先前行动方案的延续或改变、资源控制者的干预措施、结果评价标准的改变，以及外部环境中的重大事件。这就是他们检验假设时所采用的两种方式。

在扩张期，两位研究者发现该企业“几乎没有通过试错进行学习”。相反，消极结果“直接导致先前行动方案的延续”，而这“既对后续积极或消极结果的评估没有影响，也对目标或标准的变化没有影响”。两位研究者把结果与后续行动之间的“直接负相关关系”解释为“治疗性单采术的早期开发可能在很大程度上包含对失败行动方针不断升级的承诺”。

在收缩期，两位研究者确实发现了适应性试错学习的证据。他们观察到，创业者表现出一种“挑选有回报的行动方针”的倾向，然而消极结果“会引发资源控制者的干预，从而导致创新单位的行动方针发生变化”。进而，这些变化又导致结果的评价标准发生变化，这向两位研究者表明，“结果的评价标准发生变化可能在很大程度上旨在证明行动方针变化的合理性”。

两位研究者的发现促使他们提出了 3 个令人困惑的问题：

- 为什么在治疗性单采术的扩张期没有发生试错学习？
- 如何解释从扩张期几乎没有学习到收缩期出现试错学习这种巨大转变？
- 当学习发生时，似乎为时已晚。为什么治疗性单采术的开发会被终止？

正是在探索这些令人困惑的问题的过程中，两位研究者将关注点转向了所谓的“行为”现象。他们注意到，在扩张期，创业者要负责落实他们为获得资金而提出的过于乐观的规划。这进而引发了所谓的“‘糖衣’行政审查”。在研究者访谈过的创新团队管理者中，没人表示愿意“证实不确定性或提出一份更长期的启动时间表，因为他们担心这会降低自己获得启动资金的机会”。为治疗性单采术提供资金的母公司的最高管理者，尽管私下认为“某些规划是‘胡扯’，并预料到规划会发生改变”，但仍然接受了这些创业者提出的过于乐观的规划目标，并且公开表示，治疗性单采术的管理者应该对相关规划负责。这进而“导致创新管理者和资源控制者之间印象管理的恶性循环，这一点正是我们着重要指出的”。

尽管该时期的开发工作大体上获得了成功，但他们确实遭遇了重大难题。例如，在过滤组件规模化生产过程中遇到了制造缺陷和问题，这导致面市时间推迟、销售延后，二期设备的开发也有所推迟。在每半年左右召开一次的行政审查会议上，治疗性单采术管理者会向资源控制者汇报关于这些问题的情况，但进行汇报的方式经过精心设计，这似乎是为了故意妨碍解决问题和学习。范德文和波莱指出，在每次审查会议召开前，治疗性单采术管理者都会用一天时间做下述事情：

演练自己的发言，为应对最高管理者可能提出的问题而制定策略和答案……准备“华而不实”的视觉资料……并且在一个积极的框架中重构消极的信息，以确保自己掌控问题并提出解决它们的行动计划……资源控制者依靠这些间接信息来评估治疗性单采术的进展……最后往往会接受创新管理者告诉他们的项目成功标准和关注点。

在扩张期，项目时常遭遇挫折，并且在项目开发、时间表、方向或融资等方面，危险信号越来越频繁地出现。两位研究者注意到，尽管如此，但并没有多少人尝试“把这些危险信号作为错误并纠正它们”。这些危险信号是一种警告，有些警告引发了讨论和辩论，但多数警告“没有得到任何回应，或者直接被认为无关紧要而不予考虑”。在扩张期，治疗性单采术管理者从未“认真质疑他们所追求的技术路径的假设或有效性”。

除了印象管理的恶性循环之外，两位研究者还根据两个主要因素来解释这些显著但经典的发现。首先，他们指出，由于母公司正常的人员流动与晋升，治疗性单采术项目参与人员的频繁变更打断了适应性学习所需的持续关注。其次，他们注意到，“平行和独立的系列研究活动”次数激增，这似乎“分散了对核心创意，即生产单一可靠过滤设备的可行性的关注”。他们认为，这种噪声远远超出了个体的信息处理能力，因此很容易理解“为什么很少有信息被发现是错误”和“为什么很少有人尝试纠正发现的错误”。

在收缩期，情况发生了变化。首先，当治疗性单采术管理者尝试把一期设备投向欧洲市场，并利用它们开展二期过滤设备的临床试验时，治疗性单采术的市场表现陷入了严重困境。两位研究者指出，即便如此，也是直到在行政审查会议上揭示出开发二期设备的目标已经延迟一年多，并且一期设备的销售收入仅达到预期的 10%，对该项目绩效的消极评价才开始越来越多。直到那时，资源控制者才开始对该项目的开发严肃质疑，并试图采取干预措施以打破失败行动方针中根深蒂固的模式。此时，资源控制者指派新的管理者负责治疗性单采术的制造业务，这些管理者暂停了所有一期设备的发货，并对升级和制造问题进行了广泛的内部审查和审计。结果，该项目的许多人员被解雇。正如当时治疗性单采术项目的一名成员所言："蜜月期结束了！"

两位研究者认为，这些事件造就了进一步促进适应性学习的因素，即集中精力解决紧迫的运营问题，从而"化繁为简，聚焦于单个问题"，这反过来又"促进了试错学习"。经过复杂的技术和工程方面的实验与改造，生产制造方面长期存在的缺陷终于得到弥补。最后，他们生产出的治疗性单采术设备达到了"市场上同类设备的可靠性水平"。

尽管如此，这个时期遭遇的困境仍然使资源控制者的信心产生了动摇。他们开始密切关注日益攀升的开发费用，这些费用本可以作为其他投资的资源。相比之下，创新管理者认为此次挫折是暂时的，并且他们对该项目的长期承诺没有任何变化。双方对"相同的经历各自发展出一套完全不同的理解"。与此同时，外部环境中的"潜在力量"正在积聚。由于母公司出现亏损，所以治疗性单采术的预算被削减。而且，曾经是该项目主要支持者的一位首席执行官意外去世。有消息称，该项目的日本竞争对手在技术上取得了进展。还有传言称，一种新药的出现可能会令治疗性单采术设备失去市场。于是，当开发目标明显被推迟了一年多，且市场试销又暴露出严重的制造缺陷时，上述潜在力量终于爆发。1988 年 11 月，治疗性单采术项目终止了。

两位研究者指出，在收缩期出现的威胁性事件实际上要比扩张期少，但该项目已经丧失了可信度。资源控制者开始寻找新的投资者，但一无所获，最终他们宣布治疗性单采术开发失败。治疗性单采术真的开发失败了吗？两位研究者在故事的最后引用了母公司一位高管的话，他认为如果治疗性单采术项目被允许继续下去，那么可能已经取得了成功。

作为一项技术创新，治疗性单采术的故事听起来似曾相识。在整个过程的早期阶段，研究人员和管理者展开了一场相互欺骗的博弈，他们都试图进行单方面控制：研究人员试图掩饰消极信息，而管理者对消极的危险信号反应迟钝。这种状况一直持续到危机爆发，此时研究人员无法继续掩饰消极信息，管理者也无法继续忽视这些信息，并且他们采取了矫枉过正的行动。

在这个经典故事的最后，两位研究者提出，组织可以采取以下措施来增大适应性学习的机会：

- 把新业务的规划与资金分离，以避免主要以获得资金为目的的乐观估计；
- 找到办法降低“公牛指数”（bull index），即创新团队与投资者之间充斥的印象管理……它会扭曲试错学习所需的信息；
- 在创新开发过程中保持核心创新团队的稳定；
- 把创新开发与业务创建分开，以减少信息超载；
- “改变行政审查会议的议程和形式，以促进坦诚的信息交流和学习”。

范德文和波莱对治疗性单采术故事的处理令人吃惊之处在于，他们对适应性学习模型的检验非常严格，却很少使用他们掌握的行为数据来进行解释。他们对适应性学习模型的检验结果好坏参半，这引出了若干重要的困惑：

- 为什么适应性学习被推迟了这么长时间？
- 为什么在收缩期会产生向适应性学习的巨大转变？
- 为什么当适应性学习最终发生时，资源控制者却终止了项目？

在使用行为故事解释上述困惑时，两位研究者注意到的因素包括模棱两可的信息、多变的目标、开发上的不确定性、信息环境中的复杂性和噪声，以及人员的变动。他们认为这是导致扩张期没有产生适应性学习的部分原因。

然而，这些原因是研究和开发项目时都会遇到的事情。所有这类项目都会或多或少遭遇这些难题，所以关键问题是，在一个开发项目中，参与者如何处理这些难题，又应该通过何种人际探询来处理。鉴于开发项目固有的不确定性，参与者是否愿意公开自己的疑虑和想法？他们是否会欢迎别人质疑自己的立场，或者公开讨论自己正面临的困境？考虑到假设中特有的噪声、模糊性与不确定性，他们会寻找并邀请别人公开检验作为核心创意基础的假设吗？或者如同治疗性单采术的故事那样，他们是否会陷入印象管理的恶性循环？因为在那个循环中，创新管理者掩饰了不确定性并掩盖了消极信息，以防止资源控制者注意到项目遭遇的挫折，而资源控制者通过要求研究人员公开树立过分乐观的目标来与他们相互勾结，哪怕他们私下里也承认这些目标纯属“胡扯”。

两位研究者注意到了组织探询的上述特征，他们在推理阶梯上相对较高的位置表述了这些特征，比如使用了“糖衣”“印象管理”这样的表述，但他们没有提供连贯的理论解释。在我们看来，参与者印象管理的恶性循环是初级妨碍性循环的可预测变形，其引发因素是与不确定性和模糊情境相关的威胁或尴尬。在这个共谋的过程中，双方都采用了一种维持神秘感和掌控力的Ⅰ型使用理论的行动策略。他们对自己知道的真实情况秘而不宣，比如他们知道对方在胡扯或者计划可能会发生变化，同时又都试图掌控对方的反应。在这种情况下，开发过程中出现的错误、挫折，以及未来的不确定性都不能公开化，否则就会暴露双方的欺瞒行为。因此，至关重要的错误、不确定性及其不可讨论状态仍然不可讨论，直到某个重大事件，如在欧洲市场上市的产品暴露出缺陷，引发一场危机，使错误无法继续被掩饰，最终导致资源控制者草率决定终止项目。

在我们看来，这种恶性循环能够用Ⅰ型使用理论解释，也能够据此预测，因为Ⅰ型使用理论塑造了在具有威胁性或令人尴尬的情况下的人际探询。Ⅰ型使用理论与O-I学习系统会相互强化。如我们所见，这是对不可靠的组织探询模式的系统性解释，治疗性单采术项目的参与者正是通过这种模式来回应技术创业者势必会遭遇的不确定性、复杂性、模糊性与不连续性的。从这点上看，我们可以发现两位研究者对增强适应性学习所给出的建议站不住脚。一旦资金到位，创新团队却仍然通过欺瞒来坚持自己的控制策略，而资源控制者也与他们相互勾结，接受这种欺瞒，并通过让他们公开表示对正式目标负责来控制他们，那么规划与资金决策的分离将如何鼓励适应性学习呢？当参与者的使用理论导致他们制造并接受胡扯的规划时，又如何能降低公牛指数呢？当坦诚会披露双方一直在主动避免讨论的信息时，改变议程和形式又如何能增加坦诚的信息交流和学习呢？

除非参与者借助外来干预，从而为范德文和波莱建议的“基于事实的公开对话”创造条件，或者如我们在前文提出的建议，学会构建Ⅱ型使用理论以便为自身创造条件，否则印象管理的恶性循环中隐含的行为模式就不太可能改变。Ⅱ型使用理论的行动策略，如对内心持有的假设和归因进行公开检验，不需要事先消除模糊性和不确定性。恰恰相反，正是在极其不确定和模糊的条件下，当我们不知道什么是真相时，Ⅱ型探询本身才是我们最亟须的，并且最有可能为好的辩证创造条件。

无论你是否接受我们在治疗性单采术故事中对行为现象所采用的分析方法，我们都希望你现在能够清楚为什么这些现象必须被视为典型的组织特征，并且与组织学习存在至关重要的联系。请考虑下列命题，它们按照集合体层次降序排列：

1. 在治疗性单采术项目的扩张期，组织在适应性学习方面遭遇失败。
2. 在该时期的行政审查中，创新管理者和资源控制者陷入了印象管理的恶性循环。
3. 在这种审查的一个例子中，一名创新管理者 A 给出了一个裹着“糖衣”的进展，并且对此心知肚明，但并不说破；资源控制者 B 内心认为这种说法是“胡扯”，但同样对此讳莫如深。

根据范德文和波莱的观点，如果我们把命题 1 作为关于组织现象的命题，把命题 2 作为对命题 1 的部分解释，那么我们怎么就不能把命题 2 也作为组织现象呢？并且，如果我们把命题 3 作为对命题 2 的部分解释和详细说明，那么我们如何能证明把它排除在关于组织现象的命题之外是合理的呢？我们不能有效地从关于组织的命题中排除那些为我们眼中的组织现象提供解释的命题。更具体地讲，我们不能从关于组织学习的命题中排除关于组织中人际探询的命题，这些命题可以用来解释可以观察到的组织学习模式。

如果这种论证适用于对组织学习的解释，那就适用于旨在促进组织学习的方案。除非实践者已经掌握了所需的技能，可以开展确定的行动，否则他们将无法根据这些方案采取行动。除非方案的表述方式使实践者能够设想实施时需要采取的行动，否则他们将无法实施“降低公牛指数”或“进行坦诚的、基于事实的对话”的方案。

伯格曼，“退出存储业务”

伯格曼在其论文中研究了大概在 1971—1991 年，英特尔公司如何应对动态随机存储器业务竞争环境的变化，详细介绍了英特尔公司最终退出该业务的过程。与范德文和波莱一样，伯格曼也讲述了一个组织学习方面成败参半的故事，强调了正式企业战略相对于竞争环境中多变形势的“惯性”滞后。然而，伯格曼与前两人的不同在于，他的概念框架不是适应性学习，而是关于战略在企业演变中所起作用的理论。伯格曼旨在提出关于下列问题的洞见：

> “内部选择环境”如何协调行业层次竞争优势来源与企业层次独特能力来源的共同演变，以及企业战略与战略行动之间有什么联系。

伯格曼回顾了英特尔公司长达 20 年的战略实践转型历程，把整个过程划分为 3 个阶段：

1. 均衡阶段。主导信念与战略情境相互匹配，英特尔公司自认为是一家内存企业，更具体地讲是一家动态随机存储器企业。
2. 不和谐的转型阶段。存储业务竞争优势的基础发生了变化，而英特尔公司的正式战略表现出滞后，并且内部发展的势头朝着开拓新业务机会的方向发展。
3. 后续的和谐阶段。英特尔公司开始自认为是一家微处理器企业。

正如伯格曼所揭示的，最终英特尔公司实现了学习。该企业通过逐步应对主要来自日本竞争对手的挑战，退出了动态随机存储器业务，而非试图通过大规模资本投资来重新占据该行业的领先地位。该企业还利用自身在动态随机存储器业务的经验，抓住了这些经验的副产品中蕴含的技术机会。例如，多夫·弗罗曼（Dov Frohman）率先开发的可擦可编程只读存储器（EPROMS），该技术的开发源自对英特尔公司金属氧化物半导体（MOS）技术可靠性问题的探索；新的芯片架构，该技术源自客户对新芯片组的要求。根据伯格曼的说法，这些最初由最高管理层认识到或容忍的机会是内部的异类，它们最终被英特尔公司的内部环境选中，为微处理器业务奠定了技术基础。英特尔公司学会了把稀缺的制造能力从动态随机存储器业务转移到微处理器业务上，并且最高管理层最终也学会了将英特尔公司重新定义为一家微处理器企业。

但是，正如伯格曼所言，英特尔公司的历程也是一个有关学习失败或学习过程中出现惯性滞后的故事。伯格曼把英特尔公司这方面的故事概括为 6 个令人困惑的问题，进而围绕这些问题来组织相关分析。我们的探讨聚焦于其中的 4 个问题：

- 为什么作为第一个成功的动态随机存储器业务推动者，英特尔公司没有充分利用并捍卫自身在早期的领先地位？
- 哪怕英特尔公司的大部分业务已经不再是动态随机存储器业务，而且这项业务的市场份额在缩减，直到 1984 年，最高管理层也仍认为动态随机存储器是该公司的战略性业务，这种情况是如何发生的？

- 中层管理者是如何采取与公司的正式战略不一致的行动的？
- 为什么在 1984 年 11 月决定不再销售动态随机存储器后，英特尔公司最高管理层花费了近一年时间才彻底将动态随机存储器业务退出市场？

这些问题反映出英特尔公司似乎犯了一系列战略错误，也揭示出该公司在调整正式战略以适应不断变化的竞争环境，并把新战略意图转化为行动时出现了惯性滞后。这些将理解为未能及时发现并纠正重大错误，即意外或结果不符合预期。然而，伯格曼在描述此处时有一点模棱两可，或许他在面对自己的困惑时举棋不定。他当然会以英特尔公司明显未能及时采取有效的行动，或未能使思想与不断变化的现实相匹配等理由来解答这些困惑，但他也指出，英特尔公司的滞后反应在某些方面取得了明显效果。例如，他推测英特尔公司：

> 如果简单地剥离动态随机存储器业务，并通过收购来开展新业务，那么情况可能会表现得更糟糕……因为这种做法会导致它不能充分挖掘自身在动态随机存储器业务领域的独特能力，而其中一些能力可以有效地用于微处理器业务……

这种模棱两可的描述在接下来的讨论中起着重要作用。

伯格曼思考上述困惑的方法兼具历史维度与系统维度。他认为，在开展动态随机存储器业务早期，英特尔公司凭借在设计、生产和制造方面的独特技术获得了巨大的竞争优势。他进一步指出，动态随机存储器业务早期的成功导致英特尔公司的企业战略围绕着动态随机存储器技术展开。伯格曼提出了一个关于成败的微观理论，思路类似于马奇提过的能力陷阱：当某种因素的模式与企业对自身成功的理解密切相关时，这种模式往往会得到强化，从而延续下去，即使该模式在竞争激烈的商业环境中变得不再有效也依然如此。

伯格曼描述了下述若干现象，这些现象强化了与英特尔公司早期成功相关的既定模式：

- 业务单位负责人拥有非常大的决策权力，退出动态随机存储器业务对他们没有好处。
- “有限理性”（bounded rationality）[①] 使最高管理层和中层管理者无法预测出，在产品和制造技术方面，竞争性市场动态会挤压英特尔公司在动态随机存储器市场中的份额。
- 最高管理层对动态随机存储器业务的“情感依恋”导致他们不愿放弃该业务，这犹如福特汽车公司不愿“决定放弃汽车业务”。

上述现象导致英特尔公司最高管理层不愿放弃对动态随机存储器业务的依恋，以及企业作为“内存企业”的形象。与这些现象形成鲜明对比的是，伯格曼假设有一个内部选择环境，它由中层管理者的“结构和战略背景塑造的战略行动”构成。在英特尔公司的案例中，中层管理者利用自主权采取了行动，并由此开拓了新业务机会。例如，他们努力开发动态随机存储器业务的衍生技术，从而为微处理器业务奠定了基础。尽管英特尔公司的最高管理层仍支持保留动态随机存储器业务，但中层管理者利用公司的相关规定，即生产制造能力的分配旨在“实现每片芯片的利润最大化”，在分配稀缺的生产制造能力时支持微处理器业务，而不是动态随机存储器业务。通过这些相辅相成的方式，中层管理者逐渐削弱了动态随机存储器业务的地位，并且如伯格曼所言，促成了英特尔公司早期战略背景的“消失”。

伯格曼称自己的视角为“由内而外”。他认为英特尔公司的外部商业环境创造的是条件，即市场变化和动态随机存储器大众化，英特尔公司在这方面的

---

① 这是赫伯特·西蒙提出的主张，即决策者受到信息、时间、预测能力、客观条件等种种限制，不可能具备完全理性，而只能基于有限理性做出满意型决策。——译者注

应对是低效能的。同时，他认为“内部”才是决定性的。其他作者，尤其是经济学家，在很大程度上把内部活动视为一个黑匣子，伯格曼则打开了这个黑匣子。伯格曼认为，英特尔公司试图采取符合自身独特能力的方式来维持竞争优势，但实际所采取的举措却未能维持竞争优势，反而造成了竞争劣势。例如，尽管英特尔公司的最高管理层确实认识到，动态随机存储器产品已经从溢价产品变为普通商品，而且这方面的价格信号非常清晰，但他们仍然坚信，利用自身在工艺技术方面的传统优势生产出创新产品可以帮助公司重获领先地位。创新产品就是那些起初是溢价的小众产品，后来逐渐被整个市场接受的商品。一旦动态随机存储器产品成为普通商品，英特尔公司率先向市场推出溢价产品的战略就变得过时了。然而，最高管理层却对此置若罔闻。

此外，伯格曼指出，中层管理者认为，关于对动态随机存储器业务的情感依恋问题，最高管理层不愿进行有效对抗。在我们看来，中层管理者正在对最高管理层的学习态度是否开放进行归因。根据案例提供的信息，我们推断中层管理者从未检验过这些归因。在与阿吉里斯的讨论中，伯格曼证实了这些推断。实际上，他说：

鉴于工艺开发人员的地位与权力，任何在会议上提出异议的人都不太可能占得上风。此外，中层管理者认为最高管理层相信英特尔公司无法放弃动态随机存储器业务。他们认为最高管理层犹豫不决。

这种行为部分解释了最高管理层的“盲目”：他们从未直面那些有助于自己认识到自身行为影响的信息。伯格曼的解释集中于最高管理层的不确定性，以及这种不确定性造成的对变革的抵制。然而，我们所聚焦的是中层管理者的行动，这些行动妨碍了最高管理层充分认识到动态随机存储器业务转型带来的影响，而这进一步导致最高管理层的行事方式被中层管理者解释为抵制变革。伯格曼着眼于最高管理层的自我封闭过程，而不是中层管理者造成的自我封闭过程。如果要针对英特尔公司案例揭示的有限学习过程采取干预措施，而这种措施又是单方面的，那么它就会失败。

伯格曼指出，英特尔公司最高管理层鼓励有效对抗。当时的首席运营官安迪·葛洛夫（Andy Grove）告诉各级管理者，决策应该基于信息，权力和情感偏见不应对决策产生任何影响。尽管如此，但我们假定，中层管理者对最高管理层的归因没有得到公开讨论和分析，以检验其有效性，同样也没有在被证明是错误的情况下得到纠正。

伯格曼描述了另一个不可讨论的领域。他注意到，当动态随机存储器产品成为普通商品时，制造能力成了决定成败的主要因素。然而，工艺开发人员依然不重视制造，与制造人员越来越疏远。工艺开发人员继续用科学术语界定问题，把制造人员视为“匠人”。制造人员对此的回应产生了一种“非我所创综合征”（not invented here）[①]。英特尔公司时任首席执行官戈登·摩尔（Gordon Moore）[②] 对这种部门间竞争的化解之道是，把两个部门安排在地理位置相近的区域，从而促进双方更密切的合作。摩尔在仙童半导体公司工作时也遭遇了类似问题，现在他试图从早期的经历中吸取经验教训，避免英特尔公司出现同样的问题。伯格曼认为，这种策略起初奏效，但当竞争压力导致工艺开发和制造之间的差异加大时，该策略的有效性就大大降低了。

伯格曼还注意到，在中高层管理者与董事会之间的关系中，组织防卫也在发挥作用。到 1980 年，当英特尔公司在动态随机存储器市场上的整体份额低于 3% 时，这些管理者感到危机已迫在眉睫。然而，他们了解到，在董事会会议上，首席执行官摩尔和营销负责人爱德华·盖尔博（Edward Gelbach）继续

---

① 非我所创综合征是一种文化现象，指的是人们之所以不愿意使用、购买或接受某种事物，不是由于技术或法律等因素，而是因为该事物源自他处。——译者注

② 摩尔是美国企业家、工程师，1965 年首次提出后来广为人知的“摩尔定律”，1975—1987 年担任英特尔公司首席执行官。——译者注

为公司在动态随机存储器业务上的支出辩护，因为摩尔认为动态随机存储器业务是英特尔公司的“技术驱动因素”，而盖尔博则认为英特尔公司必须向客户提供一站式半导体采购清单。时任首席运营官葛洛夫对此保持沉默。对于董事会层次的这种形势，中层管理者感到沮丧。

上述多个层次的不可讨论事件通过组织防卫惯例得到强化。葛洛夫倡导有效对抗，如“最艰巨的挑战之一是让人们明白所谓‘不证自明的真理’不再是真理”或者“组织应该创造性破坏那些不再有效的惯例”，这类说法在那些不可讨论事件的影响下，听起来更像是信奉理论，而不是使用理论。

伯格曼告诉阿吉里斯，最高管理层认识到了组织防卫，但认为这种防卫主要存在于某些中层管理者之间。据我们所知，最高管理层并没有直截了当地向中层管理者检验这种防卫。如果是这样，我们可以认为最高管理层的行动让中层管理者越发无法意识到自身对最高管理层的影响。

为了解决部门间的冲突，最高管理层让各部门在位置上相互接近，建立减少冲突的相关规则，并制定相应的激励机制。尽管某些策略起初具有一定效果，但从长期来看这些策略都没有发挥作用。

伯格曼假设，最高管理层之所以坚持对动态随机存储器业务的承诺，是由于对动态随机存储器业务有情感依恋，以及不确定该业务的重要性。我们认为，这个假设只有部分是正确的。我们需要解释的是，下级人员如何与上级相互串通，创造出若干不可讨论的领域，从而妨碍了围绕这些议题的学习。

与伯格曼一样，我们也试图理解组织为什么没能发现并纠正重大错误，但我们还希望更进一步，厘清英特尔公司或其他组织为什么意识不到自己没能发现并纠正重大错误。我们把这与使用理论联系起来，认识到组织在发现并纠正错误方面的无能是非常熟练的，因此这是熟练的无能。熟练的无能意味着无法意识到无能，并且这种无意识也与使用理论相关，因此，这也是熟练的失察。

例如，我们会问，“情感依恋”这个概念包含什么内容？产生这种行为的使用理论是什么？伯格曼使用这个概念是想表示情感依恋总会导致盲目行为吗？如果不是，那么两种类型的情感依恋有什么区别？

除了前文中伯格曼提出的系列问题，我们会增加另一个令人困惑的问题。如果最高管理层信奉的管理理论原本就是要防止引发那些问题的条件出现，那这些条件又是如何持续存在的呢？

要解决这个令人困惑的问题，我们需要掌握更多可直接观察的信息，以了解人们讨论这些议题时的真实言论。例如，中层管理者如何精心设计谈话？他们小心翼翼地隐藏了自己的真实观点吗？或者，他们是否变得非常具有对抗性，以至于其他人会因为他们明显的情绪反应而忽视相关的观点？

中层管理者是否就他们对最高管理层做出的归因与最高管理层开展过对话？他们是否探讨了那些归因，即这些问题是不可讨论的，且这种不可讨论状态也是不可讨论的吗？他们是否探讨了进一步的归因，也就是即使这些问题得到讨论，最高管理层也不会做出改变？中层管理者认为最高管理层没有意识到自身的“盲目”，那他们是否探讨过自身对最高管理层的这个归因？

伯格曼指出，葛洛夫起初不相信企业滞后的情况有那么严重，也不相信惯性如伯格曼说的那么大。然而值得赞扬的是，葛洛夫亲自进行了调查，结果发现伯格曼的估计比自己的估计更准确。我们想知道，葛洛夫实际上做了什么。答案是葛洛夫询问了相关人员，直到英特尔公司决定彻底退出动态随机存储器业务几个月之后，后者才向他提供了之前未曾告诉他或他先前未曾听信的信息。

对于组织学习的滞后或失败这种令人困惑的现象，伯格曼的阐释并不能真正解释该现象为何能在英特尔公司这样的组织中蔓延，该组织的文化背景、最高管理层的支持以及管理者的聪明才智似乎都不应让这种现象发生。

例如，英特尔公司未能利用和捍卫自身在动态随机存储器业务早期的领先地位，那么是什么因素导致了这种情况？如果说是由于最高管理层对动态随机存储器业务的情感依恋，那只不过是以偏概全罢了。最高管理层实际上是如何做的？如果最高管理层确实存在情感依恋，那么中层管理者如何应对的？中层管理者又是如何改变这种情况的？换句话说，我们假设这种令人困惑的滞后和惯性现象是由以下因素共同造成的：最高管理层的感情用事和盲目，以及中层管理者的回避和掩饰。

我们还认为，通过对这些令人困惑的问题做出更完整的解释，并对这种解释进行操作定义，我们就可以设计某些行动，以改变滞后和惯性现象的起因。最高管理层对动态随机存储器业务的情感依恋、工艺开发部门与制造部门之间的竞争、维护过时战略框架的自我强化过程等，伯格曼指出的上述原因都是抽象的，不能用于改变组织，也不能使组织学会发现并纠正自身错误。

我们提出的第五个令人困惑的问题实际上意思是，英特尔公司管理层没有意识到自身在发现并纠正错误方面的无能，这种情况是如何造成的？在我们看来，该问题是其他 4 个问题的基础。

伯格曼通过提出一系列命题来总结自己的分析，然而根据我们的分析，其中一些命题具有误导性。他提出的第一个命题是：

企业掌握的独特技术能力越强，在面对行业层次的变化时，为了保持竞争优势，对该技术的依赖就越严重。

然而，我们要补充的是：

只有最高管理层、中级管理层或各部门之间的组织防卫惯例使组织愈加无法直面行业层次的变化，并使得对此的回避和掩饰无法公开检验，这个命题才会成立，或者说更有说服力。

伯格曼提出的第三个命题是：

相比于其他企业，内部选择标准准确反映外部选择压力的企业更有可能战略性退出某些业务。

我们的补充是：

在内部选择标准准确反映并应对外部选择压力的企业中，组织防卫惯例应该处于最低限度（如同我们之前描述的那种）。

伯格曼提出的第六个命题是：

战略性退出某项业务的企业，可能比其他企业更深刻地理解自身的独特能力与所处行业的竞争基础之间的联系。

我们认为，如果审查那些让关键参与者感到威胁或尴尬的错误时由组织防卫惯例主导，该命题就成立。如果企业内这种组织防卫惯例不占主导地位，该命题就不成立。这类企业在战略性退出之前而不是之后，就会对上述联系有更深刻的理解。

总而言之，伯格曼对英特尔公司案例的分析主要聚焦于组织未能发现和纠正错误所导致的问题：

- 公司在动态随机存储器业务领域的早期领先地位未能持续。
- 公司的战略思想与自我形象未能及时与不断变化的商业现实相匹配。
- 公司决定退出动态随机存储器业务后，在执行时因惯性而延迟了退出。

伯格曼对这些令人困惑的问题的解释取决于下列现象：最高管理层对动态随机存储器业务的情感依恋，他们对于公司的战略背景与变化的商业现实之间不匹配这件事的有限理性与视而不见，与动态随机存储器业务相关的管理者的权力和自身利益，以及工艺开发部门与制造部门之间的竞争。但这些原因都引发了另一个令人困惑的问题：英特尔公司管理层怎么会没有意识到自身在发现并纠正错误方面的无能呢？进而，这个问题指向组织现象层次，我们认为该层次对解释现有组织学习模式和设计旨在改变这些模式的干预措施都至关重要。该模式即为组织防卫惯例与 O-I 学习系统，它们限制了人际探询，从而使人们更加无法意识到英特尔公司的战略背景与变化的商业现实的不匹配。

在与我们的私人通信中，伯格曼回应了我们对其文章早期版本的讨论，强调了英特尔公司最高管理层在处理退出动态随机存储器业务的可能性时面临的不确定性，认为他们的惯性滞后和强化这种滞后的防卫惯例实际上发挥了一定的积极作用，因为这使英特尔公司能够将动态随机存储器工艺开发人员取得的某些技术进步应用到微处理器业务中，并避免工艺开发人员和动态随机存储器业务相关人员离职。他评论道：

在某种程度上，我想强调的是，我研究的关键点之一是，对最高管理层和中层管理者而言，组织处于迅速变化的环境中，要详细审查它面临的战略形势是非常困难的。这涉及的因素非常多，以至于他们无法做到彻底“摆脱”某种战略形势。因此，尽管我相信你们的假设是合理的，或许组织应该付出更多努力以摆脱某种战略形势，但我也相信，我们尚未充分了解防卫惯例是如何产生的。或许我的研究恰恰对此有所贡献。我还相信，消除防卫惯例不可能无须任何成本。我认为，试图彻底消除防卫惯例很可能会导致在迅速变化的环境中运营的组织陷入瘫痪。

伯格曼进一步指出，在迅速变化的、不确定的环境中，“战略性忽视”可能具有非常重要的价值。

我们发现，他的观点存在几点值得商榷之处：我们同意，当正式战略与实际战略形势不匹配时，企业回应时的惯性滞后有时会具有一定的积极作用，但很多时候这种滞后也很容易被证明是没有作用的。那么，在管理者没有意识到相互冲突的观点，不讨论具有威胁性的或关键的问题的情况下，如何区分具有一定积极作用的战略性忽视和没有作用的战略性忽视呢？

此外，为什么我们应该假设，因有意揭露防卫惯例而获得的收益无法与无意间获得的收益相当呢？例如，英特尔公司最高管理层本可以选择保留公司在工艺开发和动态随机存储器业务领域的能力，因为即便在明确决定要退出动态随机存储器业务的情况下，这些能力在未来的用途也存在不确定性。

那么，为什么我们应该假设，摆脱特定战略形势必须彻底呢？这么做当然会造成组织瘫痪！但我们不是完全可以把这种摆脱限定在那些构成最高管理者与中层管理者之间争论焦点的困境方面吗？要想了解防卫惯例是如何限制人们对重要战略问题进行有效探询的，并不需要知道防卫惯例是如何产生的，不过我们相信我们提出的理论为该问题提供了若干洞见。[①]

① 伯格曼的观点让人想起艾伯特·赫希曼著名的“隐藏之手原则”（principle of the Hiding Hand），赫希曼指出，对即将到来的风险的无知实际上可以促进一个开发项目的成功，因为那些低估了风险的人往往也会低估解决方案蕴含的创造力。然而，赫希曼在后期的著作中也认识到，人们难以区分隐藏之手被证明是有益的与不能被证明是有益的这两类实例。

通过讨论前面两项“自然发生”的组织学习的回顾性研究，我们发现：

- 两项研究的结果可谓好坏参半，其中存在若干有效的组织学习的例子，也有许多限制有效的组织学习的例子，这两种例子都需要得到解释。
- 两项研究都表明了动态保守主义，即一个组织在面对本应导致变革的信息时，往往坚持遵循以往的实践模式。
- 对于有效的组织学习很少发生这一点，研究者有以下两种解释。
  a. 在面对复杂性、噪声、模糊性和不确定性时，组织行动者的“有限信息处理能力”导致认知局限；
  b. 组织内部围绕主要行动策略和任务系统会展开利益与权力博弈。
- 我们对这些解释的批评是，它们仅仅部分解释了研究者打算解释的一级错误，而完全没有解决我们在二级错误中发现的额外难题，即组织成员没有意识到自己在发现和纠正一级错误时的无能，或者没有意识到自己在根据已知信息采取行动时能力有限。
- 我们基于 I 型使用理论和 O-I 学习系统重新解释了研究者在组织防卫惯例方面的发现，正是这种理论和系统塑造并限制了主流的组织探询模式。
- 我们对这两项研究的分析涉及“集合体的阶梯”这一问题，即人际探询维度对恰当解释两项研究的研究者在案例中指出的一级错误和我们已指出的二级错误至关重要，但他们对这一维度要么视而不见，要么看法矛盾。

围绕各种组织驱动因素的研究

现在我们转向另一种类型的研究：对尝试引入若干不同类型组织驱动因素的分析，这种尝试旨在提高组织进行有效学习的能力。

对分权化改革的研究

分权化的目的在于减少集权化造成的效率低下和组织僵化。20 世纪 20 年代，艾尔弗雷德·斯隆（Alfred Sloan）断定，如果通用汽车公司的许多备忘录需要接近一年时间才能收到回复，那么该公司不太可能实现增长，也不太可能得到有效管理。20 世纪 50 年代，通用电气公司首席执行官科迪纳得出了类似的结论，当时他在灯泡反垄断调查中得知，通用电气公司的许多高管向他隐瞒了信息，并掩饰了这种隐瞒行为。

斯隆、科迪纳以及世界各国的其他高管都试图消除这种弊病，于是就有了下述问题：何种权力与隶属关系、何种激励机制能够鼓励高管们更坦诚地面对彼此及各自的下属？他们试图通过构建新的组织架构和奖惩机制来寻找答案。他们和许多著名的组织理论家持有相同的基本假设：组织架构和规则的变化，也就是结构性驱动因素，可以引发行为发生预期的变化。

符合这个假设的具体规则是：采取行动的责任和权力应该尽可能置于掌握相关信息的人手中。正是这些人，应该被赋予做出明智决策和选择的机会；也正是这些人，应该为执行决策并监测效果承担责任。

20 世纪 50 年代，科迪纳及其同事信奉一套基于特定规则的组织分权化理论，该规则蕴含了Ⅱ型使用理论的价值观，比如有效信息、明智决策，以及个人通过发现并纠正错误来承担执行并监测决策效力的责任。我们将论证一点：通用电气公司能够实现有限的双环学习结果，但由于防卫惯例的干扰，随着时间的推移，该结果会受到削弱。通用电气公司的例子阐明了组织行动理论的结果和组织探询过程这两个层次的双环学习之间的关系，同时展现了固守在 O-I 学习系统中进行组织探询，会如何随着时间的推移损害和限制组织双环学习。

科迪纳认识到，分权化要求通用电气公司改变企业文化及其高管在有效领导力方面持有的心理地图，因此，他在纽约的克罗顿维尔创办了最早的高管培训大学之一。这个项目最早的参与者是通用电气公司各业务单位的总经理。后来，他们的下级人员也逐步参与进来，并且这些总经理的上级分部主管和主管们的上级集团负责人也参加了为期一个月的短期培训课程。我们将着眼于总经理和上级分部主管，但我们认为这两个层级的管理者的关系中存在的优缺点在其他所有层级的管理者中也存在。

通用电气公司时任高级副总裁哈罗德·斯米迪（Harold Schmiddy）[①] 撰写了一套资料，为培训课程奠定了基础。这些资料最核心的焦点是界定分权化组织的特征。他首先强调应确定合适的隶属关系，进而确定奖励和惩罚，以使隶属关系“发挥作用”（用科迪纳的话来讲）。科迪纳、斯米迪和教员们都认识到，这种“发挥作用”意味着管理者的使用理论不得不有所改变。然而对此的基本假设是，如果组织结构合理得当，奖惩机制恰如其分，那么管理者的思想和行动就会自然而然地发生预期中的变化。

接下来的内容是本书作者之一阿吉里斯的回忆，他帮助通用电气公司设计了首个面向总经理的项目，还在项目中授课，并抓住机会观察总经理们返回各自工作岗位后的表现。阿吉里斯与舍恩都认为，下面提出的观点不仅适用于通用电气公司，而且适用于他们和学术界同行参与过的大多数高管培训项目。

克罗顿维尔的培训采取集中教学方式，即教员讲课，总经理们聆听并可以随时与教员探讨问题。教员尽力界定合适的分权模式以及使之成为现实的新控制机制，总经理们获得的资料体现了这一点。这些资料的基本意图是尽可能准确地说明分权化及其特征，并阐述这些特征如何才能在企业所处的现实情境中

① 斯米迪曾先后担任通用电气公司的副总裁和总裁，与彼得·德鲁克共同开发了产业界最著名的企业培训项目，即目标管理。——译者注

实现。教员告诉总经理们，这些计划不太可能完全正确或完整无缺，他们应该带着质疑的眼光开展即时学习。

为了便于说明，让我们的阐述从那些学习新概念、新政策与新技能的总经理开始。我们要看的是组织内部把关于行动的新信奉理论当作使用理论的那部分人。阿吉里斯确实发现少数总经理心怀疑虑，这要么是因为他们不相信最高管理层真的想实行分权化，要么是因为他们感到没有相应的能力和信心运用新技能。但多数总经理确实按照他们学到的方式为实施分权化付出了努力。例如，如果他们现在可以签 20 万美元的支票，他们就会签。如果他们可以决定在一定资金限额内是自建还是租赁住房，他们就会做出决定。如果他们可以自主雇用新职能经理，他们就会雇用。阿吉里斯观察到，许多总经理的行事方式与掌握的决策权一致，愿意积极行使新近被赋予的自主权并承担相应的责任。

尽管总经理们没有接受任何有助于他们发展Ⅱ型使用理论的培训，但上述行动体现了双环学习的结果。然而，这里需要注意他们取得成功的前提。总经理们先前已掌握签署支票的技能，接受过新采购程序的培训，并且懂得如何雇用职能经理。换句话说，在分权化概念与总经理们落实分权的能力高度匹配的前提下，通用电气公司分权理论中蕴含的Ⅱ型使用理论的价值观才从信奉理论转变为使用理论。我们认为，这确实代表了组织使用理论层次的双环变化，但并未包含人际探询层次的双环变化。

根据我们的理论，只要没有出现重大失误或错误，这种成功就能持续下去。然而随着时间的推移，失误或错误必然会出现。例如，任何有关采购或其他事务的管理政策都不能涵盖所有意外情况。如果消弭抽象政策与实际行为之间的鸿沟所需要的变化不具有威胁性或不令人尴尬，那么鸿沟就能被成功消弭。但如果消弭鸿沟或问题的解决方案所需的变化具有威胁性或令人尴尬，那么总经理们就会采取Ⅰ型使用理论的行动策略来处理它们。这些策略导致总经理们采取单方面行动，而下级人员则暗中行事，并且双方都表现得似乎没这回事。例如，下级人员认为自己新获得的自主权不够，而上级往往认为他们没有充分利用自主权。这些问题涉及的尴尬或威胁被回避了，并且这种回避行为也被小心翼翼地掩饰起来。

阿吉里斯观察到，总经理们在自己的办公场所主持会议时，一旦有令人尴尬或具有威胁性的问题出现，Ⅰ型使用理论以及可预见的组织防卫惯例就会被激活。在处理直接下属所谓的“困难问题”时，总经理们往往会说“来吧，让我们试试”或“如果你们更积极一点，我知道我们就能完成这项工作”。而下级人员就会发现，符合Ⅱ型使用理论价值观的组织分权管理理论与上级人员的行动并不一致，尤其是在总经理们面临令人尴尬或具有威胁性的问题时。

总经理们担心，在某些重要情况下，他们从上级领导处得到的信息是含混的。在涉及模棱两可的权力且压力重重的情境中，上级领导可能会说：“当然，你有这个权力，但是在这个问题上你最好和我商量一下，因为这牵涉政策问题。”通常情况下，教员会对这种情况做出下述回应：“要积极，要有耐心”，或者“向你的上级表明，新规则确实赋予了你决策自主权”。这种建议既回避了总经理接收到含混信息的问题，又忽视了这些信息背后使他们感到受挫的模糊性。

阿吉里斯观察到的结果通常是，恰恰在最需要分权的时候，也就是模糊性或冲突使对话令人尴尬或具有威胁性时，这些建议违背了分权理念。进而，这些结果被“要积极，要有耐心”之类的建议回避了。实际上，这些建议还要求把这种回避行为掩饰起来。克罗顿维尔培训项目的教员采取的回避策略与总经理们在办公场所的会议上所采取的策略类似。我们认为，这就是克罗顿维尔培训项目与许多其他类似项目被戏称为“礼仪学校”的原因。

还有另一个问题导致了“向你的上级表明，新规则确实赋予了你决策自主权”这样的建议出现。有一些总经理认真考虑了该建议，并确实对上级进行了反击，而他们的上级则往往认为这种行为有问题。如果总经理们实现了各自的财务绩效目标，那么他们的冒犯行为就会被容忍，上级领导视其为“浑金璞玉”。然而，那些延误或未能实现绩效目标的总经理最终往往会被调离、降职或解雇。

基于前面的阐述，我们得出下列结论：只要组织使用理论中的双环变化仍然伴随着符合 I 型探询的推理和人际使用理论，那么当出现令人尴尬或具有威胁性的问题时，妨碍学习的自我推进式防卫、逃避、无所谓的态度等附带结果就会被激活。

在这种情况下，管理者为什么要把信任这一社会道德具化为“别干涉我，关注我的结果即可”，也就不难理解了。实际上，上级往往会对下级说自己信任后者，所以不干涉后者而只关注结果，并且以此为荣。下级也持有一种对应的信任观念，即疏远上级。这最终导致上级被排除在关于业务问题的对话之外，即便他们精通相关知识与技能，也无济于事。同样，上级也会排斥那些绩效越来越令他失望的下级，从而降低后者晋升到更高管理层的机会。

有趣的是，在某些情况下，上级与下级会违反上述信任观念。这种情况可能与组织防卫惯例被激活有关。通用电气公司围绕如何应对这些防卫惯例召开过会议，但几乎没有就如何消除或减少这些防卫惯例召开过任何会议。出现这种情况的原因有 3 个。第一，在培训的早期阶段，消除或减少这些防卫惯例的可能性从未获得过认可。这类话题被认为是不可讨论的，并且这种不可讨论状态也不可讨论。第二，没有人传授给这些管理者任何可能在这些现象中促成双环变化的技能。第三，组织防卫惯例往往被视为令人遗憾但不可避免的一个组织特征。

在这些条件下，对于那些不会激活组织防卫惯例的问题，自主权和权力得以确立。但当组织防卫惯例被激活时，个体往往会利用得到的授权来掩饰自己的回避行为。例如，在一个大型业务单位中，高管们批准每月支出 200 万美元，因为他们觉得某个项目贴合首席执行官的心意，并且首席执行官对这个项目的看法很坚定。正如其中数位高管所言，在这个问题上浪费宝贵的"谏言机会"毫无意义。

由于回避了模棱两可和压力重重的授权情境，也因为由此产生的放任态度，所以通用电气公司的高管们过了一段时间后才发现，各利润中心的管理者正试图用可疑的方法实现损益目标。预期销售额可能被作为实际销售额，亏损报告可能被推迟到下个季度。高管们对这些发现的回应是引入更严格的核查与信息系统。

这种结果更具普遍性。每当发现回避与掩饰行为时，人们采用的补救措施通常都是运用更详细的规范来加强核查。该策略的困难之处在于，详细规范的增加违背了利润中心自主负责的理念，同时使规范变得非常僵化，以至于难以贯彻落实。

因此，我们得出结论，当组织的政策和实践从集权转向分权时，随着时间的推移会表现出下列特征：

- 对于新近被授予的决策权，上下级在一开始都倾向于表达满意并声称此举提高了绩效。少数人可能心怀疑虑，因为他们怀疑最高管理层的"真正意图"，或对自身的能力没有信心。
- 随着时间的推移，各种问题会逐渐暴露，观念上的分歧开始产生影响并引起冲突。这些后果激活了参与者的 I 型使用理论以及随之而来的组织防卫惯例。这会导致上级插手相关事务，而在下级看来，这么做违背了分权理念。进而，下级可能会疏远上级，并对此加以掩饰。在上级看来，这说明下级违背了为保证分权的有效性而必须承担的责任。我们有多少次听到上级警告下级“不要出现意外”？这种警告不仅适用于绩效成果，也适用于组织防卫惯例的利用。

- 符合Ⅰ型使用理论的社会道德得到加强。这反过来又强化了组织所有层级的防卫惯例。例如，管理者会把自认为积极的信息告诉他人，以帮助并支持他人，从而减少他人的受伤感；管理者通过不对抗其他管理者的推理来表示尊重。当问题相对客观或控制程序使这些行为透明化的时候，那些秉持坚毅（倡导自己的立场以追求胜利）、诚实（不撒谎）和正直（坚持自己的原则）等社会道德的个体可能会言行一致。但当问题变得见不得光或不可讨论时，Ⅰ型使用理论中关于坚毅、诚实与正直的观点就会导致截然相反的立场，妨碍人际层次的双环学习。
- 一种反常的信任感发展起来，它是信任与相互疏远的结合，这导致这种疏远变得不可讨论。
- 制造了一个自由行动的空间，它包容违反组织规范的行为。具体而言就是，实现结果的方法符合政策的字面意思，但违背了政策的精神。
- 当高管们意识到这些结果时，就会强化核查机制，这反过来又违背了分权理念。

自从科迪纳担任通用电气公司首席执行官之后，日益进步的信息技术已经可以用来开发更严密、更高效的核查机制，这样就能让那些本来见不得光的行为大白天下。随着自我推进的反学习过程导致的僵化越发难以掩饰，高管开始认识到，如果想取得成功，那么管理实践需要再教育，这种教育聚焦于个体的Ⅰ型使用理论。正是在这一点上，组织使用理论与人际使用理论变得相互依存。

具有讽刺意味的是，当组织使用理论与人际使用理论之间没有构建联系时，再教育项目被戏称为“礼仪学校”。现在，当这种联系被认为比先前更重要时，人们常常会听到“这太难了”、“真的有必要吗”或“这不是很危险吗”之类的抱怨。想当初，不完善的再教育方法内在的肤浅特质不仅导致有限学习，而且被上下级人员用来自我掩饰。而如今，为了自我保护，上下级人员可能会用制造“危险”或打开“潘多拉盒子”之类的字眼来喝止自己。我们相信，如果要坚持分权化、授权、个体责任等理念并以此促进持续改进，那么我们将不得不在组织使用理论与人际使用理论之间构建联系。

对作业成本法的研究

接下来我们尝试分析卡普兰对企业引进作业成本法的研究。作业成本法是一种信息系统，旨在通过使成本和利润来更准确地归因到产品线，从而提高组织绩效。卡普兰及其同事为发起和实施一个作业成本法项目构建了明确的框架。通常，他们会从一个关于组织支出和利润率的作业成本法模型开始，该模型往往可以揭露“许多成本高得出乎意料的作业、过程、产品与客户”，然后再进入行动阶段，此时“管理层会根据作业成本法模型揭示的洞见来采取行动以提高组织绩效”。卡普兰及其同事区分了这个过程中的关键角色：变革倡导者、有能力批准变革的发起者、负责验证理念并提供更准确信息的变革推动者，以及变革对象，也就是应该基于新揭示的信息做出行为改变的个体或群体。

卡普兰及其同事发现，他们的变革行动经常遭遇抵制。例如，某家公司的一个部门成功引入了作业成本法这套信息系统，随后却没有推广到整个公司范围。卡普兰的一位管理者客户告诉他：

> 我还不能确定，这个组织已经做好准备要基于信息做出艰难的决策。我们用了 5 年时间才放弃了一条显然不赚钱的生产线。如果我们还没有准备好做出艰难的决策，那么就不需要采用一套时髦的新信息系统。

为了应对抵制反应，卡普兰与若干客户合作发展了组织驱动因素，包括与激励机制挂钩的绩效评估、任务团队的构建、群体培训训练的引入等。但是，这些驱动因素往往被证明不足以促使管理者做出发自内心的承诺，认真推进成功实施作业成本法所必需的变革。当技术理论对现有组织规范和长期以来开展业务的方式构成挑战时，总会有微妙的力量妨碍人们接受新思想，使“那些对以往实施的决策、行动与组织结构具有高度专业认同和自我认同的人”感到威胁或尴尬。例如，作业成本法可能揭示出“某些备受欢迎的产品线或客户是无利可图的”，因此负责引入和维护这些产品线的产品经理，或负责这些无利可图的客户的客户经理“会觉得那些表明他们的活动损害价值的确凿证据对他们产生了威胁”。管理者可能会由于“不得不明确承认职权范围内的产能过剩”而感到尴尬，或者更笼统地讲，他们感到尴尬是由于要承认自己的传统成本和绩效衡量系统已经“导致糟糕的决策……以及对浪费性活动的视而不见”。而具有威胁性或令人尴尬的体验通常会引发防卫推理，比如“因为采用现有流程而遭遇失败，要比因为尝试新事物而遭遇失败更可接受，特别是在业务正常、没人真正面临困境的情况下。相信我，我清楚这一点”，或者“人们更习惯管控支出，而不是管控造成支出的行为。这是组织生活的现实”。

当作业成本法拥护者试图克服这种防卫反应时，他们采用的变革策略反而会加剧防卫反应。例如，一位最高管理者绕过部门经理，直接插手工厂层级的管理，建立作业成本法模型，也没有预先承诺一旦大批产品被证明无利可图，就会做出相应的变革。他通过集中精力建立一个可靠的操作模型来避免与部门经理的早期冲突，并要求财务主管和数据处理经理独立确认作业成本法的分析，从而预防他预期会出现的抵制行为。但最终，部门经理仍然拒绝接受该分析。这名最高管理者把这种争论界定为“一种理性分析方法与高管对变革的无知抵制之间的冲突”，他以此为借口，使自己免于因采取无效行动而受到指责。

阿吉里斯和卡普兰对他们的分析进行了总结：

当我们引入符合新技术的行动理论时，如果正确实施该理论就会令人尴尬或构成威胁，那么在涉及引入这种理论的所有变革中，采用一般实施方法的倡导者、发起者、变革推动者与变革对象就都将面临挑战，也就是要应对包括他们自己在内的组织参与者的防卫推理。

对全面质量管理的研究

第二次世界大战结束后不久，爱德华·戴明（Edwards Deming）把全面质量管理引入了日本。20 世纪 80 年代初，美国管理界逐步认识到，日本企业不仅在成本方面，而且在质量和绩效方面都超过了美国企业，这在很大程度上要归功于日本企业根据戴明的理论和方法所做出的持续的质量改善。随后，美国产业界开始推广全面质量管理。在整个 20 世纪 80 年代，全面质量管理的应用范围不断扩大，其声誉也越来越好。然而在 20 世纪 90 年代初，正当全面质量管理的声誉如日中天时，迈克尔·比尔所谓的“幻灭文献”开始出现。[①] 我们以 20 世纪 90 年代发表的两篇论文为讨论对象，论文的作者回顾了采用全面质量管理后好坏参半的结果、全面质量管理所引发的抵制行为的性质，以及全面质量管理这个方法的局限性。

亚瑟·M. 施耐德曼是一名专业的全面质量管理倡导者和教师，在教授组织实施全面质量管理方面积累了丰富经验。他面向全面质量管理的反对者撰写了一篇论文，其中也对全面质量管理的局限性进行了透彻的分析。如今，他对全面质量管理的描述已广为人知，具体包括下列 3 个要素：

① 参见比尔的文章《构建一个有能力实施战略与学习的组织》（*Developing an Organization Capable of Implementing Strategy and Learning*），比尔在这本书中写道：“70% 的企业反馈说，全面质量管理没有实现预期目的。”

- 对生产制造、产品开发、文件归档、电话应答等各个组织流程的确认，并绘制流程图。
- 把每个这样的流程界定为供应商和客户的伙伴关系，并为各自的绩效提供明确的衡量标准。
- 让所有相关员工都共同参与，不断地识别和消除缺陷，从而实现持续的流程改善。

接下来，施耐德曼阐述了自己对“近 100 个 PDCA 循环[①] 典型应用案例”的研究，他的主要发现如下所述：

- 改进的速度是恒定的，施耐德曼对此采用“半衰期”的概念来解释。一项流程改善活动的半衰期是 6 个月，这意味着每 6 个月缺陷率会减少 50%。
- 随着流程复杂性的增加，持续改善的速度会降低，当这种复杂性是组织的复杂性时尤其如此。“如果大批管理者不是团队成员，并且持有相互冲突的目标，那么改善速度就会非常缓慢。”
- 组织中最需要改善的流程的复杂性会随着组织层级的提高而增加。在日本，全面质量管理的成功引发了一种冲动，人们“自然而然地想要把改善活动提升到管理层”，但“质量管理小组受到的训练是要把精力集中于机器、材料与方法上，尽可能避免涉及人类行为的问题，当行为来自非质量管理团队成员时尤其如此。”
- 应用于复杂管理问题的全面质量管理工具可能会产生一种“虚假的严谨感”。这种感觉似乎“澄清了围绕复杂问题的模糊性，但模糊性真实存在，不真实的恰恰是强行消除这种模糊性的企图”。和其他员工一样，管理者

① PDCA 循环，由美国统计质量控制开创者沃特 · A. 休哈特（Welter A. Shewhart）最早提出，是控制和持续改进生产流程与产品的 4 步管理法，包括计划（Plan）、执行（Do）、检查（Check）、处理（Action），后来被戴明继承并发扬光大。——译者注

"不断在复杂情况下基于自身的经验或直觉做出妥善的决策……他们的方案往往比我们强行纳入分析框架的描述更加妥善"。但当管理者的直觉与全面质量管理团队得出的结论相悖时，他们往往会陷入两难困境。

- 当前的全面质量管理实践，它的一个根本局限性是，不能设法处理复杂系统中的动态互动，这些互动导致全面质量管理难以明确该过程中造成缺陷的多个原因的相对重要性。某些关键流程的因果链最多也只是隐约可见，最高管理层对此深感棘手。以"增加薪资会降低员工离职率"命题为例，假如问题出在工作满意度而非薪资数额上，该怎么办？如果不想自断后路的员工为了投管理层所好而掩饰员工离职的真实原因，那增加薪资又会造成什么结果？再以"集权化会提高效率"命题为例，果真如此的话，为什么多数重组会在集权化与分权化之间来回摇摆呢？

施耐德曼的结论是，目前付诸实践的全面质量管理存在较多局限。他甚至倾向于拉塞尔·阿克夫的观点："当前多数工艺流程都已过时，无法及时改进，因此应该被废弃，并用理想化的重新设计取而代之。"尽管如此，他还是相信"改进的过程是相同的"。尽管"慎重使用全面质量管理工具非常重要"，并且"我们必须记住共识不一定必然引发最佳结果"，但在某些情况下使用全面质量管理工具①还是可以解决中等复杂程度的跨职能问题。最后，他认为高度复杂、相互作用的动态问题"似乎在我们组织的内外部都造成了最大的痛苦"，仿真建模可能需要在其中得到越来越多的使用。

马克·马林格介绍了自己的一段经历，他在一家被证明实施全面质量管理相对无效的企业担任过"变革推动者"。他用了一年的休假时间在这家产值数十亿美元的《财富》500 强企业的制造部门担任参与者兼观察员。为了应对财务和日程压力，该企业首席执行官宣布了一项重组计划，把原来的 9 个管理层

---

① 这里有 7 种管理工具，分别为：因果图、检查表、控制图、直方图、帕累托图、散点图、流程图。——译者注

级削减为 5 个，并裁减了大约 2 000 名管理人员。首席执行官随后命令制造部门实施全面质量管理。

经过 5 个月的培训和试行，花费了约 1 100 万美元之后，全面质量管理项目被叫停。马林格指出，这是由于“培训的全面质量管理技能显然没能用来解决企业面临的返工与交付进度问题”。

一年后，在培训人员大幅减少的情况下，根据数据收集和干预设计方面的迭代方法，全面质量管理干预措施再次开始实施。这一次，出于裁员和其他方面的原因，所以缺乏经验丰富的管理者所具备的“部落知识”（tribal knowledge）①，这导致该过程愈加遭到怀疑。马林格同实施全面质量管理的部门的几名副总裁反复讨论后，发现全面质量管理并非大家的优先事项，而是被视为一种障碍。他说：“尽管人人都承认需要进行变革，但他们的实际行为与声称的目标大相径庭。”例如，一位副总裁声称希望把全面质量管理作为该部门 5 个年度目标之一，却在一次会议上吩咐人力资源联络员制订一份“人员培训”计划之后就离开了会场。显然，这位副总裁把全面质量管理视为一套提高一线管理者生产力的培训技术，而不是一种“对共同的、积极的团队计划的承诺”。他似乎认为，只要按人数逐一培训一番，他就可以完成首席执行官布置的任务，把自己的部门打造成一个全面质量管理部门。

中层管理者也表达了对全面质量管理的怀疑与不信任，如同他们在评论中说的那样，“这里的项目如流水，支持项目的人也一样”。当裁员开始实施，而宣传的变革没有达到预期目标时，车间员工变得越来越不满。他们感到工会领导者与管理者正在共同把他们带上“绝路”。在一个部门中，原计划持续 24 小时的培训项目仅启动 1 小时后，那些原本口头答应积极参与变革的高管就声称要参加紧急会议而离开了。一线管理者据此推断，全面质量管理在高管的议程

① 部落知识通常是指群体内部已知但群体外部的人不了解的不成文知识。——译者注

中优先级较低，而一线管理者自己在组织眼中也没多大价值，因此他们对全面质量管理的怀疑和对高管的不信任反而增强了。“在接受培训的两周、一个月乃至 5 个月后，没有证据显示业务单位的绩效出现显著变化，并且干预措施也缩减了。”

随着裁员的持续，员工对工作的不安全感也日益增强，全面质量管理团队越来越被看作“为下一轮裁员寻找目标的杀手”。

马林格进一步指出，他没有发现任何证据能表明企业内存在“承担风险、增加自主权的环境”。相反，他发现了一种普遍的担忧氛围。全面质量管理团队负责人、人力资源总经理和人力资源副总裁召开会议，向总裁简要汇报全面质量管理模型第二阶段的进展状况，此次会议就被这种氛围笼罩着，会议主要议程是向总裁推销全面质量管理设计，而不是设法解决前面描述的阻力问题。马林格指出：

会议传递出“我们已经知道答案”的信息。我注意到，副总裁和总经理都同意总裁的理念，他们在回答总裁关于全面质量管理的每个问题时都暗示我们已经掌握“基本情况”。在我看来，介绍情况的项目负责人显然不愿意提出实质性问题，因为他担心这会令上司感到尴尬。

马林格对于自己在会议上的行为的描述同样耐人寻味。他表示，他“觉得自己不应和他们同流合污”，但他非常谨慎，以免让人力资源部门的管理者们感到被拆台。但事后回顾时，他感到自己应该更加直白一些。他在会议上所做的是：

向总裁指出，组织文化可能会阻碍全面质量管理倡导的变革。总裁不假思索地回应道：“首先改变制度，文化会随之改变。”……总经理完全赞同总裁的看法，对组织文化的讨论就到此为止了。

如马林格所见，此次会议的基调在于“不给总裁带来坏消息”，这是他后来在所有管理层级观察到的一种模式。

马林格从这个案例中得出若干经验教训，包括作为研究对象的业务单位必须与外部要素建立伙伴关系；需要让组织成员更多地投入全面质量管理计划，从而提高他们对该过程的主人翁意识；要鼓励下级人员公开讨论实施全面质量管理过程中遭遇的棘手问题，并表达对该过程的恐惧与期待。然而，马林格没有指出，在他观察到的企业文化中，这些经验教训究竟如何才能付诸实践。

对业务流程再造的研究

乔治·罗斯在麻省理工学院斯隆管理学院完成了博士论文，他在其中详细分析了两家商业服务公司通过采取种种干预措施来提高生产效率和服务质量的尝试，他们的干预措施包括把引入的新信息技术与业务流程再造结合起来。与 CSC 指数公司（CSC Index Inc.）一样，罗斯把业务流程再造定义为：“为了在速度、成本与质量方面彻底提高绩效而从根本上改变工作方式的理念。”

罗斯在两家保险公司的子公司中对引入的成像系统和流程再造进行了为期一年的研究。其中一家是为某金融服务企业管理共同基金的都福公司（Dover Service Company），另一家是为某人寿保险政策企业提供服务的哈威克公司（Harwick）。这两家公司的具体工作有类似之处：处理纸面信息、回答客户的电话咨询，以及在计算机系统上从事业务交易。这两家公司都通过开发成像系统应用程序来再造客户服务和纸面信息处理工作，这些应用程序旨在取代纸张，并且其开发基于相同的技术。

罗斯围绕着流程再造的阶段模型来组织该研究，这个阶段模型包含战略制定、系统选择、准备、实施、对效用与结果的观察等阶段。他遵循这些阶段追踪了两家公司的项目发展，描述了下面 4 个利益相关群体的职责、活动与观点：

- 高管，包括首席执行官、总裁、首席运营官、高级副总裁，他们在制定关于成像系统的战略和决策方面发挥作用。
- 经理，他们在日常业务运营中承担直线管理责任。
- 技术人员，他们负责明确系统规范、开发、安装与操作。
- 员工，他们是成像系统的使用者，负责处理文件、回复电话、满足客户的需求。

尽管这两家公司的环境、系统开发与实施的模式存在若干不同，但罗斯在这两家公司中的发现非常相似。罗斯对这两家公司的研究发现，公司在服务质量、速度、生产效率等方面的预期改善并没有实现。关于都福公司的情况，他写道：

> 一年之后的 1993 年 5 月，尽管进行了多项变革，但技术革新的影响微乎其微。新的客户成像应用程序从未得到真正使用。经理们仍然不确定成像系统从哪里获得收益，以及在这场变革过程中这些系统如何发挥更大作用。文件处理部门只被允许雇用一名员工，并且只有一名兼职经理负责成像系统的开发。一个新项目是对收发室收到的所有文件进行前端扫描，并且已经完成。这个成像应用程序提供了完善的统计数据和管理资料，但并未使生产效率提升，且文件处理仍是纸质形式。

关于哈威克公司，罗斯列出了大约 8 个子项目的成果。他写到，他关注的客户服务部门和普通人寿部门的员工总数减少了 23%，“采用成像系统对工作、员工和经理来说都算不上好事”。

罗斯指出，在客户服务部门，旨在帮助顾问为客户提供电话服务的 UltraFind 项目实施 5 个月后，“只有 1/15 的客户来电”要求提供该项服务，并且“UltraFind 的速度太慢，所以无法为咨询工作提供太大帮助”。罗斯发现，公司客服使用的文件处理系统 TIP 处理文件所需的时间“是使用纸质文件和原有系统 TAA 的 3.3 倍”。

在普通人寿部门，图像处理应用程序 ULIP 在现金处理、特许经营更新、贷款等业务方面取代了纸质文件。罗斯发现，“同处理纸质文件的方法相比，如果员工不能更快地处理文件，他们对 ULIP 最初的热情就会消失”。采用 ULIP 后，处理文件的时间增加了 1.8 倍，问卷调查显示，“员工的态度和工作观念在恶化”。罗斯描述了一个名为“通信创建”（Correspondence Creation，CC）的应用程序，该程序允许从菜单中选择套用格式，对从事文字处理工作的员工大有帮助。通信顾问的效率提高了大约 26%，并且他们会比其他员工更加积极地回答开放式问题。然而，罗斯指出，员工和经理的这类反应是个案，而不是常态。

罗斯并未发现生产效率、服务质量、员工态度、绩效、产出等方面出现可测量的预期增长，这可能是也可能不是多数业务流程再造的结果，但真正耐人寻味的是，他描述了流程再造过程中利益相关群体的互动，并把项目成果不如预期部分归因于此。罗斯指出：

这两个组织无法为利益相关者之间的沟通创造条件，这导致组织在管理技术变革方面遭遇根本性困难，并带来了意外的消极结果。技术变革过程中的利益相关者无法协调潜在的假设、避免误解，或者就成像系统及其对组织的影响形成共识。结果，更强势的利益群体的观点和议程通过成像系统的活动得以推行。技术人员主导了技术变革进程。

罗斯举了许多例子来说明他所说的在互动方面存在“根本性困难”的意思。例如，都福公司的一名业务经理表示他“不信任技术人员，因为他们不愿透露信息，也不愿听取建议”。他发现技术人员独断专行。他希望本部门的专业人员能参与改进和调整应用程序，但又无法为他们提供所需的资源。另一名经理抱怨道，他之所以依赖技术人员，是因为他们已经选择了这种成像系统并懂得如何使用，但是“他们虽在整个业务流程中广泛应用该系统，却不考虑是否合适，也不考虑哪些业务需要进行变革”。还有一名经理表示，变革出现问题时“缺乏制定相应决策的过程”，由于会议由技术人员主导，所以难以令人满意，并且“会议之外没有对话”。

值得注意的是，在罗斯研究的两家公司中，尽管经理和员工汇报的数据令人沮丧，且这些数据经过罗斯亲自核实，但最高管理层仍然宣称项目取得了巨大成功。哈威克公司首席运营官德威尔受命来改善组织状况，她告诉罗斯，“尽管遇到了某些挫折”，但她相信业务目标已经实现，并且向整个行业宣扬该项目大获成功。都福公司总裁布莱恩特对流程再造项目有着同样积极的评价。经理们相信，布莱恩特之所以持有这种观点，是因为他接收到的全是积极信息，不清楚存在的问题。他们甚至认为布莱恩特与掩饰消极信息的人串通一气，因为“他没有创造条件，严格审查并促进员工参与”。当较低级别的经理试图揭发该过程中存在的问题时，却遭到了惩罚。一名经理说，当她看到一份报告说成像系统的“正常运行时间达98%”时深感震惊，因为她亲身经历过系统故障。她首先询问的技术人员说，如果她对报告存在疑问，那么应该打电话询问项目经理。而当她打电话时，项目经理回应道：“之所以如此，是应首席执行官克雷格的要求。”这名经理的结论是，布莱恩特仅仅接收到了项目进展顺利的信息，而成像系统存在的问题和真实的影响从未在布莱恩特参加的会议上得到讨论。这名经理最终“不再关心这个项目，因为……‘我们在这方面一无所获，而我还有其他事情要做’”。

罗斯对自己的分析总结如下：

在两家公司中，技术人员都掌握了足够的权力来强迫员工和经理接受并采用这种系统，但他们无法确保成功。尽管结果好坏参半，但技术人员确实运用了手中的权力，选择报喜不报忧。

对战略性人力资源管理干预的研究

迈克尔·比尔全面坦率地阐述了他在阿尔法医疗公司（Alpha Medical Corporation）采取的干预措施，这次干预不是想一次性改变一个组织，而是试图构建一个“持续学习”的组织，从而适应“竞争所需的战略性变革”。比尔努力使组织的持续学习过程内部化，这种过程可以把组织的“硬”要素和“软”要素结合起来。在他看来，这个过程必须是系统的、迭代的，必须在组织的上下层级之间构建伙伴关系，必须“设法使通常隐藏起来的组织和管理行为显现出来”。简而言之，比尔的干预措施直接针对前文几位研究者提到的种种抵制行为，也就是他们尝试基于分权化、全面质量管理、业务流程再造进行干预时观察到或遭遇到的行为。比尔的干预措施也可以被视为创造沙因所谓的“学习文化”的尝试。

在战略性人力资源管理干预过程中，比尔希望把战略性变革与持续性组织学习过程结合起来，即“实施新战略性设计的经验可以用来重新设计组织，从而与人类能力的局限性或者与在此过程中发现的环境变化保持一致”。比尔从“战略性剖析”开始，进而评估“根据不断变化的业务现实，重新构建和实施新战略的组织能力”。这些工作和后续步骤都由一个员工任务团队来执行，这个团队由“本单位比最高管理层低一两个级别的最优秀员工”组成。该团队的工作结构旨在促进对可能不可讨论的问题或事务展开讨论。在初期的剖析会议上，情况如下：

最高管理层悉心倾听，任务团队坐在会议室中间，讨论他们从对组织实施新战略能力的调查中得到的发现，并将这些发现梳理为会议主题。这种“鱼缸式”讨论往往会持续数个小时，每个主题结束时都留出一段时间，以便最高管理层询问某些问题。

由任务团队和最高管理层联合开展的组织诊断进一步确定了“包括最高管理层在内的整个单位内部的关键设计杠杆和人力资源政策，任务团队认为问题的根源正在于此”。随后，与会者确定了实施并管理战略性变革的愿景、管理理念、组织设计与行动计划等。比尔认为，在此过程中确定的“实施障碍”中，有几项对于全面质量管理、业务流程再造、员工参与等干预措施的失败“无疑负有责任”，这些障碍包括：战略重点不明确或相互冲突、最高管理层难以协作、管理风格自上而下、职能间或部门间缺乏合作、上下级沟通不畅，以及职业发展与管理能力存在缺陷。

战略性人力资源管理干预的参与者表示，它“让我们能够讨论那些不可讨论之事……把需要我们花费数年时间才可能公开的问题摆到台面上”，甚至让他们产生了一种“我们也不知道会遇到什么”的感觉，以至于有点紧张地开玩笑要干掉信息提供者。比尔认为，由于项目数据由管理者选择的最优秀员工提供，所以管理者认为这些数据“哪怕许多都表明问题出在他们自身的绩效不佳上，但仍是有效且非常重要的”。

然而从长期来看，战略性人力资源管理干预的结果却被认为好坏参半——有些预期目标已经实现，另一些则没有。比尔的调查和访谈表明存在下述模式：组织最高层对变革过程怀有非常高的投入度，但底层的投入较少，并且在克服障碍和完成战略任务方面只开展了微不足道的变革。最大的变革出现在最高管理层的效能和跨职能部门合作方面，最小的变化是员工们的认知，也就是他们对下述问题的认识：最高管理层是否会根据员工在管理和领导他人方面的技能及其向上级提出困难问题的意愿，来决定奖励和提拔员工。

比尔的结论显然是，最高管理层“没有与员工构建伙伴关系，也没有产生会带来战略成果的群体责任感”。组织中层级较低的人员仍然感受不到战略性人力资源管理，并且它仍然受限于“应该如何制定决策的层级假设”。除了少数情况外，高级管理层并未审查和追踪战略性人力资源管理项目的成果。比尔认为，这是由于“他们本身不愿意与下级人员讨论困难问题，且缺乏相应的技巧”。比尔注意到下面的讨论：

> 实现变革过程需要具备人际能力和管理价值观，而该过程本身正是以开发这些能力为目标的……尽管战略性人力资源管理为坦诚对话打开了一扇窗，但显然没有培育出人际能力和组织能力来维持这种对话。

比尔对战略性人力资源管理干预的最后总结是，竞争激烈的世界要求组织具备自我设计能力，这种能力要求管理部门运用技能“参与开放的、基于事实的对话”，讨论“困难的且往往痛苦的”议题。他认为这种技能“尚未被打造出来”，它要求做出“被许多经理视为‘非自然行为’的人际行为”。比尔认为，“这些技能能否被打造成形，以及组织是否必须通过选择来获得这些技能”还有待观察。比尔断言，无论如何，这些都是“一个高效组织的核心技能”，无论管理者及其顾问是否认识到这一点，“随着组织适应性在竞争激烈的世界中变得日益重要，组织对这些技能的需求都将更加急迫”。

两组研究的经验与教训

两个不足之处

我们已经详细审视了上述两组研究：第一组涉及企业运营过程中“自然发生”的组织学习或组织适应；第二组涉及围绕各种驱动因素设计的干预措施，这些措施旨在提高组织有效学习的能力。

第一组研究显示出解释方面的不足。范德文、波莱与伯格曼分别进行的这两项组织研究的结果可谓好坏参半。有些证据表明发生了有效的组织学习，但也有证据表明组织仅对一些信息做出了部分回应或滞后回应，而这些信息本可以或应该用来证明组织需要对此进行重大变革。这些呈现出动态保守性的组织倾向于坚持已有的思考和行动模式，因而未能根据一些个体成员掌握的信息及时采取行动。在决策的关键时刻，管理者的探询模式表现出扭曲、过度受限乃至无效的特征。研究者注意到了这些模式，但没有给予足够的重视并对其加以探讨。

这一组的两项研究都没有对好坏参半的结果给出完整解释。首先，它们不能彻底解释一级错误。例如，在治疗性单采术案例的初期阶段，内部人员已经察觉到存在问题的迹象，但公司管理层未能及时获悉。在伯格曼的研究中，英特尔公司对于动态随机存储器市场及其自身在该市场的竞争地位的转变反应滞后。其次，它们完全不能解释一级错误背后的二级错误。也就是说，对于指导组织行动的基本假设与内外部现实的变化模式之间的重要冲突，关键管理者个体或群体怎么会始终意识不到企业的反应滞后呢？组织又是如何让若干议题不被讨论的呢？毕竟这些议题已经由部分个体成员根据自己掌握的信息推导出来了。

第二组研究的研究对象是通用电气公司在科迪纳领导下的分权化、作业成本法、全面质量管理、业务流程再造，以及战略性人力资源管理，这组研究显示出组织在实施方面的不足。在这些研究中，企业尝试引入有效的组织学习的驱动因素，即技术与信息系统（作业成本法）、新正式结构（分权化与扁平化、战略性人力资源管理中创建的用来探询的任务团队），以及旨在促进学习文化发展的原则与程序（全面质量管理、业务流程再造、战略性人力资源管理），这些尝试的结果也可谓好坏参半。这些干预措施只能部分或临时提高组织绩效。例如，随着时间的推移，组织中的权力、欺骗与控制博弈颠覆了科迪纳时期通用电气公司实施的分权化改革。作业成本法揭示的信息令部分管理者感到尴尬或威胁，这激发了他们的防卫心理，导致作业成本法未能顺利实施。对全面质量管理干预措施的研究表明，当议题涉及行为问题，如多名管理者尤其是更高层级的管理者之间具有相互冲突的目标和利益时，全面质量管理对绩效的改进作用显著降低。

全面质量管理、业务流程再造以及战略性人力资源管理的研究证明了组织在实施方面的不足。比尔和施耐德曼直接指出受限的或扭曲的组织探询是重要原因，但没有提供一般理论对此加以解释。在有些例子中，研究者提出各种假设来解释他们研究的干预措施产生的可观察的结果，但他们从认知局限、利益理论、管理价值观以及政治博弈等角度对好坏参半的结果进行解释，这些解释并不令人十分满意。那些假设不能彻底解释研究者在案例中发现的一级错误，并且完全不能解释我们在他们的案例中发现的二级错误，即在根据已掌握的信息采取行动方面或者在发现和纠正错误方面，组织意识不到自身的无能。

我们已经指出，两组研究揭示的好坏参半的结果和缺乏有效学习可归因于O-I 学习系统的持续存在，个体的 I 型使用理论强化了该系统，而个体的思考和行动也部分受到该系统的限制。在令人尴尬或具有威胁性的条件下，O-I 学习系统扭曲了组织探询过程，造成了妨碍探询的防卫惯例，导致至关重要的问题和困境变得不可讨论，妨碍组织根据某些个体成员已掌握的信息采取行动，并使组织在发现和纠正错误方面更加无能。

现在，针对以上围绕有效组织学习理论面临的主要挑战，我们要来讨论它有何含义。换言之，我们要探讨的是，对组织学习持怀疑态度的学者主要质疑什么，我们的行动理论对上述两方面不足的阐释有什么考量，具体包括下述方面：

- 组织学习的意义；
- 组织学习的可取性；
- 现实组织开展有效的组织学习的能力；

- 旨在促进组织学习的干预措施的有效性。

组织学习的悖论

正如前文的分析所揭示的，组织学习的含义取决于一个关键问题：组织现象在哪个集合体层次上被描述和解释，组织行动方针所针对的又是哪个集合体层次。我们对前述两组研究的分析表明，除非提及个体和人际探询过程，否则就不能解释观察到的更高集合体层次的组织学习现象，也就是那些对关注战略制定和技术创新的研究者而言似乎非常重要的现象。我们的因果地图和 O-I 学习系统模型包含的反馈循环表明，3 个集合体层次，即人际探询、组织内子单位的互动，以及整个组织的行动模式和学习特征，它们之间存在至关重要的因果联系。我们认为，那些造成组织现象的最初过程也应该被视为组织过程。因此，除非我们考虑到人际探询层次，否则就不能做到以下几点：

- 解释那些以实证方式发现的有限组织学习现象。
- 证实关于有限组织学习的似是而非的解释性假设。
- 提供解释，这些解释有助于重新设计实践以克服有效的组织学习的障碍。

有效的组织学习的含义

关于有效的尤其是双环的组织学习的性质，这些研究得出的好坏参半的结果能够告诉我们什么？

它们表明，行动理论层次的组织结果出现了若干双环变化，但仅是暂时的、一次性的，或者仅对组织的局部有影响，抑或是仅对组织行动理论的若干关键价值观和假设有影响。在两组研究案例中，指导组织探询的组织使用理论没有发生双环变化。尽管在比尔的案例中，干预者确实试图把Ⅱ型使用理论的价值观注入组织探询，但并未在干预阶段结束之后持续下去。

显然，即便缺乏组织探询过程中的双环学习，在组织行动理论的结果层次上也可能发生有限双环学习。我们认为，无论组织信奉何种价值观，组织绩效的单环工具性改善与衡量组织改善的双环变化，这两者的持续实现都依赖于组织持续开展双环组织探询的能力。主导双环组织探询的Ⅱ型使用理论的价值观，对于持续满足有效的学习的其他标准至关重要，这些标准有：在技术创新中持续且及时地进行适应性学习（范德文和波莱的研究）、根据不断变化的战略形势及时调整正式战略（伯格曼的研究）、保持分权化和管理赋能等驱动因素的有效影响（科迪纳在通用电气公司的举措），以及保持能够强化组织探询的结构（比尔的战略性人力资源管理干预措施）。

要让有效的组织学习持续发生，基础是主导双环组织探询的Ⅱ型使用理论的价值观。出于相同的原因，正如我们讨论前述每项研究时已经指出的，防卫惯例往往使参与者不去讨论具有威胁性的问题，或者会让参与者意识不到自己延续了这些惯例，并在模棱两可或不确定的情境中保持组织现状。而要破除这种防卫惯例，由Ⅱ型使用理论价值观主导的双环组织探询便是不可或缺的。

虽然我们强调主导双环探询的Ⅱ型使用理论价值观，但不能回避为邪恶目的而学习的问题。在任何既定情况下，组织学习的目标和指导目标的价值观都必须接受审查。然而我们认为，双环探询能够阐明人们可能隐瞒或意识不到的问题和困境，它为这种审查提供了最可能的路径。

对有效的组织学习的质疑

在前文，我们讨论了 3 种学者对组织学习的质疑：对连贯行动的质疑、对有效推理的质疑，以及对有效行动的质疑。

在本章我们分析的案例中，有几个存在连贯性问题，最明显的是范德文和波莱提供的案例。所有这些案例中都有证据表明，中级管理层与最高管理层之间以及中级管理层各部门之间的关系缺乏连贯性。最高管理层与中级管理层、研发与制造等部门之间相互掣肘，他们执行相反的政策或玩一种平衡游戏，相互之间缺乏协调，各自为政。伯格曼认为，在他提供的案例的初期阶段，这种缺乏连贯性的状况实际上是有益的，虽然此前公司中有一部分人已经清楚地认识到，英特尔公司的动态随机存储器业务已不再具有竞争优势，但因为缺乏连贯性，所以动态随机存储器的开发得以延续。结果是，该公司最终把这一开发带来的意外收获用到了当时被视为未来趋势的微处理器业务中。在这种情况下，伯格曼的分析是，为开发某项业务而得到的一系列技术出乎意料地对另一项业务有用。这种情况可能会出现，但结果未必一定那么积极。对于范德文和波莱的治疗性单采术开发案例与罗斯的都福公司和哈威克公司流程再造案例而言，在关键时刻，也就是当治疗性单采术开发和流程再造过程没有接受应有的严格审查时，都出现了类似的情况，根据这几位研究者的说法，两个案例中的结果是消极的。

我们应该从这些事件中吸取什么经验教训？我们当然不应该得出下述结论：由于技术开发项目可能对另一项业务有用，所以企业现在看来已过时的所有项目都应该延续下去。那么，企业应该基于何种理念来区分值得延续的项目和不应延续的项目呢？这个问题涉及意识问题。如果组织探询者意识不到各层级或各管理团队制定的政策存在不连贯之处，并且如果他们不能让这种不连贯状态接受公开审查，那么如何做出这种区分呢？在范德文和波莱、伯格曼的案例中，如果管理层要察觉和公开讨论相互脱节的政策，那就要对令人尴尬或具有威胁性、会激活组织防卫惯例的问题进行双环探询，这与第 8 章描述的管理咨询公司的首席执行官和董事们进行的探询类似。在现实组织中，这种不连贯状态可能被视为缺乏有效学习能力的证据，由此产生了马奇及持有类似观点的学者的质疑，但实际上从行动理论的视角来看，这也可以被视为进行双环探询的机会。

我们在本章考察的所有案例都提供了证据，可以将问题归因于缺少进行有效的组织学习所需的认知能力。但是，我们应该如何解释这些证据？

有几个案例显示出对有效推理的质疑。多数案例表明，对组织行动具有至关重要影响的原因被不确定性和模糊性所遮蔽。例如在英特尔公司的案例中，面对不确定性的管理者落入了能力陷阱，或者陷入了迷信学习。在治疗性单采术的案例中，管理者未能把注意力集中于揭示存在问题的迹象上，这些迹象本应使人们怀疑作为组织既定政策基础的假设。在多数试图引入驱动因素以提高组织有效学习能力的案例中，组织成员有充分的理由怀疑管理者固守的陈旧行动方针，然而这些成员掌握的信息和提出的解释并没有使组织大多数成员公开批评作为组织行动基础的假设。

马奇和其他学者主张，这些一级错误的例子进一步证明了下述普遍命题：组织缺乏相应的认知能力，难以根据经验进行有效的学习。我们应该赞成这种主张吗？实际上我们的观点是，这些错误本身并不能证明组织的认知能力有限。相反，通过仔细审查案例研究者收集的证据，我们会发现一种组织防卫模式，该模式强化了对一级错误的普遍盲目性，导致这些错误无法得到纠正，并使作为基础的错误假设自我封闭。由于在进行讨论的时候，组织成员意识不到或不愿讨论相关问题，所以妨碍组织运用自身的认知能力解决这些问题。因此，认知能力的问题需要我们进一步讨论。实际上，在研究者对英特尔公司和治疗性单采术案例后期探询模式的描述中，确实有一些证据表明，这两家公司都有能力进行复杂而精细的错误发现、因果分析以及错误纠正措施。

当然，如果这些案例中的管理者已经意识到一级错误，并且对这些错误进行了公开讨论和批判分析，那也不能确保他们就会成功地纠正这些错误。如同在科学界的情况那样，管理界也没人能确保杜绝持续性错误。但是，即便有明显证据表明，一种普遍的防卫模式妨碍了认知能力的运用，无论这种能力本身优劣如何，我们也没有先验理由把这种持续的一级错误归因于认知能力有限。我们就案例材料的分析提出的更重要的问题是，对二级错误模式或者说有限学习系统进行双环探询的必要性和可能性，正是这一系统的持续存在使一级错误变得不容置疑。该问题是所谓的组织在实施方面不足的核心，也是设计旨在促进有效组织学习的干预措施的关键。

此外，从组织学习的学术研究角度看，如果要实施对组织认知能力命题的有力检验，就必须帮助组织行动者意识到并克服导致他们忽视一级错误的防卫。既然没有这种干预措施，那么当组织因遭遇如能力陷阱和迷信学习的威胁而无法进行有效推理，从而表现得脆弱时，人们如何能判断这种脆弱是由于组织的认知能力有限，还是由于组织防卫惯例的影响呢？

可以想象，研究者可能会遵循企业行为理论的逻辑进行辩驳，即防卫惯例是组织运营过程中不可改变的事实，应该归因于认知能力有限。我们赞同这一点，组织防卫模式广泛且深入地植根于组织行为领域。但我们在本书第 8 章以及其他地方提到的干预措施可以作为证据表明双环探询可能存在，并且组织可能突破I 型行为领域的束缚。在关于组织生活的广泛领域中，这种事件必然是小概率事件。然而，它们可以让我们质疑任何对认知能力有限的一般归因的有效性，并为未来的干预和研究项目指明方向。

克服开展有效组织学习的障碍

我们分析了与分权化、全面质量管理、作业成本法、业务流程再造以及战略性人力资源管理相关的案例材料，结果表明，当问题既不具有威胁性又不令人尴尬时，组织驱动因素可以引导开展有效的组织学习，甚至使组织使用理论层次上出现暂时的双环学习结果。但在具有威胁性或令人尴尬的情境中，我们发现，随着时间的推移，组织的 O-I 学习系统往往会破坏干预措施。

我们相信，我们的分析有助于解释各种组织“修复措施”，如全面质量管理、扁平化管理、流程再造、管理授权等的典型生命周期。围绕上述每种措施，在貌似有理的理论和早期采用者的成功故事的鼓舞下，都会有一套组织改革的方案浮现出来。位于这种改革核心的往往是一个重要的理念，如管理者应当被解放出来，承担更大的责任且更充分地利用一手信息；或者应当根据先进信息技术创造的可能性，重新考虑组织流程。通常情况下，倡导者和负责传播的顾问会把这些措施转化为一套通俗易懂的程序，这套程序往往附带一种人们可能会信奉的意识形态。组织管理者渴望解决自身长期所处的困境，但又往往没有耐心同纷繁复杂的困境做斗争，也不想花人力去应对他们自身反而可能强化困境的局面，因此会轻率地把这套程序当作救命稻草。由于周围的管理者也在这样做，所以采用某种程序也有从众效应的因素。随着时间的推移，逐步积累的变革经验和良好意愿被组织防卫惯例及相关的Ⅰ型使用理论破坏，幻灭文献开始出现。然后，组织成员间相互的嘲讽愈演愈烈。低层管理者开始抱怨称，最高管理层从未想要真正变革，同时最高管理层对下级人员顽固抵制变革的行为感到失望。人们开始说："我们尝试过了！"而下一套变革程序的准备工作也已开始酝酿。

尽管如此，如我们已经指出的，仍存在若干小概率事件的例子，这些例子中的个别组织成员表示愿意且能够试着去理解他们所处的复杂的有限学习系统，审视他们自己的所作所为对这些系统的维持所起的助长作用，学习向Ⅱ型使用理论的价值观、行动策略和假设转变，从而让他们突破占据主导的组织防卫惯例。或许如比尔和其他人已经指出的那样，许多管理者从未经历过此类小概率事件，但却经历过幻灭文献中描述的变革，这些管理者正逐步成长起来，准备努力应对这种复杂性，探索导致他们自己产生幻灭感的思考和行动模式。

这些结论对管理实践与管理研究具有重要的启示意义。如果实践者想要提高组织持续进行有效学习尤其是双环学习的能力，就应该学会改进组织探询的绩效，而这要求他们在自己的使用理论中开展双环学习。对于只想要解释有限组织学习现象的研究者，他们应该关注组织探询的可直接观察信息，这些信息反过来必须与更高集合体层次联系起来。这种关注策略也适合那些想要创造有用知识的研究者，这些知识能够帮助实践者创建组织能力，从而开展有效的学习。在这两种情况下，研究者最好把他们的研究都重新界定为行动研究，并与实践者合作，后者的目的是锻造相应的能力，从而把有效的组织学习这种小概率事件推广开来。

第 11 章

组织学习与战略管理

ORGANIZATIONAL
LEARNING II

战略管理领域的两种观点

战略管理旨在解决下述问题：如何管理企业行动与其所处环境之间的关系的动态变化。在20世纪70年代中期到90年代中期这20年中，即使规模最大、信誉最高的企业在应对环境变化方面也遭遇了重重困难。那些在战略管理领域著书的研究者纷纷为管理者提供解决企业战略问题的建议，他们围绕着战略制定问题，形成了两套截然不同的思想体系，这些作者自己也变得越来越两极化。

肯尼斯·安德鲁斯（Kenneth Andrews）[①] 和迈克尔·波特（Michael Porter）[②] 的作品代表传统观点，主张制定战略是一个理性过程。他们认为，企业可以通过关注支配某个利基市场的主导因素，来使企业行动与这个市场环境密切匹配，从而通过在选定的市场中占据主导地位来获利。企业管理层承担双重的战略任务。首先是对环境进行横向分析，并制定企业战略。其次是把企业作为一

① 安德鲁斯是美国管理学家，与艾尔弗雷德·D. 钱德勒（Alfred D.Chandler）、伊戈尔·安索夫（Igor Ansoff）共同推广了企业战略理念，代表作《企业战略的理念》。——译者注

② 波特是美国管理学家，提出“五力分析”、钻石理论、价值链分析等，代表作《竞争战略》。——译者注

个整体，通过重组组织结构与流程等有序的实施过程来协调行动并管理战略。

亨利·明茨伯格的作品则代表相反的观点，主张制定战略是一个自然过程，具体表现为预定过程与应急过程的交互。明茨伯格纵向研究了不断变化的企业行为模式——企业据此应对环境变化，他发现所有层级的管理者都可以制定新商业战略，也就是应急战略。当环境与企业正式采用的行动模式，也就是预定战略之间过于不匹配时，企业就会利用储备的应急战略构建一种新战略配置，从而与环境重新匹配，并创造一种新预定战略。

对于思考与行动之间的关系，两派观点截然不同。前者聚焦于形成一种战略意图并谋划如何实现，这种观点立足的假设是，企业的战略应该明确化，采取行动之前应该慎重考虑以确保效果，否则企业就会被复杂性和混乱淹没。后者则认为"意图是廉价的"，计划制订者"过于频繁地喊'狼来了'"会让管理者对间断变化的迹象变得麻木，"战略行业的工具"（即战略家的建议）妨碍了组织中所有层级的管理者创造性地回应环境变化。

尽管两派在战略制定方面的观点截然不同，但本质上都立足于两个共同假设。第一，战略制定基于一种艺术感觉，要么是作为"企业目标建筑师"的首席执行官的艺术感觉，要么是作为战略"工匠"的创新管理者的艺术感觉。"建筑师"与"工匠"的比喻都体现了身为管理者，应该"身体力行，而不是只说不做"的理念。第二，要有一个明确的企业战略。明茨伯格也承认，应急战略的制定也要依赖伞式战略（umbrella strategy）[①]或总体使命的指导。在上述两个共同假设之外，面对企业环境的重大变化，自 20 世纪 90 年代以来，两派观点向一个方向趋同，那就是战略学习的必要性。在对这种必要性的关注中，他们提出了不同的战略学习机制：内生变化的选择、战略制定与战略实施的互动，

① 当首席执行官或高管明确界定了战略目标甚至总体战略方向，而没有确定如何实现这些目标的细节时，就可以说企业有一种伞式战略。——译者注

以及预定战略与应急战略的互动。

然而，“理性的”和“自然的”战略制定理论家都没有阐明，如何实现他们各自所谓的战略学习所必需的“互动”，或者如何克服实现互动的障碍。两派都没有详细论述，当管理者遵循方案开展工作时，他们实际上会做什么，或者接下来可能会遇到什么问题。两派给出的行动建议似乎都是理论化的后见之明，好像管理者只要遵循正确方案，或者只要能够不受干扰地进行管理，那这些建议似乎就是不言自明的。虽然战略学习意味着计划的改变（理性观点）和企业行为模式的改变（自然观点）[①]，但两种观点都没有重点强调实现战略的难题：如何确立战略意图并采取行动把意图变为现实。两派都明显忽视了意图与实现之间的脱节，并且几乎没有提供任何指导来帮助我们思考这一点。

理性观点把战略的实现视为通过实施综合战略来贯彻战略意图的过程，假定战略意图及实现意图的设计在实施过程中不会受到质疑。而行动理论会促使我们询问：“某个设计在多大程度上实现了战略意图？设计者如何得知意图与实现之间的脱节？他们在实施设计的过程中如何应对这种脱节？”概括地说就是：“设计者如何在行动中检验自己的设计？这种检验的效果如何？”

以伊夫·多兹（Yves Doz）和 C. K. 普拉哈拉德（C. K. Prahalad）的研究为例，两位作者的此项研究体现出他们后来提出的“战略意图”概念。他们发现，在分布于各地的大型跨国公司新成立的产品分部中，许多管理者面对日本企业的竞争提出了自己的愿景。这些管理者开始基于区域性组织，致力于通过“颠覆主流传统智慧的合法性”来使自己的愿景合法化。他们“并不总是公开讨论自己的愿景”，因为他们感觉，在组织既定的行为领域中，他们的想法仍然“太不确定且太脆弱”。他们没有“兜售自己的愿景”，而是通过“强调并重新解释绩效下滑的状况”来营造一种即将到来的危机感。从行动理论可以预

① 两种观点实质上都是“成功，就继续；失败，就改变”。

测，这种“颠覆”的组织策略会加强企业的现有行为领域，即低信任度、低风险承担、高竞争性，并且会导致不切实际的组织行动设计，这种设计的实施会受到这种策略的使用者本欲规避的组织动态的破坏。①

战略制定的自然观点聚焦于应对环境变化的应急战略，假定制定这些战略就像陶工制作花瓶，管理者掌握这方面的某些默认知识，或者有独特的方法来实施这些战略，但这些知识和方法无法明确阐述。在变革时期，各种想法自然而然地融合为一个新的整体战略，而这种战略会反过来成为企业的新预定战略。从行动理论的角度出发，我们会问下列问题：在剧烈变革发生之前，应急战略实际上如何保持“隐匿”或“受控”状态？哪些应急战略会被采用，哪些不会，这种选择又要如何管理？在变革时期如何整合应急战略？那些“隐匿”的应急战略如何快速传播，传播代价是什么，又以管理者之间的哪种“相互适应”为传播途径？更概括的问题是：在重大的战略变革时期，组织会采取什么做法？这些做法会引发什么样的意外结果？

以詹姆斯·布赖恩·奎因（James Brian Quinn）的观点为例，他明确反对基于理性观点的正式规划，理由是真正重要的战略决策发生于僵化的规划系统之外。他倡导，最高管理层应该听取来自非正式网络的建议。他接着说，最高管理层应该：

> 鼓励自己赞成的理念，让不合意或支持度较低的理念因被忽视而消亡，为那些他们可能不赞同但不想公开反对，却得到大多数人赞成的理念设置障碍或考验，并且由下级人员代劳，而不是亲自出手淘汰某些选项。

---

① 多兹和普拉哈拉德研究的企业之一飞利浦公司后来遭遇的组织问题证实了这一点。本书作者与飞利浦公司当时的内部顾问对此进行过讨论。这名内部顾问提到，首席执行官“打破原有的平衡”后，正式权力从“全国性组织”转向“产品分部”，产品分部负责人开始像“全国性组织”的负责人（如同“男爵”）那样行事。

基于行动理论视角，我们能够预测，最高管理层的这种行为可能会被应急战略管理者复制，也可能导致高度政治化的博弈，正像它试图纠正的正式规划系统中发生的事情那样。

为了消弭理性观点中固有的设计与实施之间的脱节、自然观点中固有的应急战略与预定战略之间的脱节，我们不得不解决前面提到的各种问题。然而，无论是理性观点还是自然观点的倡导者，都没有对此做出回答。他们都选择性忽略了一点：自己的建议在某些方面所造成的组织动态可能会破坏这些建议。倡导理性观点的学者研究各种企业的最优实践，以便从中汲取经验，然后将这类经验作为一般的行动方针或战略制定原则加以推广。倡导自然观点的学者重点关注长期以来的企业行为模式，并经常从文献综述中获取信息。在各派观点中，多兹和普拉哈拉德、奎因等作者都发现了组织防卫惯例。然而，他们忽视了一件事，即自己的建议可能对受到防卫惯例支配的既有组织动态产生影响。

两派观点要么忽视了战略实施过程中实际遭遇的问题（理性观点），要么忽视了整合应急战略与预定战略过程中遭遇的问题（自然观点），更没有帮助管理者解决这些问题，因此都忽视了战略管理的一个关键因素：当企业所处的环境和所实施的战略发生重大变化时，管理者应对可能出现的挑战时会做出什么样的实时微观行动。两种观点都倾向于忽视个体的或组织的防卫惯例，但它们普遍存在于战略实施过程中或应急战略与预定战略的整合过程中。我们将在本章阐述，这些防卫惯例会对组织实现自身战略意图和开展战略学习的能力产生深远的影响。

将战略实现界定为环境探索

那么，从实践管理者的视角来看，我们应该如何考虑一个同时涵盖意图与实施的战略制定过程呢？

第一，企业的战略制定基于管理者对不断变化的环境的艺术感觉。由于管理者讲求“身体力行，而非只说不做”，所以他们的战略设计可能无法得到一清二楚的阐述。这并不是说，管理者不需要尽力明确自己对于战略的看法，或者他们不能成功地阐述这些看法以便其他人能够理解或评论。他人的询问可能是有益的，在回应过程中，管理者可以学会更全面地阐述自己的想法，并把想法界定为各种假设并予以公开检验。此外，随着战略设计的贯彻落实，它也变得更容易被阐述和检验。

第二，当今的重大趋势在于企业所处的环境日益全球化，这增加了重大变革的速度和复杂性。例如，计算机、半导体、电信等提高生产力的各项技术的整合孕育了意想不到的新产品，甚至是全新的产业，这反过来要么要求现有产业彻底重组，要么导致其迅速陈旧过时。市场管制的解除、公有企业的私有化、政府从多个经济部门的退出等趋势消除了企业传统上可以依赖的多重保护，即使它们构建新保护层也无济于事。具有高度竞争力的新型工业化国家的涌现，《关税及贸易总协定》的实施，北美自由贸易区、欧盟、东盟等区域贸易集团的建立，中国、印度、印度尼西亚等新兴市场的开放，上述种种趋势正在改变竞争格局。这些趋势本身及其相互结合，塑造了日益复杂的企业生存环境，在这种环境中，管理者发现无法全面准确地预测变化的性质与速度，以及自己可以做出的回应。因为人类处理信息的能力有限，所以被有限理性所主导。对于这个我们熟悉的观察结果，上述现象赋予了其新的意义。

第三，在日益复杂和快速变化的环境中，企业各级管理者做出的艺术回应的互动孕育了企业与环境的战略“对话”。我们可以合理地视之为企业与环境的互惠交易，其间企业评估新环境形势，通过新战略行动的设计与实施来与这种形势“展开对话”。有时，企业还会受到环境的意外“反驳”，作为回应，企业不得不重新考虑对环境的评估并调整自身战略。

第四，参与战略对话的管理者有时会被迫以理性观点无法解释的方式采取实时行动，回应迅速变化的形势，这些行动往往被证明不符合战略意图。有时，管理者采取的行动不会形成完整的行为，因此不构成应急行为。然而，他们学到的经验教训可能会以自然观点无法解释的方式，影响他们如何看待企业战略及未来可能的行动。

第五，不一致的行动和未完成的行动可能会对企业造成战略影响，这些影响必须通过一个与战略学习相适应的组织过程来得到解释和评估。例如，发现错误或客户做出意外回应就是不一致的行动，进入外国市场时因为意外遭遇关税壁垒而未能成功就是未完成的行动。

第六，管理者可能信奉“身体力行，而非只说不做”，或者他们掌握的信息处理能力有限，所以采取的行动可能不符合表达的意图，抑或是他们可能从未完成的行动中学习。在上述条件下，战略的实现应该被界定为对企业所处环境的探索。探索或试探行动的观点提醒着管理者注意一种可能性，即战略的实现可能产生重要的新信息：首先是设计者能领悟但不能完整说出来的信息，其次是先前未重视但现在必须慎重考虑的环境特征信息。

第七，战略的实现因此涉及一个二级设计过程：战略设计不仅应该被作为一种关于企业所处环境的假设来考虑和检验，而且由此引发的战略行动也应该被视为对环境的探索，它可能会揭示关于环境和设计者思想的新信息。这种对战略制定过程的重新界定，即把为实现战略而采取的行动也视为设计和探索行动，有助于消弭战略制定与战略实施之间或者预定战略与应急战略之间长期存在的脱节。

把新战略的实现界定为对所处环境的探索，这意味着战略设计者和实施者不仅应该在一个既定的企业情境中实施预定战略，而且应该密切追踪关于环境的新信息，以便根据这些新信息做出重大战略调整。这种界定要求在下列方面采取积极的态度：

- 战略设计者应该寻找信息以检验，尤其是证伪自己关于环境的推理；
- 战略实施者应该寻找信息以检验企业的行动是否真正实现了战略意图；
- 战略设计者与战略实施者应该共同寻找那些可能带来重大战略调整的信息，以便抓住新机遇或迎接新挑战。

因此，“战略实现”不仅蕴含“实施”（字面意思是“安排工具”）的意思，而且蕴含“意识到”或“发现”的意思。

如何在战略领域开展组织学习

把新战略的实现界定为环境探索显然区别于把新战略的实现仅仅界定为通过严格的战略实施来贯彻战略意图，也区别于通过试错学习来对环境变化做出适应行为。在上述第二种界定中，意图一旦确立，就被视为既定前提；在第三种界定中，意图似乎被忽略了。这两种界定都立足于同一个关键假设：新信息不会对明确或隐含的意图构成挑战，也不会影响行动者关于如何实施的想法。因此，两种界定都存在两个重大风险。第一，管理者可能忽略那些揭示意图与行动不一致的信息，尤其是那些仅靠改变工具性行动策略（行动理论视角下的单环学习）无法纠正的信息。第二，感觉敏锐的管理者可能会意识到这种信息，同时意识到行为的改变并不足以处理这种信息，但他们可能会愤怒地发现，他们不懂得如何把思考扩展到行为改变的层面之外。而把战略实现作为环境探索的观点试图纠正上述状况，具体方法就是明确战略意图并指明行动者对意图实现的看法可以且应该受到质疑。

把战略实现界定为环境探索，需要战略设计者与实施者双方积极地开展监测、评估与探询。这种组织探询或企业探询可以发生于一家企业内部且跨越多个战略业务单元，它需要积极推进，而不只是接受反馈。组织探询包含积极解释和解决在探索过程中产生的困惑，这对于企业与环境之间的战略对话必不可少，也是培养战略学习的核心。从理性观点来看，这种组织探询需要战略设计者和实施者共同反思已实现的战略及存在的困惑，从而使战略设计和战略实施过程相互渗透。从自然观点来看，这种组织探询要求预定战略的遵循者与应急战略的制定者共同反思。

为了创造一个有利于组织探询和战略学习的组织环境，组织成员必须在战略领域开展学习。这意味着管理者应该学会营造一种组织环境：

- 对那些有远见卓识但讷于表达的战略设计者，应鼓励并帮助他们把想法明确化，从而检验想法而不是隐瞒想法。
- 应鼓励并帮助战略实施者提出对设计的疑问和对实施的担忧，而不是隐藏自己的疑问和担忧。
- 帮助战略设计者与战略实施者理解自身受到的有限理性的影响。因此，他们必须在战略实现过程中积极寻找证据，这些证据可能证伪他们的推理，并引出关于环境的新信息。

在这些条件下，一个组织才有可能依赖并培养管理者的艺术感觉。

尽管在实践中确实可能会出现这种组织探询，或者至少战略设计者与战略实施者确实试图参与这种组织探询，但它并不像各种文献倾向于认为的那样不言而喻或会自动出现。[①] 对于有兴趣帮助实践管理者确定并解决他们在战略实现过程中所遇问题的研究者，这方面的探索至关重要。

恰恰在此处，关于组织学习的行动理论视角大有用武之地。在当今企业所处的环境中，战略设计者和战略实施者都面对着越来越多具有挑战性的重要信

① 只有当单环学习和再单环学习（deuterosingle-loop learning）在某种程度上已成为最优秀企业的一种制度性能力时，这种探询才是不言而喻和自然而然的。

息，这些信息会令人质疑重要的设计假设和实施政策，从而考验战略设计者和战略实施者的能力。从行动理论视角来看，战略设计者和战略实施者都有可能遭遇具有威胁性和令人尴尬的质疑。在 I 型使用理论的领域中，具有威胁性或令人尴尬的信息往往会引发个体的防卫反应，导致组织防卫惯例。这反过来又使本已复杂的战略形势变得更加复杂，妨碍管理者共同反思战略的有效性，且不利于他们发现关于企业所处环境的新信息。因此，管理者可能难以察觉需要他们重新思考战略及其实施的新机会和新挑战。防卫惯例可能会导致战略设计过程与战略实施过程的脱节，这反过来使战略设计者与战略实施者更加疏远，战略设计者可能会试图绕过战略实施者，单方面获得重要信息，并为新一层防卫的建立创造条件。这样的过程可能导致战略设计与战略实施越来越难以有效互动。

接下来，我们将举例阐述把战略实现界定为环境探索的观点，并概述组织学习的相应要求。我们将以城堡（Citadel）公司为例来讨论战略变革与组织变革，这家公司在战略探索和战略学习方面有很长的历史。

组织学习实践　ORGANIZATIONAL LEARNING Ⅱ

战略变革与组织变革

城堡公司是一家著名的中型房地产开发企业，20 世纪 80 年代初，该公司所处的环境发生了重大变化，因此管理层决定放弃长期以来的低收入人群住房项目，进入一个新领域：酒店开发与管理。与此同时，城堡公司会继续开发豪华写字楼。该公司新设立的酒店分公司负责规划并运营酒店，而项目管理分公司则负责监督酒店建设，但这两者很快就产生了一系列小分歧。到 20 世纪 80 年代中期，这些分歧恶化为严重的组织冲突，多数高管都牵涉其中，耗费了他们的大量精力，使他们深感创造力枯竭，并且丧失了对公司的战略控制。

城堡公司最高管理层把这个问题界定为两个分公司的冲突，并开始推动组织结构改革以缓解冲突。初步谈话表明，两个分公司的中层管理者都自认为陷入了有关房地产开发实践的不可调和的冲突。酒店分公司想要建设“模式化”酒店，而项目管理分公司主张建设“独一无二”的写字楼。酒店分公司的管理者声称，城堡公司具有一种关于酒店发展的革命性理念，公司最高管理层应该迅速抓住酒店市场的机会窗口。相反，项目管理分公司认为，城堡公司“曾经从事”大型豪华写字楼项目的开发，因此应该继续聚焦于此，这些项目也可以涵盖酒店项目。

研究者（奥弗梅尔）与城堡公司战略规划人员合作开展的一项调查显示，这两个分公司的成员无法解决彼此的分歧，并且在日常工作中，每个分公司都对另一方的要求感到尴尬或威胁。同一项调查显示，如同此次酒店分公司与项目管理分公司之间的冲突，两种发展实践之间的分歧在城堡公司的历史上曾反复出现，最早的至少可以追溯到 20 世纪 60 年代初。这些冲突的不时爆发会引起相互强化的防卫行为和回应，从而导致冲突进一步恶化。这种防卫行为模式越来越妨碍战略设计者和战略实施者之间的有效互动，破坏了公司探索环境的质量、它可采用的战略选择以及战略学习能力，而这些恰恰是该公司发展为一家具有强大竞争力的公司的关键。

为了深入理解高管群体之间的分歧，研究者绘制了一幅地图，该地图展示了随着时间的推移而完成的类似开发项目（见图 11-1）。这是他的第一步，他试图构建该公司制定战略时的使用理论。地图表明，城堡公司与所处环境之间开展的战略对话具有非常丰富、复杂但一致的模式。这些对话显示，城堡公司对环境的多次探索似乎遵循若干规则，其中最重要的如下所述：

- 每组类似项目都代表着一种迅速的、早期的战略行动，以作为对美国联邦

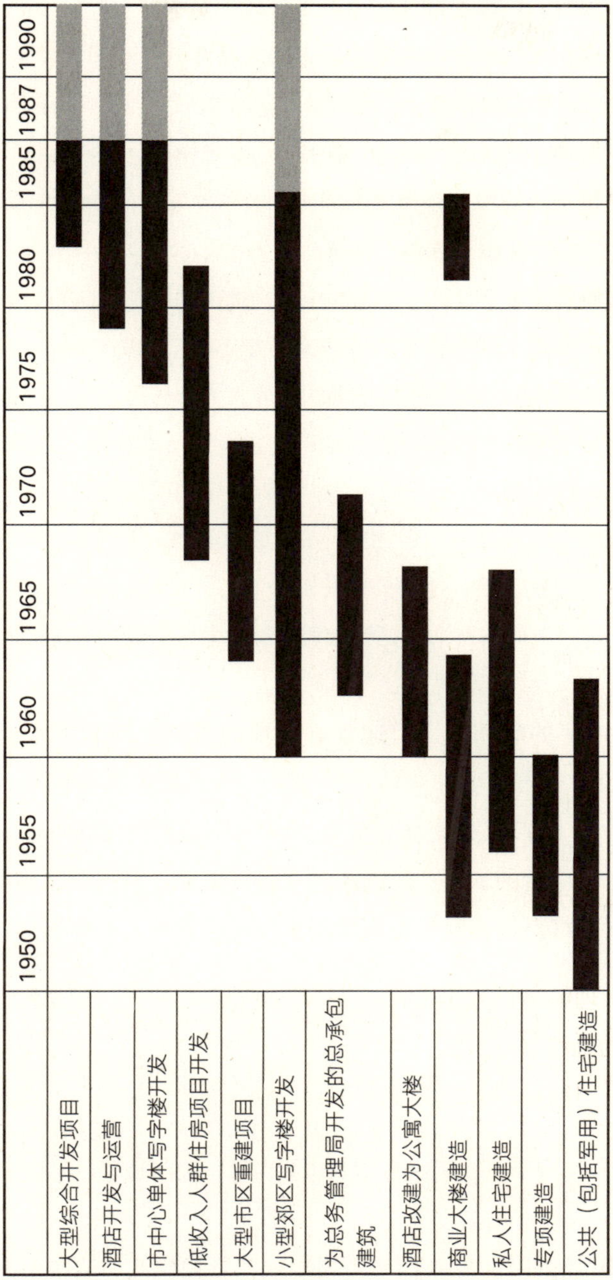
1950
1955
1960
1965
1970
1975
1980
1985
1987
1990
大型综合开发项目
酒店开发与运营
市中心单体写字楼开发
低收入人群住房项目开发
大型市区重建项目
小型郊区写字楼开发
为总务管理局开发的总承包建筑
酒店改建为公寓大楼
商业大楼建造
私人住宅建造
专项建造
公共（包括军用）住宅建造

图 11-1　开发项目地图

政府和地方政府倡议的回应。

- 在一组既定项目中，各个项目处于不同开发阶段，因此从早期项目得出的经验可以指导后期项目。各组项目也会根据学习的顺序分阶段进行。
- 每组类似项目都作为对环境的探索，在深思熟虑之下推进。
- 每组项目都会形成一个更大的项目倡议，并随着时间的推移最终成为城堡公司的一个“典型”项目，让业内人士一看便知。
- 在任何时期，该公司都会参与多个系列的项目，因此风险得以分摊。
- 该公司一直在房地产开发行业的两个反周期领域确立多组项目，如私营企业资助的豪华写字楼和政府资助的低收入人群住房。
- 该公司最高管理层根据周围环境的需要关注不同领域，结果使公司在一个不稳定环境中创建了一个持续的、相对稳定的项目流。
- 该公司的两类房地产项目相互补充。例如，独一无二的写字楼项目被作为一种实时研发项目，督促公司开发新能力，这种新能力进而能够孕育模式化住房项目，而这些项目能够盈利，反过来用于开发写字楼。

在大约 40 年的时间里，上述探索环境的规则保持着惊人的稳定性。它们构成了该公司探索环境的总体使用理论，通过运用这些规则，城堡公司从 1946 年的几间装修店面发展为 1986 年的著名房地产开发企业，有能力同时建设若干大型的、综合的、多功能的地标项目，以及一系列一流酒店项目。与此同时，该公司的战略行为模式也表现出多种不连续性，具体包括：

- 地域扩张与突然收缩之间有规律波动，与之同步的是营业额变化；
- 20 世纪 70 年代初，若干大型项目在财务上亏损，导致公司持续面临生存危机；
- 20 世纪 80 年代初，营业额取得巨大突破，完成的项目组合快速增加。

在大约 40 年的时间里，城堡公司的战略行为模式一直没有连续性，但在其中几个 8 年左右的时间段内存在稳定的持续探索模式，这种状态分别被 20

世纪 50 年代初、60 年代、70 年代与 80 年代的实验性探索事件打断，每次都是为了应对公司所处环境的不连续性。

城堡公司从未有人尝试绘制地图，并据此推断公司战略行动的内在逻辑。地图揭示，城堡公司通过一套复杂的潜规则，以共生方式同时实施模式化项目和独一无二的项目。这些规则中的每一条，有时是某些规则的子规则，如果被阐述出来，就会有某一名或更多管理者表示他们熟知或者非常认可这些规则。但公司里没人对地图有完整的认识，也没人尝试把各自的印象拼合起来。公司能做的要比管理者能够说出来的更多，并且管理者对公司探索环境的总体使用理论了解有限。

总体使用理论不同于战略意图，它在一定程度上是默认的，可以解释公司的行为模式，在一定时期内非常稳定，并且如我们所见，总体使用理论极度抵制变革。总体使用理论也不同于应急战略理念，因为每组类似项目都构成了一个具有城堡公司典型特征的预定战略行动。这些行动并不是对环境变化的不连贯回应，随着时间的推移，它们表现出一种与城堡公司探索环境的总体使用理论一致的模式。

由内而外的观点，探索环境与公司行为领域

由外向内看，城堡公司在最开始的 35 年中完成了一次又一次探索。并且为应对动荡的环境，公司非常成功地在两个反周期开发项目之间切换战略关注焦点，充分利用了这两种相互补充的房地产业务。然而由内向外看，通过对城堡公司管理者的访谈，我们发现随着关注焦点的不断切换，两种互补业务之间的协同变得越来越不顺畅。

城堡公司进行重大战略变革之前的 20 世纪 70 年代后期，其联合创始人兼首席执行官乔与建筑分公司负责人约翰之间的分歧达到顶点。由于城堡公司

从20世纪60年代到20世纪70年代初开发了大批高质量、独一无二的地标性项目，所以乔广受尊重。然而在最后两个项目实施过程中，在项目建筑师的请求下，他增加了一个翼楼，却不料在项目完成后由于多出来的空间而陷入了困境。这两个项目已经危及公司的连续性，为乔工作的管理者得出结论，认为他需要进行自我保护。同一时期，约翰在郊区负责建设模式化住房项目，这是该公司20世纪70年代的战略重点。虽然约翰从未造成项目亏损，但乔的一些助手仍然认为，约翰故意提高了建设预算，从而避免超出预算的尴尬。这些助手做出了单方面应对，从约翰提交的预算中削减了10%。他们认为，约翰肯定会在下一次提交的预算中再增加10%……尽管公司采用了一个旨在纠正这种不断加码模式的计算机信息系统，但关于项目成本的信息仍然变得不可靠。正如该信息系统设计者的抱怨："你可以随便告诉它你的要求，也可以把它作为一个挡箭牌，以避免自己受制于计算机信息系统。"

到20世纪70年代末，乔意识到城堡公司所处的稳定环境正缓慢发生重大变化，于是开始把公司的重点转移到独一无二的项目上，开发了一座位于市中心的中型写字楼。由于该项目的建筑非常复杂、临近地铁隧道，再加上城市规章变动不定、合资关系麻烦不断，所以乔为此耗费了大量精力。根据约翰的看法，在公司总部所在地做项目和其他地方不同，这个项目引人关注，所以首席执行官更深入地参与其中，项目监管也更加严格。建筑师的任何要求都能得到首席执行官的批准。

与此同时，乔抱怨约翰"做事听不进不同意见""完全抛开了建筑师""表现得似乎什么都懂"。

乔对这种冲突关系感到压抑，于是聘请了一名受过心理分析训练的管理顾问，着手研究相应的形势。这名顾问提到了"无休止的讨价还价""对细节的愤怒"。他看到了"一种无法容忍的局面"，并把问题界定为"专横"与"权力斗争"，这"削弱了开发人员的创造力"。为了"释放创造力"，并打破乔与约翰之间不正常的“隶属关系”，顾问建议设立一个项目经理岗位作为第三方，充当建设信息的存储机制和冲突的缓冲机制，并且项目经理有权暂停行动流程，直到首席执行官“介入并做出决定”。乔接受了这个建议。此外，在没有通知建筑分公司的情况下，乔决定让该分公司必须成为一个利润中心，以便未来能够被出售。

因此，首席执行官和建筑分公司负责人产生了潜在冲突，前者专注于采用开放式设计过程的独一无二的写字楼项目，后者则专注于模式化住宅项目。一方的要求会造成对另一方来说具有威胁性或令人尴尬的情境，而另一方往往无法兼顾对方的要求与自身的工作形象。双方的应对都是试图单方面控制局势并捍卫自己的做法。事实证明，双方都不能跨越各自做法的局限性并展开讨论，或者各退一步，思考如何调和相互冲突的绩效规范。

组织内部冲突得不到解决，所以人们的注意力不再专注于满足环境变化的需求，于是，城堡公司的业务规划者和开发者作为战略设计者，通过贯彻一种高度防卫性的组织架构变革，来避免与作为战略实施者的建筑分公司之间的冲突。但如此一来，他们也同关于模式化建筑的宝贵信息源断开了联系。

环境重大变化时期的不连贯探索

到 1980 年，面对不断下滑的房地产市场形势，城堡公司的最高管理层开启了一个规划过程，该过程与安德鲁斯的描述别无二致。他们把市中心独一无二的豪华写字楼视为新的战略领域，并制定了公司转移战略焦点的规则。然而，只要管理层试图实现新战略意图，该意图就会遭到质疑，而规划过程被证明仅仅是一个长期战略变革过程的开始。在两年时间内，公司管理层采取了一系列战略行动，但每次都以失败告终，导致越来越紧迫的新战略困境。为此，管理层采取了更多要么未完成，要么与战略意图不一致的行动。

回顾过去，这种多重行动构成了探索环境的复杂过程，其间城堡公司尝试构建了一套探索环境的使用理论，该理论是在挑战性较小的环境中形成的。在两年时间内，该使用理论未能实现目标，但在实施过程中，一套酒店开发战略应运而生。在开发一座大型写字楼的过程中，城堡公司发现他们无法通过审批程序。作为应对，该公司在原项目中添加了一家酒店，后来这被视为一项战略发明，即写字楼与酒店相互配套的独一无二的项目。但城堡公司的管理者很快发现，找到更多写字楼与酒店结合的项目的机会非常渺茫。尽管如此，他们在寻找此类机会时发现，豪华酒店在一个区域内甚至后来在全国范围内都有市场。公司管理层现在相信自己无意中发现了一个酒店发展的革命性理念，公司可以借此驾驭未来的浪潮。公司经历了两年的动荡和困境，他们解雇了若干掌握公司核心技能的员工，此后，城堡公司管理层启动了一个起初由 5 家酒店构成的新项目。不同于关于战略变革的自然观点，这种应急战略并未处于“隐匿”或“受控”状态，也没有直到后期取得重大突破后才快速传播；相反，该公司采取了一种反常行动，即引入附属于写字楼的酒店项目，在管理层面临新战略困境时采取一系列行动的过程中，该行动不断被重新界定。

当城堡公司最高管理层决定推出一个酒店项目时，他们视之为住宅项目的替代品，并误认为是相较于写字楼的反周期项目。最高管理层认为，公司知道如何从事酒店开发与管理，并错误地认为这不过是写字楼开发与住宅管理的结合。尽管最高管理层从未以模式化风格开发过大型综合酒店项目，也从未管理过一家酒店，更不要说是连锁酒店，而且他们已经同关于此类模式化项目的信息源断开了联系，但他们仍然相信自己的判断。

前面介绍的探索过程具有如下特点：采用部分默认的使用理论、战略行动反复失败并导致战略困境、某个行动的意义在后续行动影响下发生变化，以及错误地根据类似项目界定新战略。这些过程明显不符合理性观点和自然观点对战略变革的描述。

战略实现和防卫惯例的出现

在 1983—1986 年，当城堡公司试图实现新战略时，最高管理层遭遇了一系列困境。

首先，公司战略受到质疑。酒店项目启动后不久，城堡公司总部所在地选出了一位新市长，并且该公司获得了两个更加独一无二的大型综合项目。由此，这两类管理层认为的反周期项目需要同时投入新资源，这造成了一种战略困境：最高管理层要么把关注点转回到写字楼项目，要么抓住机会窗口，在酒店开发领域实现群聚效应，以便多个项目分摊管理成本。在接下来的两年中，管理层尝试采取下列方式解决困境：

- 召开传统的战略规划会议，通过制定一份抽象的使命宣言，在表面上成功地掩饰了分歧；
- 研究财务风险，并呼吁一种平衡的投资组合；
- 改善酒店分公司的薪酬待遇。

城堡公司采用上述传统战略管理技巧的行为表明，公司已经认识到自身正处于十字路口，但这些技巧并不能解决问题。最高管理层仍然专注于商业交易，把解决问题的行动推迟了近两年。

其次，酒店项目的设计受到质疑。城堡公司最高管理层为模式化酒店设计了一套建设流程，该流程的运用需要如下前提：

- 计算机设计图可以同时用于 5 个开发地；
- 做出最小范围的标准设计，以便后续添加其他选项；
- 建设过程要快速；
- 要有严格的工程变更单系统；

● 酒店规划者与建造酒店的项目经理之间的关系必须是良性的。

然而，随着城堡公司的管理者逐步探索新的酒店行业环境，他们的许多关键假设被证伪。第一，城堡公司被迫开发了 4 种类型的酒店，而不是原计划的一种。第二，由于谈判和选址问题造成的延误，起初的 5 家酒店是同时而不是按先后次序开发的。第三，结果证明，酒店的成本比预期更高，这意味着城堡公司需要建设更多酒店，且最高管理层不得不把更多精力集中于商业交易。第四，机会的窗口期非常短暂，城堡公司必须加速开发才能保持竞争优势。第五，为提高酒店的竞争力，城堡公司对酒店设计进行了若干重大改动，导致成本增加，因此又需要建设更多酒店。第六，由于事实证明有必要在不同选址采用不同的酒店设计图，因此酒店并非如预期的那样是模式化建造，结果再次导致成本尤其是建设成本的攀升。因此，新战略实现的过程挑战了公司用于探索环境的使用理论的数条规则，尤其是“各个项目处于不同开发阶段，因此从早期项目得出的经验可以指导后期项目”这条规则。

最后，现场冲突逐渐显现。酒店分公司和项目管理分公司之间的冲突严重损害了城堡公司对酒店所处环境进行的战略探索的质量。

在初期的探索阶段，那些当初受雇而来，以设计独一无二的豪华大楼为己任的年轻项目经理认为，模式化酒店的设计太庸俗，不是“城堡公司要做的”。第一个项目经理、后来的公司副总裁卡尔表示，他感觉陷入了内部冲突的旋涡，他完全没有向更有经验的酒店规划者提供任何反馈，并且把他们的方法斥为“纯粹的营销”。

在规划阶段，卡尔很快对规划者进行归因，认为他们的建造预算从一开始就是个笑话，故意低估了相关成本，以迫使他更辛苦地工作。在被弄得疲惫不堪，并被规划者单纯当成“利用工具”之后，卡尔最终接受了规划者提供的预算数额，原因如他所言：“不知道如何质疑他们。”

在设计阶段，当项目经理不能从规划者那里得到想要的技术信息时，他们开始质疑规划者的能力，并开始不信任酒店管理者。

在建设阶段，酒店设计的范围一再扩展。首先是因为最高管理层，他们鉴于其他连锁酒店的行动，想让酒店更具竞争力；其次是应酒店管理者的要求，他们在酒店设计完成后被雇用，但如果要他们对损益负责，那么他们就会坚持要求变更设计并消除错误。因此，那些在日常工作中辛苦负责约束建筑师，且要与建筑分公司共同控制预算的项目经理感到自己的权威受到严重损害。他们抱怨道："你失去了建筑师与工程建设人员的所有信任，并且会有一种被抛弃的感觉。"

为了获得对预算过程的控制，项目管理分公司构建了一个严格的系统来追踪并审批工程变更单。当首席执行官和建筑分公司负责人试图遵照以往的做法，私底下讨论问题时，项目经理和建筑分公司的管理者更加恼火了。项目经理想要阻止首席执行官增加额外成本，并想维护自己的权威。在第五家酒店的建设过程中，当乔开始积极纠正错误时，项目管理分公司副总裁私下愤怒地反问："难道这是在经营一家航空公司吗？"许多项目经理提到，他们更喜欢在远离总部的模式化酒店中开展工作，这样可以免于来自最高管理层的干扰。

因此，启动酒店项目大约两年后，经过一个逐步升级的过程，项目管理分公司和酒店分公司重现了该公司 20 世纪 70 年代后期首席执行官乔和建筑分公司负责人约翰之间的关系变化，而项目经理岗位的设立原本是为了解决该问题而提出的结构性方案。此外，20 世纪 70 年代后期出现的商业开发与建设之间的紧张关系，到 20 世纪 80 年代中期依然悬而未决，这进一步使酒店开发过程中的问题复杂化。反过来，这又使得酒店分公司和项目管理分公司之间的关系复杂化，并且随着酒店项目的意图和设计遭到质疑，双方的关系更加紧张。最后，公司最高管理层中的每个人都各自负责一个重大项目，他们只专注于自己的项目，同时远离现场冲突，这也导致公司的战略困境迟迟得不到解决。

探索环境、战略学习与组织防卫惯例

城堡公司的主要行动者不能有效解决冲突，这引发了新的防卫行为，损害了企业战略探索和战略学习的质量。

在建造了 5 家酒店之后，项目经理向研究者表示，他们感到自己已经具备丰富的经验，且对整个过程有了充分了解。他们认为，最高管理层正被追求时髦的酒店管理者欺骗，由此导致的设计变更犹如“在最后阶段提出难题”，这妨碍了建设的快速实施。因此，项目经理开始抗议，拒绝根据酒店管理者的要求变更设计，他们要么声称资金紧张，要么声称没有技术可行性，这其实是在模仿酒店分公司在规划阶段提出的主张。由于在设计上经常出现小问题，酒店分公司的管理者开始违背公司的既定政策，把问题推给现场，要求各酒店管理者与项目经理共同解决这些问题。酒店分公司副总裁指出：“我把问题推给了现场，让他们去解决，这减少了问题。他们可以在现场协调，彼此交流，没人知道他们是如何做的，并且也没人关心。”

与此同时，负责监督酒店项目的最高管理者已经开始有意回避某些问题，尤其是在他缺少必要的技术知识时。

这种组织冲突变得非常剧烈，管理者开始担心进行任何探询都会使情况变得更糟糕。例如，当火警系统被安装在错误位置时，酒店分公司与项目管理分公司之间的联络人表示：“似乎没法解决……似乎人人都有错……就我个人而言，我觉得最令人沮丧的就是这个问题迟迟得不到解决……并不是说我会为此失眠……这可以成为一个议题，但可能不值得为此如此费神……”

酒店项目的多数后台系统（这也是酒店不同于写字楼之处）都得到了类似的评价。联络人得出结论认为，“但愿建筑分公司能获得更多经验”。酒店分公司的副总裁想要控制自己的建设预算，这样当建设完成后，酒店分公司就可以去纠正那些木已成舟的设计错误了。

为应对这种形势，最高管理层为每个项目创设了业主会议，关键行动者可以借此审查存在的问题，但项目经理决定不利用该会议，以便让来自酒店分公司的某些人碰壁。项目经理的回避被最高管理层私下评价为“把事情搞砸了”。与此同时，最高管理层还认为，项目经理把业主会议当作了展示自我的舞台，甚至把它转变为受欢迎度的竞赛，因此需要召开更少但更有意义的会议。问题越来越严重和明显，正如一位高管在第五个酒店项目开发期间所说的：“我们对预算失去了控制。事后我们可能会发现节省了 100 万美元，但也可能是相反的情况。”

第五个酒店项目位于公司总部附近，首席执行官常常来巡查。这位最高管理者想知道，如果城堡公司想在数千公里之外的地方开发酒店，那么会发生什么。

首席执行官把这些不合理的冲突归咎于年轻聪明的项目经理与老练成熟的酒店管理者在权力与文化方面的差异，为了解决冲突，首席执行官再次求助于顾问。城堡公司在 20 世纪 80 年代曾经多次聘用这名顾问，这一次，顾问说：“人人都怀有愿景，并且会缔造一个组织来帮助他实现愿景。如果某人缺乏安全感，那么他就会构建自我保护的结构。如果我们能理解他们的敏感之处，也就是他们防卫的本质，那么就能看到某种程度的自由。”

顾问对酒店分公司的两位高管进行了访谈之后，公司最高管理层召开了一系列高层会议以了解“当前的看法”，并进行了“开诚布公的讨论，以便我们能够以开放的方式讨论个体提出的问题”。但最高管理层并未在会议上邀请主要行动者，如酒店分公司、项目管理分公司和建筑分公司各自的总裁和副总裁。酒店分公司的管理者立刻意识到，最高管理层遵循的基本规则发生了单方面变化，并且显然，顾问没有提醒最高管理层他们的行动正在引发防卫反应。

会议召开期间，顾问表示：项目经理“找碴儿是为了逃避责任”；酒店分公司的高管并没有他们自称拥有的“经验丰富的背景”，并且顾问做出的归因是，他们对此心知肚明。

因此，在与最高管理层召开的会议上，顾问声称：“酒店分公司的高管担心自己的权威受到项目经理的质疑。他们刻意给人留下坚强自信的印象，以掩饰自己的不安全感。他们现在是虚张声势，犹如一座还在负隅顽抗的堡垒，对他们的问题的处理已经事不宜迟。”

最高管理层回应道，公司“受到重创”，并且有人正“以下僭上”。他们得出结论认为：“在基本问题上，我们的观点应该是一致的。如果他们发现我们存在分歧，那么我们就会陷入权力斗争。”

在顾问的建议下，最高管理层决定再次变革正式组织架构。他们这么做旨在自我保护并创造一个角色，如同首席执行官在 20 世纪 70 年代对建筑分公司所做的那样，该角色会制衡他们认为具有威胁性的酒店分公司。在没有同酒店分公司的管理层讨论的情况下，最高管理层决定拆分他们，并改变他们与最高管理层的隶属关系。

不久之后，城堡公司收购了美国西南部的一个家族所有的酒店开发公司，并公开宣布他们将出售整个酒店集团。但最终，公司又撤回了相关报价。

总之，城堡公司不仅在 20 世纪 80 年代中期重现了与 20 世纪 70 年代后期类似的组织动态（由于这是对 20 世纪 70 年代后期动态的重现，所以这次的情况更加严重），而且最高管理层及组织顾问当时找到的解决方案也与 20 世纪 70 年代后期相同，但有充分的证据表明该方案无效。城堡公司陷入了一种在行动、应对和正式组织变革方面的自我强化模式，所有这一切都基于防卫推理。

行动理论对战略管理的贡献

城堡公司的管理者制定战略时创造的组织动态在大量企业中都曾经出现过。这家公司拥有多位在顶级专业学校受过教育的高管，他们怀着良好的初衷探索公司所处的商业环境，且有足够的能力改变企业战略，结果却发现自己的所作所为正在损害这种能力。无论是理性观点还是自然观点，都无法解释或解决这种态势。理性方法不能解释或解决防卫造成的战略设计与战略实施之间的脱节，这种防卫会导致看似非理性的行为，比如城堡公司的管理者在建设酒店时明知现场施工存在错误，却只能在木已成舟后再以更高的成本纠正这些错误。自然方法则不能解释防卫导致的应急战略与预定战略明显缺乏协作的局面，具体到城堡公司的情况就是，酒店分公司、项目管理分公司、公司最高管理层之间的防卫互动导致建设成本增加，进而削弱了分公司的竞争力。两种方法都不能解释，面对貌似严密的管理技巧和令人信服的信息，立足于错误假设的战略何以持续存在。

城堡公司的例子表明了在面对重大环境变化时，组织内部冲突的防卫模式逐渐出现并加剧的过程。在战略设计过程中，错误假设没有遭到战略实施者的质疑，这导致战略设计者忽视了战略实施者在战略实现过程中会遇到的障碍。新出现的防卫行为与已存在的防卫惯例开始相互影响，进一步干扰了战略设计者与战略实施者的互动。当战略设计者与战略实施者面临各自的需求时，沟通瓶颈就会出现。小问题导致个体之间的分歧，进而导致群体间矛盾，最后恶化为组织冲突。在短短几周时间内，冲突会反复出现，最高管理层对此无能为力，这削弱了公司的创造力，造成一种战略失控的感觉，破坏了企业家精神。这些影响导致最高管理层做出新的单方面行动，如引入结构性解决方案或决定剥离某个麻烦的分部，这在短期内可以缓解防卫，但长期来看反而会加剧防卫。城堡公司的战略学习问题超出了其管理者的能力范围，这是 O-I 有限学习系统的一个关键特征。

这些组织动态的核心是两种截然不同的实践方式和实践理论的冲突，以及高管对由此产生的相互冲突的绩效规范的有限应对能力。争夺控制权的斗争随之而来。每个管理者群体在面对不同实践的要求时都会感到尴尬或威胁。正如行动理论所预测的，作为应对，各个群体往往都会采取单方面行动，试图控制局面并自我保护，以便强行推出自身的实践理论。由此产生的人际和群体间互动是倾向于冲突与防卫的，往往不能公开讨论。努力解决该互动造成的结果只会雪上加霜，导致个体成员进行组织探询时面临两难处境，也就是说，探询问题反而会导致问题恶化。

在大约 20 年的时间里，除了偶尔的突发情况，城堡公司已经能够管控两种主要实践之间的冲突，也就是基于开放式设计和弹性建设过程的独一无二的写字楼项目与基于固定设计的模式化住宅项目之间的冲突。这是如何实现的呢？从事这两种不同房地产开发的管理者把工作划分为独立的两类，通过一系列相似的探索来增强自己在每类项目实践中的能力。这两种实践之间的相互渗透（如果有的话）很大程度上归功于首席执行官的介入。与此同时，为了应对环境变化，管理者会依靠一套部分默认的规则，也就是探索环境的总体使用理论。然而，到 20 世纪 80 年代中期，环境发生了重大变化，这种变化不仅挑战了默认的规则，尤其是挑战了焦点切换规则，而且破坏了基于上述划分的管理过程。

逐渐发生的重大环境变化要求两个群体共同反思他们的实践，即模式化的豪华酒店和独一无二的综合项目，以便形成新的混合型实践，并以此应对企业运营环境中一种全新而又陌生的多重不确定性。这种挑战需要两种实践中的管理者相互阐明并讨论他们的活动，不仅要求他们通过一系列项目来创造、推出并检验一种新实践，而且要求他们共同探询并反思新实践正在产生的结果。在此过程中，他们可能会获得一种新能力，该能力恰恰与新环境匹配，并为企业所特有。随后，这种新实践可能会发展出一种可用于应对未来环境变化的新的触觉和智慧。

既然这种能力对实现新战略和探索环境至关重要，那么如何才能帮助城堡公司行动者培养出这种开展组织再学习和组织双环学习的能力呢？为了更妥当地应对组织的防卫互动，高管们需要在战略领域开展学习。首先，这意味着他们需要学会在环境变化导致冲突加剧之前设法应对这些互动，因为冲突会导致他们与战略实施者疏远，甚至失联，进而无法接触到重要的战略设计知识。理想情况下，这种学习应该在组织生命周期的早期开始，以便从一开始就把再学习和双环学习能力内嵌到组织中。[①] 管理者也可以在环境发生重大变化之前暂停手头的工作，共同反思他们的实践，并学习与采用不同实践方式的人交流的技能。例如，哪怕是在这项反思开始的时候，尤其当他们决定举行所有在新战略中处于核心地位的人都要参与的业主会议时，城堡公司的管理者都可以在顾问的帮助下参与其中。他们可以从高管的困惑开始，比如位于公司附近的项目支出为何比预算金额少了 100 万美元，以及最高管理层为何在项目完成后才意识到这一点。

探询这样一个与新项目高度相关的具体问题能揭示出以下几点：主要行动者遵循的使用理论之间的区别、项目每个阶段的防卫互动、累积的组织防卫惯例，以及这些现象对每个项目和公司开展的新环境探索造成的影响。所有这些都已经在前文中讨论过。公司成员可以学习如何更妥当地应对这些互动，他们首先可以考虑自己如何解决第五个酒店项目的成本问题，其次是考虑自己可以如何解决新项目中出现的类似问题。一旦制定出一整套应对低于预算问题的有效措施，他们就很可能把它扩展到解决其他类型的问题上。

在顾问兼研究者的帮助下进行的额外探询可能会让管理者认识到，他们各自不同实践中固有的“要求冲突”代表了“城堡公司的一种问题”，该问题以

① 尽管阿吉里斯在此处研究的组织是新成立的，但该组织的高管先前都有过在类似组织中的经历。在战略领域开展学习、避免先前工作环境中的经历，正是他们共同明确的意图。他们以前在这方面的失败为其共同反思自身创造的组织互动提供了强大的动力。

各种形式已经存在了很长时间。通过使用与这种问题相关的信息来绘制地图，并将地图与公司的使用理论相联系，管理者可以了解到以下几点：

- 这种问题会一直伴随他们；
- 这种问题会通过组织冲突的形式表现出来；
- 与其通过钩心斗角来解决这种问题，不如认识它们并对其进行恰当的探询，进而扩展公司非凡战略能力的核心，即战略学习和战略探索。

如果管理者试图培养一种组织再学习和组织双环学习的能力，那么即使是像城堡公司这类有竞争力的企业，也面临巨大困难。例如，研究者发现，尽管两种实践方式之间的斗争不可公开讨论，但与城堡公司管理者的私下谈话表明：

- 这种斗争可以追溯到 20 世纪 60 年代初；
- 20 世纪 70 年代初期就离开公司的员工在 15 年后谈起往事时，其回应方式仿佛仍然处于熟悉的冲突模式之中；
- 20 世纪 80 年代中期的员工很少或完全不了解，这些实践方式之间的冲突至少已经存在了 25 年，而某种程度上，他们正在重复一场由来已久的争论；
- 20 世纪 80 年代中期的员工仅仅零星了解两种实践方式在过去 25 年中形成的共生关系；
- 两种实践方式之间的冲突被界定为“城堡公司的本质”。

此外，城堡公司现在的员工并未退一步反思自己的使用理论中存在的矛盾。例如：

- 一系列新模式化项目始于一个独一无二的项目；
- 由于独一无二的建筑设计包含模块化钢支撑结构，所以独一无二的项目也具有模式化特征；

- 模式化项目通常必须为适应独一无二的具体环境而调整；
- 管理者没有把大型综合项目作为契机，用来思考如何把独一无二的项目和模式化项目结合起来，酒店项目本可以是这样的契机，但管理者往往会视其为单方面控制和输赢博弈的新战场。

上述战略学习方面的巨大障碍使战略领域的群体生态学家（population ecologist）[①] 得出结论，企业无法调整自身形成的印象，并且企业的生存很大程度上取决于群体层次的互动，这远远超出了个别企业管理者的影响范围。例如，群体层次的互动取决于进入与退出某行业的差异，以及由此导致的群体密度。尽管这种观点有一定的合理性，但除了与某个行业的新进入者和退出者有密切关系之外，它对企业的管理者几乎没有帮助。波特、雷蒙德·E. 迈尔斯（Raymond E. Miles）和查尔斯·C. 斯诺（Charles C. Snow）等其他研究者已经指出，一个企业中会存在不止一种实践活动，这会给企业造成困难，当企业随着行业的成熟而从差异创造者转变为成本领先者时，或者当某家企业试图同时掌握守成者与开拓者的能力时，情况尤其如此。针对前文描述的那种问题，这些研究者得出结论认为，不同的实践需要在组织中彼此分离。最后，理性方法的代表人物安德鲁斯没有提到实践方式中存在的差异；自然方法的代表人物明茨伯格也没有就如何把既有实践与适应新环境的新实践结合起来这个问题提供具体建议。

基于行动的战略管理研究计划

尽管行动理论对于战略管理领域有所帮助，但如果要用它来构建关于战略

① 群体生态学是生态学的分支学科，研究物种种群及其与自然环境的相互作用，此处使用了比喻手法。——译者注

探询和干预的地图、培养相关的全部技能，那么就需要让实践者和研究者在若干领域合作。

第一，当环境发生重大变化，组织冲突越来越严重时，当战略设计者疏远战略实施者或与后者断联时，当管理者认为冲突问题可能危及组织生存时，顾问兼研究者的任务可能会变得更具挑战性。这是因为要求提高了，并且顾问兼研究者的方法可能被一个或多个群体视为又一种伪装的诡计或钩心斗角的表现。如果组织以往聘用的顾问做出的承诺过多却未能实现声称的效果，那么这种情况就可能尤其严重。

鉴于工具性问题往往非常急迫，所以任务可能会发生改变。当企业的生存遭遇威胁时，钩心斗角往往会有所缓和，甚至可能暂时停止。在这种情况下，管理者在愿意参与其他以学习为导向的活动之前，可能会先要求顾问兼研究者给出具体的工具性建议。管理者会要求顾问兼研究者帮助他们避免组织防卫惯例，同时指出需要进一步开展工作的地方。而一旦形势得到缓解，钩心斗角就会重演，但顾问兼研究者可能因其与管理者打过的交道而处在有利地位，可以要求管理者设法解决钩心斗角的行为，并帮助他们把这种行为转化为有效的探询。

第二，如果一个组织的个体成员相对轻视组织探询和干预，或者个体成员在某种程度上遭受组织探询和干预的威胁，那么可以在培养反思性组织能力之前增加一个中间步骤，那就是揭示和识别不同类型的实践、这些实践涉及的实践理论以及它们的不兼容性，比如可以培养符合Ⅱ型使用理论的人际互动技能。

第三，当顾问兼研究者成功地帮助高管培养出更接近Ⅱ型使用理论的人际互动时，这些高管可能进而帮助组织中的其他管理者学习符合Ⅱ型使用理论的技能。然而，随着这种努力在组织内的推进，往往会出现下述两种风险：

- 其他管理者可能会把这种努力当作一种可以迅速学会的新花招，因为在信奉理论层次上，Ⅱ型使用理论听起来十全十美，但当他们开始理解并认识到这些技能在某些方面具有威胁性时会大吃一惊。
- 某些群体可能会感到极度的威胁，并构建相当于 B 型防卫（Type B defense）的组织机制。①

第四，大型组织中，高管们如何核查非直接下属的探询能力的发展？他们可能使用什么工具？他们如何利用干预措施提高组织探询的质量？

第五，除了高度熟练的采用Ⅱ型使用理论的人际互动模式，顾问兼研究者还需要掌握另一套同人际互动技能紧密结合的技能。例如，为了达到效果，顾问兼研究者需要技能来帮助高管领会和构建他们的实践理论，搞清他们的信奉理论与使用理论是否一致，从而使他们意识到需要反思自身的实践活动。此外，如同城堡公司的案例中所揭示的，顾问兼研究者可以帮助管理者领会不同实践之间如何相互依存，并且他们的冲突与先前战略变革中的冲突又何其相似。

第六，把咨询与研究整合为一门行动科学。这门科学既要就具体问题向实践者提供咨询，也要对他们在实现新战略和探索新环境过程中遇到的问题进行研究。这种活动也是学术型顾问对新战略的实现和对新环境的探索。迄今为止，多数研究者和实践者都回避此类活动。对此我们不免要问，在职业生涯中，当这些学术型顾问同时面临在线咨询、合法学术研究以及大学内的教学工作等需求时，他们会遭遇何种困境？

---

① 阿吉里斯指出："我们把任何促进学习的防卫行为称为 A 型防卫，把任何妨碍学习的防卫行为称为 B 型防卫，干预者应该采取行动鼓励 A 型防卫，抑制 B 型防卫。"参见阿吉里斯的《推理、学习与行动》（*Reasoning, Learning and Action*）。——译者注

结 语

组织学习的未来

学习的悖论

从学习的悖论的角度，我们的观点可以重新表述为：为促进有效的组织学习而采取的行动实际上妨碍了更深层次的学习。

即使多数组织的“修复措施”由信奉双环学习的干预者实施，也仍然属于单环学习。我们在水星公司和通用电气公司的案例中描述的组织变革、第 10 章讨论的组织变革，以及第 11 章城堡公司采纳的结构性修复措施都能够证明这一点。随着时间的推移，这种变革和修复往往会被源自 O-I 学习系统的一般防卫模式所破坏，而 O-I 学习系统体现在 I 型使用理论和符合 I 型使用理论的社会道德的相互作用中。这种自我强化的防卫模式不仅会破坏单环学习，而且会妨碍组织探询中的双环学习，它普遍存在于多数组织的人际、群体内和群体间的层次中。下面简要列出了防卫模式破坏组织变革与修复措施的步骤。

1. 仅在可讨论的领域中确定问题。例如，仅在组织结构或信息系统中找问题，不可讨论的领域被回避，并且表现得似乎没这回事。不可讨论领域中的变量与一般防卫模式有关，它们可能在私下被意识到并得到非正式讨论，但被视作具有外部性。

2. 为可讨论的问题制订解决方案。不可讨论领域中的重要问题被排除在外。这种排除行为被掩饰起来，并往往被人们使用某些理由来辩解，如人性，这些理由超出了参与者的责任范围或影响范围。

3. 在干预的早期阶段，这些解决方案似乎确实纠正了若干组织错误。多数解决方案本质上都是单环的，并且多数参与者都掌握了或者容易学会落实这些方案所需的技能。但由于纠正错误不能达到预期效果，所以不可讨论问题的重要性愈加凸显。

4. 参与者开始陷入两难困境。如果他们正视那些被认为不可讨论的问题，那么就不得不公开他们过去是如何回避或掩饰这些问题的。如果不公开，那么他们就会意识到自己正在阻止纠正已发现的错误，并且是故意为之。如果公开，那么他们可能就会被指责逃避了管理责任。

5. 参与者可能通过否认个体的因果责任或将其归咎于外部因素来解决困境。

因此，整个防卫模式由多层次的相互渗透和相互依赖的过程构成。随着时间的推移，单环学习往往被该模式破坏，双环学习往往被该模式抑制。

克服学习的悖论需要反思并重构上述防卫模式，尤其是重构我们带入组织探询中的 I 型使用理论。实现组织探询中双环学习的理想步骤如下。

1. 描述学习悖论背后的防卫模式。描述的范围包括个体、人际、群体内、群体间以及整个组织层级的相关行为。描述的方法是绘制第 5 章（首席信息官的案例）介绍的那种组织行动地图。描述的另一个维度是帮助组织推动者明确并接受他们需要对初级和次级妨碍性循环承担的责任。

2. 与参与者共同设计某些解决方案来打断妨碍双环学习的、自我强化的循环过程。我们倾向于首先列出组织存在的问题，如第 4 章中财务管理者描述的问题以及第 5 章中首席信息官描述的问题。接下来，假设参与者拥有设计并实施他们认为合理的解决方案所需的控制权，我们要求他们写下可能的情况，用以表明他们将如何开始解决问题。

3. 帮助参与者评估他们的行动策略在多大程度上限制了解决方案的实施。该步骤包含帮助参与者评估自己对信奉理论与使用理论之间不一致的失察程度，并帮助他们理解之所以自己会失察，是由于他们熟练地采用了符合 I 型使用理论和组织防卫惯例的行动策略。

4. 帮助参与者认识到自己是如何参与创建并维护一个行为领域的，在该领域中，他们重新设计的用来纠正该情境的策略不可能有效。当真正认识到这一点时，参与者会开始产生一种陷入两难困境的感觉：如果他们做了，会受到谴责；如果他们不做，同样会受到谴责。

5. 让参与者参加类似第 8 章描述的讨论会，他们可以借机培养摆脱两难困境所需的理念和技能。参与者很快就会认识到，仅改变行动策略并不足以摆脱困境。II 型使用理论的行动策略，如向他人说明归因或对假设进行公开检验，必然服务于 II 型使用理论的价值观。当 II 型使用理论的行动策略为 I 型使用理论的价值观服务时，在最好的情况下不过是“一时的噱头”，在最坏的情况下则不亚于一场骗局，但不管是噱头还是骗局，两者都是 I 型使用理论和 O-I 学习系统不可分割的组成部分，所以都可能被人们识破。

6. 少用防卫推理，多用有效推理。这意味着，个体采取下列方式设计与实施行动策略：使假设和推理明确化，从而得出相关结论，以使声称的有效性得到严格检验。

7. 减少次级妨碍性循环，尤其是组织防卫惯例，代之以高质量的探询、好的辩证以及双环学习。

遵循上述步骤，发生有效的组织学习的领域会得到扩展。那些原本不被影响和不可改变的领域会变得可影响和可改变。此外，学习如何学习的能力也会得到提高。组织会变得越来越自足，越来越有效地控制管理过程和绩效结果。

在学习和能力方面，这并非一个简单的、不间断的过程，还包含倒退，而且需要组织正视先前未曾想到的问题，但这两种情况都可以成为提高并深化各个组织层级学习能力的机会。

如果我们准确判断了学习的悖论，正确分析了破坏修复措施和变革措施的原因，那么就会面临一个有趣的问题：为什么我们发现了这一点，而那么多其他研究组织学习的人没有发现呢？

一个原因是我们参与了组织实践。那些试图改变组织，尤其是想要促进有效的组织学习发生的实践者不可避免地会遭遇 O-I 学习系统，该系统在实践者的日常工作中始终存在且难以克服。实践者可能会采取各种方式，比如逃避、斗争、顺从或嘲讽，来应对这种学习系统，尽管他们可以假装这种学习系统不存在并避免公开讨论它，但他们无法真正无视它。在某些情况下，实践者可能不会采取上述任何一种回应方式，而是试图理解组织防卫模式并改变它们。

另外，尽管 O-I 学习系统是研究者研究的现实组织的特征，但他们却能够远离 O-I 学习系统，要么采取一种超脱方式，以避免自己沉溺于组织的微观现象，要么采取一种理想方式，只专注于某种理想的未来状态。研究者能够认识到防卫模式的存在，但把它置于相对不重要的位置，如范德文和伯格曼的做法。

需要指出的是，如果研究者作为实践者在一个组织中开展工作，比如他们本人所在的大学院系，那他们就往往不会一直选择性忽视组织中存在的防卫模式。例如，在过去的几年中，阿吉里斯开展了一项研究，让资深和初级社会科学研究者撰写左右栏形式的案例，类似于本书第 4 章和第 5 章介绍的案例。所有这些案例中描述的几乎都是研究者在与同事的互动中亲身经历的防卫惯例，并且他们试图克服的所有困难都具有初级和次级妨碍性循环的特征。但是，尽管研究者在自身实践中难以避免防卫模式，但他们却能够并且确实可以从自己构建的理论中排除防卫模式。

当我们如在第 2 章提到的那样颠覆研究者与实践者的关系时，我们就把组织实践领域当成了研究组织学习的主要环境。在此过程中，我们不仅尝试做出若干解释，而且试图进行若干创造，也就是创造能被研究的、作为双环组织探询的小概率事件。如此一来，我们就加入了实践者的行列，并不可避免地会遭遇妨碍有效的组织学习的防卫模式，也就是破坏单环方案持久性并抑制组织使用理论中双环变化的模式。并且，我们在开展干预研究的实践中需要克服自己的 I 型使用理论，并亲自践行 II 型使用理论，这最有可能使客户组织中的个体成员意识到他们的 O-I 学习系统和他们的个体使用理论，并认识到如何才能以不同的方式思考和行动。总而言之，我们与组织实践者合作开展研究以创造并反思双环组织探询。

在 1995 年的一篇论文中，安妮·S. 迈纳（Anne S. Miner）和斯蒂芬·J. 梅齐亚斯（Stephen J. Mezias）指出关于双环学习的学术研究依然有限。他们认为，研究者迟早会重视这个问题，这很大程度上只是一个时间问题。然而，我们怀疑时间是不是真正的主导变量。其他重要变量也在发挥作用，并且如果这些变量没有改变，它们将继续妨碍研究者投身实践导向的研究。这种研究会使他们遭遇防卫模式，并让他们认识到需要研究组织探询中的双环学习。我们的假设是，这些变量是内嵌于支配多数常规社会科学研究的规范中的。

多数社会科学家坚持认为，实证研究应该是描述性的。他们避免采取规范性或指导性观点，这本身就是一种表示规范性立场的态度。这种态度导致社会科学家认为现状与社会现实共存，改变现状不是社会科学家的使命。但我们认为，这种反对改变现状的规范性立场使得社会科学家不太可能发现或填补他们的描述性理论的重要缺失。这方面的恰当例子是我们在前面章节中已经讨论过的“企业行为理论”涉及的研究，这些研究描述了一些“相关的”概念，如有限学习、冲突的准解决方案、群体间竞争等，所有现象都符合我们描述的初级和次级妨碍性循环。企业行为理论的倡导者把这些现象视为组织领域的既定现实，这强化了引发这些现象的实践者视之为“自然而然”的倾向。

最后，我们认为，如果审视一下开展常规社会科学研究所需的使用理论，就会发现它符合 I 型使用理论。因此，常规社会科学的实践者开展严谨研究时采用的行动理论与他们的人际使用理论一致。这意味着那些坚持描述性社会科学的人已经选择了一个领域，该领域不太可能促使他们重新审视自身相关技能的基础，以及他们在处理人际关系和从事研究方面的信心来源。他们的困境在于，这些技能和能力在创造双环学习时无效，并且也不利于创造双环学习，如此一来，研究者就不可能找到研究双环学习的机会。

未来的方向

根据本书前文中的论述，我们简要概括出下列未来的组织学习研究的方向。

1. 存在的证据。如同本书第 8 章中阿吉里斯与管理咨询公司合作的案例证明的那样，关于 O-I 学习系统向 O-II 学习系统的转型，未来的研究需要提出多重证据。这应该包括开发更广泛的新方法来记录这些干预研究实例的结果和具体过程。

2. 对变革过程的分析。未来的研究需要进一步对 O-I 学习系统向 O-II 学习系统转型的变革进行剖析性研究。这应该包括组织演变出 O-II 学习系统的过程，以及个体成员发展出 II 型使用理论的补充过程。

3. 组织探询中的双环学习与旨在培育学习型组织的干预措施的互动。未来的研究有必要深入研究组织探询中双环学习对组织变革和职能管理改善的影响，组织变革包括全面质量管理、业务流程再造、管理授权等，职能管理改善包括作业成本法，以及为了开发能够树立竞争优势的战略而进行的组织学习。提高双环学习的能力会如何影响这些我们在第 10 章中描述的干预措施的局限性呢？

4. 组织探询中的双环学习与其他组织学习理论的关系。旨在培养双环组织探询的合作行动研究如何做到更加严格地检验组织学习的主导理论？下面是一些相关研究的例子：

- 针对有效的组织学习所需认知能力的研究。这些研究探讨提高双环探询的能力对能力陷阱和迷信学习等现象的影响。
- 针对组织探询中的双环学习与企业发展的演进路径之间的关系的研究。这些研究试图解决组织防卫惯例的积极或消极影响。这方面有一个特别有趣的研究主题，那就是追踪长期的组织辩证与在辩证的关键节点发生的组织探询的特征之间的关系。我们在前文阐述的水星公司案例和伯格曼解释的英特尔公司的演变都是组织辩证的例子。

- 关于组织学习的行动理论与赫希曼的观点之间的关系的研究。赫希曼认为，随着时间的推移，通过引入奖励和强制机制等新激励制度结构，可以诱导或迫使行为发生改变。

5. 合作行动研究的方法论。这方面的未来研究会进一步拓展关于组织学习的合作行动研究中“适当严谨”与“客观性”的含义，并详细阐述设计、模式因果及相关的因果推理方法，包括因果追踪法和现场实验法。

6. 行动理论的道德意义。这方面的未来研究会审视组织实践如何造成道德困境以及它们如何与 O-I 学习系统互动，也将设法解决“出于邪恶目的的组织学习”问题，并探讨双环组织探询的道德意义。

7. 对课堂情境的使用的研究。在关于“课堂”的第 7 章中，我们阐述了如何使用课堂情境来研究参与者持有的使用理论，以及他们彼此交流中往往会引发的初级和次级妨碍性循环。未来多尝试一些这样的方法来说明课堂和研究任务如何能够有效地结合起来，将会大有助益。

8. 一门关于小概率事件、可能领域的社会科学。这方面的未来研究会进一步探讨“引发小概率事件以进行研究”对社会科学方法论的意义与启示。其中特别重要的一个主题是：构想并创建以 O-II 学习系统和 II 型使用理论为特征的组织领域。

组织学习，在充满不确定性的环境中保持高成效

理查德·贝克哈德
埃德加·沙因[①]

20世纪60年代后期，艾迪生-韦斯利（Addison-Wesley）丛书的组织发展（Organizational Development，OD）系列出版。当时我们都意识到，组织发展领域正在迅速成长，但它并未得到充分理解和界定。我们也认识到组织发展领域的哲学尚未产生，那时人们不可能撰写一部论述组织发展理论与实践的教材，但可以了解到该领域的实践者正在做什么。因此，在本系列最初的6部著作问世后，这项出版业务就一直延续了下来，其关键在于鼓励作者们各抒己见，而非试图把一个迅速成长且高度多元化的领域强行纳入共同的旗号之下。

---

① 理查德·贝克哈德（Richard Beckhard）是组织发展领域的开创者。沙因被誉为“企业文化理论之父”，其著作《沙因文化变革领导力》已由湛庐策划，天津科学技术出版社2021年出版。——编者注

到20世纪80年代初，该系列已纳入了19部著作。那时，组织发展领域飞速发展，已触及各种组织领域和干预技术。图书市场上也出现了若干试图抓住该领域核心概念的教科书，但我们觉得多元化与创新仍然是组织发展更显著的特征。

到20世纪末，艾迪生－韦斯利丛书的组织发展系列已涵盖40多部著作，并开始注意到组织发展的若干基本假设出现了真正的趋同现象。有很多专业人士在不同类型的组织和职业社群中展开研究，并针对组织发展阐述自已的观点。纵览他们的观点，我们发现，虽然一套独立的组织发展“理论”远未成形，但一组共同的假设正日益浮现。我们开始了解何种模式奏效、何种模式无效，并且对这些模式的理解也越来越清晰明确。我们认识到，该领域同其他组织科学和学科的联系日益紧密，比如信息技术、协调理论和组织理论。20世纪90年代初，我们注意到下列组织发展的若干重要主题：

- 丹·西恩帕（Dan Ciampa）的《全面质量》（*Total Quality*）展现了员工参与对持续改善的重要性；
- 罗伯特·约翰森（Robert Johansen）等人的《领导企业团队》（*Leading Business Teams*）探索了电子信息工具对团队合作的重要影响；
- 迪安·乔斯沃尔德（Dean Tjosvold）的《冲突发挥积极作用的组织》（*The Conflict-Positive Organization*）表明了冲突管理是如何把冲突转化为有效行动的；
- 拉里·赫希霍恩（Larry Hirschhorn）的《新团队环境中的管理》（*Managing in the New Team Environment*）构建了一座桥梁，将组织发展领域与群体心理动力理论联系了起来；
- 杰维斯·R. 布希（Gervase R. Bushe）和亚伯拉罕·B. 沙尼（Abraham B. Shani）的《平行学习结构》（*Parallel Learning Structures*）提供了一套有关大型组织变革的综合理论。

我们通过出版以下 4 本修订版著作和 3 本新著作，延续了上述趋势。

- W. 沃纳·伯克（W. Warner Burke）的《组织发展》（*Organization Development*）取得了重大成功，他对这本书做了更新与扩展，修订版还触及了新的领域。
- 杰伊·加尔布雷思（Jay Galbraith）在《与灵活的扁平化组织开展竞争》（*Competing with Flexible Lateral Organizations*）的修订版中更新并扩展了关于信息管理如何成为组织设计核心的经典理论。
- 威廉·G. 戴尔（William G. Dyer）撰写了经典著作《团队建设》（*Team Building*）非常重要的第三版。
- 尼古拉斯·S. 拉什福德（Nicholas S. Rashford）和戴维·科格伦（David Coghlan）在《动态的组织层次》（*The Dynamics of Organizational Levels*）中引入了重要概念——组织复杂性层次，并将其作为干预理论的基础。
- 沃纳·P. 伍德沃思（Warner P. Woodworth）和克里斯托弗·B. 米克（Christopher B. Meek）的《构建劳资伙伴关系》（*Creating Labor-Management Partnerships*）阐述了组织发展如何帮助营造融洽的劳资关系。随着生产率成为全球竞争力的关键，组织发展领域正变得越来越重要，组织发展正与其他相关领域建立重要联系。
- 克里斯托弗·沃利（Christopher Worley）、戴维·海池因（David Hitchin）和沃尔特·罗斯（Walter Ross）的《佩珀代因商学院战略变革课》（*Integrated Strategic Change*）通过审视组织发展在战略规划和落实过程中每个阶段发挥的作用，有力地阐述了组织发展必须与战略领域联系起来。
- 阿吉里斯与舍恩的修订版经典著作《组织学习（完整纪念版）》阐述了组织学习与组织发展的重要联系。

我们认识到，组织发展的主题与一个越来越棘手的难题相关，那就是如何帮助组织在充满不确定性的环境中保持高成效，因此我们为能够出版修订版著作和新著作深感荣幸，并将继续寻觅组织发展各个前沿领域的新著作。

未来，属于终身学习者

我这辈子遇到的聪明人（来自各行各业的聪明人）没有不每天阅读的——没有，一个都没有。巴菲特读书之多，我读书之多，可能会让你感到吃惊。孩子们都笑话我。他们觉得我是一本长了两条腿的书。

——查理·芒格

互联网改变了信息连接的方式；指数型技术在迅速颠覆着现有的商业世界；人工智能已经开始抢占人类的工作岗位……

未来，到底需要什么样的人才？

改变命运唯一的策略是你要变成终身学习者。未来世界将不再需要单一的技能型人才，而是需要具备完善的知识结构、极强逻辑思考力和高感知力的复合型人才。优秀的人往往通过阅读建立足够强大的抽象思维能力，获得异于众人的思考和整合能力。未来，将属于终身学习者！而阅读必定和终身学习形影不离。

很多人读书，追求的是干货，寻求的是立刻行之有效的解决方案。其实这是一种留在舒适区的阅读方法。在这个充满不确定性的年代，答案不会简单地出现在书里，因为生活根本就没有标准确切的答案，你也不能期望过去的经验能解决未来的问题。

而真正的阅读，应该在书中与智者同行思考，借他们的视角看到世界的多元性，提出比答案更重要的好问题，在不确定的时代中领先起跑。

湛庐阅读App：与最聪明的人共同进化

有人常常把成本支出的焦点放在书价上，把读完一本书当作阅读的终结。其实不然。

时间是读者付出的最大阅读成本

怎么读是读者面临的最大阅读障碍

“读书破万卷”不仅仅在“万”，更重要的是在“破”！

现在，我们构建了全新的“湛庐阅读”App。它将成为你“破万卷”的新居所。在这里：

- 不用考虑读什么，你可以便捷找到纸书、电子书、有声书和各种声音产品；
- 你可以学会怎么读，你将发现集泛读、通读、精读于一体的阅读解决方案；
- 你会与作者、译者、专家、推荐人和阅读教练相遇，他们是优质思想的发源地；
- 你会与优秀的读者和终身学习者为伍，他们对阅读和学习有着持久的热情和源源不绝的内驱力。

从单一到复合，从知道到精通，从理解到创造，湛庐希望建立一个“与最聪明的人共同进化”的社区，成为人类先进思想交汇的聚集地，与你共同迎接未来。

与此同时，我们希望能够重新定义你的学习场景，让你随时随地收获有内容、有价值的思想，通过阅读实现终身学习。这是我们的使命和价值。